新闻传媒写作精要与范例实用大全

胡小英◎编著

中华工商联合出版社

图书在版编目（CIP）数据

新闻传媒写作精要与范例实用大全 / 胡小英编著
. -- 北京 : 中华工商联合出版社, 2016.10
ISBN 978-7-5158-1811-5

Ⅰ. ①新… Ⅱ. ①胡… Ⅲ. ①新闻写作 Ⅳ.
①G212.2

中国版本图书馆CIP数据核字(2016)第253333号

新闻传媒写作精要与范例实用大全

编　　著：胡小英
责任编辑：邵桄炜　李　健
装帧设计：润和佳艺
责任审读：李　征
责任印制：迈致红
出版发行：中华工商联合出版社有限责任公司
印　　刷：大厂回族自治县彩虹印刷有限公司
版　　次：2017年1月第1版
印　　次：2017年12月第3次印刷
开　　本：710×1000mm　1/16
字　　数：336千字
印　　张：21
书　　号：ISBN 978-7-5158-1811-5
定　　价：49.80元

服务热线：010-58301130
销售热线：010-58302813
地址邮编：北京市西城区西环广场A座
19-20层，100044
http://www.chgslcbs.cn
E-mail：cicap1202@sina.com（营销中心）
E-mail：gslzbs@sina.com（总编室）

前言《

随着社会经济的发展和人们知识水平的不断提高，关注新闻报道已经成为人们日常生活中的一项重要内容。进入21世纪以后，新闻传播事业有了突飞猛进的发展，新闻传播的媒介日益现代化、传播手段日趋多元化，新闻传播对我们生活的影响也越来越大。

伴随着传播事业的发展，我国的新闻从业队伍日渐庞大，新闻教育事业在质和量上也均有了大幅度的提高。为了更好地帮助读者朋友了解、掌握新闻写作知识与技能，笔者特意编写了这本《新闻传媒写作精要与范例实用大全》，希望能给读者朋友提供有益的帮助。

该书知识体系完整、内容丰富全面、叙述深入浅出，从最基本的“新闻”概念开始，阐述了新闻与新闻写作的基本知识，并就如何写好消息、通讯、新闻专访、新闻特写、事件新闻、非事件新闻、现场短新闻、会议新闻、经济新闻、法制新闻、社会新闻、科技新闻、文化娱乐新闻、体育新闻、深度报道、新闻评论、调查报告、广播新闻、电视新闻以及网络新闻等专项问题做了周密讲解。本书在介绍理论知识的同时，配以相应的范例，做到理论与实践相结合，使得全书内容更加通俗易懂，便于读者更加快速、深入地理解。

本书主要用于学习新闻写作和研究新闻报道写作，可作为新闻学研究者、新闻采编人员、新闻传播类专业的教师与学生以及新闻爱好者的参考用书。

由于编者水平有限，所以书中难免会有疏漏、不当之处，敬请广大读者在阅读的同时，能够予以批评指正，以便本书作者与读者能够共同进步与提高，特此鸣谢！

目录《

第二章 消息写作

第七章 经济新闻、法制新闻的写作与范例

第八章 社会新闻、科技新闻的写作与范例

第十章 深度报道、新闻评论、调查报告的写作与范例

第一章 新闻与新闻写作概述

第一节 新闻概述

一、新闻的含义

新闻是借助报纸、电台、电视台、互联网等媒体对新近发生的、正在发生的或者之前发生的仍能产生社会效应的事实的报道。同时，新闻还是一种以宣传为手段的舆论工具。

二、新闻的特点

1．真实性

真实是新闻的生命，是取信于广大受众的首要条件。新闻真实性指的是在新闻报道中的每一个具体事实必须合乎客观实际。新闻中所列举的真实事实还必须是典型的、带有普遍意义、能反映本质和主流的事实，从而使人们通过新闻可以了解社会的一系列热点问题，更好地服务于自己的工作、学习和生活。

2．时效性

新闻极重视时效，新闻的价值在很大程度上取决于它的时效性。要突出新闻的“新”，就要及时地捕捉、采写与报道，这就要求记者在有新闻发生的时候必须第一时间去采访报道。

3．实证性

实证性即新闻要用事实本身说话，交代出事实的时间、地点、人物、事件、因果、意义等基本要素，通过对事实的观察与报道，揭示事情的本质。

4．开放性

新闻的开放性，是指新闻的取材与表现形式的开放性。新闻取材时，可以涉足政治、经济、文化、军事、体育、娱乐等各个领域；在新闻的表现形式上，除了常见的文本语言外，还有广播的音响语言、电视的画面语音，以及网络的视频、音频语言等。新闻的这种开放性，可以冲破闭锁，让世界上每个角落发生的事情都能在很短的时间内迅速传播，有助于人们开阔视野。

5．广泛性

新闻是由新闻机构发布的，它的传播对象是全社会的广大群众，所以一经发布，就能够引起社会的广泛关注，产生深远的影响。

6．变动性

新闻以生活中发生的具有新闻价值的事实为依据，而生活中的事实总是处于不断的变动之中，因此新闻报道所反映的正是变动中的事实。

三、新闻的分类

新闻有广义与狭义之分。

广义的新闻，指除了发表于报刊、广播、电视、网络上的评论与专文外的常用文体都属于新闻，包括消息、通讯、新闻特写、新闻评论和报告文学等。

狭义的新闻则专指消息，是对国内外新近发生的具有一定社会价值的人和事实的简要而迅速的报道。

四、新闻的要素

新闻要素是构成新闻的必需的材料。新闻作为一种叙事为主的文体，包括六大要素：时间、地点、人物、事件、原因和结果。我们可以将其概括为五个“W”和一个“H”，即When（何时）、Where（何地）、Who（何人）、What（何事）、Why（何故）、How（怎么样）。

1．时间

新闻报道选择的时间要素通常指新闻事件发展过程中的一个时间点。不同的事件对时间准确程度的要求也不同。有的必须详写，具体到年、月、日、时、分，如下面这条报道神舟九号载人飞船发射升空的消息。

神舟九号于北京时间2012年6月16日18时37分24秒在甘肃省酒泉卫星发射中心发射升空。

有的消息中的时间则可以略写或者一笔带过，如“连日来”“昨天”“目前”“上周”等。

2. 地点

新闻报道中的地点要素指的是所报道的新闻事件的发生地。地点同时间一样，也有详写和略写之分。有的新闻事件对地点的报道必须详写，如对一些地震、海难等特殊灾害的报道。下面这条新闻就突出了具体的事件地点。

2012年6月30日凌晨5时7分，新疆维吾尔自治区伊犁哈萨克自治州新源县、巴音郭楞蒙古自治州和静县交界发生6.6级地震。

有的地点则可以笼统些，如“岭南一带”“东北”“我省”等。

3. 人物

新闻报道中的人物要素是指新闻事实的施动主体，可以是一个人、几个人或某一类人，也可以是国家、组织或机构团体，甚至可以是其他某种事物。

4. 事件

事件是新闻的核心要素，其他新闻要素均围绕新闻事件来组织和安排，但它的独立性要比新闻的其他要素强很多。发生新闻时，人们一般都是先问“发生了什么事”，对方可能马上回答“何事”要素，如“下冰雹了”。对事件的描述要做到真实可靠，表述准确，不能随意捏造甚至制造假新闻。

5. 原因

报道事件一定要交代清楚原因。对于一些暂时无法找到原因的事件，可用“事件原因正在调查中”等语句来交代。对于跟踪类的报道，原因可以在后续报道中交代。

6. 结果

事件的结果，有的当时就能得出，有的需要经过一定时间才能显露出来，有的则需要经过调查、计算和评估才能得出。报道新闻事件的结果，要以尊重事实为基础。对于暂时无法得知结果的，可用“事件的结果还有待相关部门进一步调查”等语句来交代。

第二节 新闻写作基本原理

一、新闻写作的含义

新闻写作是新闻作品的制作活动，是记者将采访中搜集到的素材，通过加工整理成一定形式的新闻作品，然后借助新闻工具传播给大众。

二、新闻写作的特点

新闻写作是新闻事实的文字表达手段，是准确、鲜明、及时地报道新闻的重要环节。新闻写作有其不同于其他文体写作的特点。具体来说，包括以下几个方面：

1. 敏于捕捉

新闻需要发现和捕捉，没有发现和捕捉就没有新闻。因此，新闻工作者要想写出好的新闻，就要留心观察生活中发生的各种各样的事情，敏于捕捉隐藏在现实生活中的有意义的新闻题材，要敢于做到标新立异，力求避免陈腔滥调的话题。

2. 勤于采访

新闻采访是新闻写作的前提。和做其他任何工作一样，前期准备是否充足对于采访能否成功至关重要。所以，采访要想顺利进行并获得理想的效果，就要在采访前尽一切可能充分了解所采访的对象、事件，掌握尽可能丰富的相关背景材料。

3．精于构思

通过采访，新闻工作者获得了一定的新闻素材，然后就要根据素材拟定出切合要旨的新闻稿。一篇新闻稿立什么主旨，选取什么材料来表现主旨，以及选取材料的先后安排、详略处理等都离不开新闻工作者的精心构思。

4．疾于运笔

新闻工作者如果有了新闻素材，又进行了精心构思，接下来就要疾于运笔，将构思好的内容写成文字并交付发表。运笔既要快，又要快中求好。新闻工作者要做到这些，离不开平日里的艰苦笔耕，只有勤耕不辍，才能有敏捷的才思，也才能做到“妙笔生花”。

三、新闻写作的原则

1．真实性原则

真实性是新闻的基本属性，也是新闻写作的最基本原则。所谓真实，是指新闻报道必须反映客观事物的原貌，其事件、时间、地点、人物以及数据等都必须是真实的。

2．精选事实，以小见大原则

新闻作者要独具慧眼，敏于捕捉，勤于思考，能够在纷纭的现实世界中精选出最有价值的事实，而最有价值的事实未必都出自大事。有时一个小小的事件就能显示出社会的某方面特点，所以可以从小处着眼来揭示重大主题。

3．适时采用引语和借口说话原则

有些时候，新闻作者也可以把自己想说的话借别人的嘴说出来。如果新闻记者自己出面评论新闻事实，属于主观的议论，受众可能会对新闻作者发此议论的目的有所揣测与猜疑；但是将别人对事实的评论表述出来，就属于客观报道了。在引用别人的话时，必须做到真实、准确，不得歪曲原话，更不能断章取义。

4．集点成面，点面结合原则

这里所说的“点”，指发生在特定时间和空间中的具体事实；“面”则是指新闻事件的整体面貌。“面”虽然也是事实，但需要新闻记者进行归纳概括，而

"点"是具体客观的。要充分体现"用事实说话"的原则，集"点"成"面"是一个有效的办法。

5. 目击实录，再现场景原则

在新闻叙事中，现场目击记、亲身经历讲述、口述实录最具现场感和逼真性，这三种方式都采用第一人称叙述，将事件在"现在进行时态"中展开，能让读者有身临其境之感。

6. 要言不烦，画龙点睛原则

新闻写作提倡"用事实说话"，但并不完全排斥议论。相反，适当采用那种言简意赅、一语中的的议论，能够使表达更清楚、更完整。在新闻中进行议论要注意议论必须简洁、精炼，必须是从新闻事实中自然而然引发出来的，而不能是离开事实的任意发挥。

四、新闻写作的要求

1. 时效性：新鲜、快速、简短

新闻有"一次性消费"的特点。所谓"一次性消费"，是指新闻的主要价值和功能在于解决受众"不知道"的问题。当人们知道了，新闻的作用也就消失了。这里所说的"知道"一般是一次性的，有时甚至在很短的时间内甚至是一瞬间完成的。因此各种媒体的竞争实质上是对新闻时效性的竞争。在新闻写作中，其时效性可以通过以下三个方面来体现：

（1）新鲜。要做到新鲜，首先，要加强当日新闻的采写。要将新闻事实发生的时间与它传播出去的时间两者之差做到最小，新闻越新鲜，越受读者的欢迎。其次，要学会将报道中的最新鲜和最精彩的信息或内容"拎"出来，用最明显的形式呈现给读者。最后，要寻找新闻的最近点，尽可能找出某件新闻事实在今天的依据。

（2）快速。快速包括写作要快和新闻快发两个方面。将新闻写快的方法具体如下：

①要具备新闻敏感度。所谓新闻敏感，是指新闻采访与写作人员敏锐发现新闻和对新闻所具有的价值迅速作出判断的能力。这是"快"的先决条件。

②培养娴熟的新闻写作技能。熟能生巧，巧能生快，这是新闻写作者的一条新闻写作规律。

③要有争分夺秒的精神。即在采访的同时就构思怎么写，甚至是边访、边看、边写。

④事先酝酿。对于一些重大庆祝活动、外事活动，乃至一些体育新闻等预期发生的事件，可以在事件发生前，根据已掌握的材料写好初稿或片段，等新闻事件发生时，再到现场边访边修改。

⑤要学会写短新闻，短才能快。

新闻快发的方法，具体如下：

①事前准备。事前准备包括心理准备和材料准备两个方面。心理准备指“时刻准备着”的精神状态，一旦有新闻事件发生，就马上抓住；材料准备是指对可能发生的新闻在事先所作的必要了解。

②采访及时。记者在发现新闻线索后，要立即赶到现场并进行采访。采访的方式有很多，如可以利用录像、录音、电话等进行采访。

③出手成章。即能在几分钟或十几分钟内写成一篇短新闻，能在一小时或几小时之内写完一篇较长的通讯或专访。对于一些赶时间来不及写稿子的新闻，还要有“出口成章”的本领，即直接向编辑口述。

④迅速传递。现代新闻的传递手段很多，如电话、传真、电报、电子邮件、实况同步转播等。

（3）简短。短小精练的新闻报道对提高新闻的时效性有重大意义。将新闻写短的方法具体如下：

①提取精华。要想把复杂的事件写得言简意赅，就可以采用提取精华的写法，将新闻的六大要素交代清楚，其要表述的意思也同样能够传达出来。

②一事一报。集中报道一件具体的事实，自然可以把新闻写得短小精悍。

③巧取一隅。对于复杂的事件，还可以只表现它的局部，把更多的部分留给别人去写。把一个局部强调出来，本身有些出人意料、立意不俗，因此也容易吸引读者。

④选材典型。即有着广泛代表性和强烈说服力的事件和材料。人们通过典

型事件，能够举一反三，由个别见出一般、由现象认识本质。

⑤化整为零。可以多一些滚动报道、组合报道或连续报道，对突发事件，记者可以先就事件结果发一个报道，然后再就事件的经过、背景、起因、影响等分别做连续报道或组合报道。对某些事实，可以一发生或者发现就及时采写新闻，事件的发展可以追踪下去进行连续报道。

⑥以小见大。就是从小处着眼，突出最有新闻价值的事实。切忌总结式或漫无边际的全景式的报道。

2．可读性：具体、生动、通俗

可读性是指要把新闻报道写得让读者愿意读、喜欢读、读得下去。最容易吸引读者的新闻是那些与他们的生活领域、生活现场、思想感情“贴近的事”，所以要使取材贴近读者，让读者认同，这是新闻报道实现“可读性”的一个最基本的要求。落实到新闻写作中，可读性主要体现在以下三方面：

（1）具体。具体是指新闻报道要用事实说话，而且多用形象的可感性事实说话，读者容易对这样的事实产生兴趣，也更容易接受和理解这样的事实。新闻写作的具体性要求做到以下几点：

①选题角度、报道内容要具体。

②新闻报道的叙述以及情节、细节要具体。

③新闻语言也要讲究“具体”。

（2）生动。生动是指把新闻写“活”，即要求新闻报道要富有感染力。新闻要写得生动，可以从以下方面入手：

①“生动”与“具体”紧密相连，越是写得“具体”就越容易生动。

②新闻报道要突出“人”，这是让报道“活”起来的一个关键因素。首先，在多数新闻事件中，人是构成新闻事件的主题。抓住了这个最活跃的因素，稿件就会生动；其次，对于受众来说，人和人的生活往往具有最高的心理上的接近性，最容易让他们认同的莫过于对人的关心和对人类生活状态的关心，所以新闻报道中有了有血有肉的、活生生的人，有了他们的言行举止即生活状态的报道，很容易唤起读者的兴趣。

③新闻报道能否生动，与结构也有很大关系。新闻写作要注意谋篇布局，

注意新闻事件的戏剧性和冲突性。如果记者能够善于抓住生活中存在的复杂的矛盾，又善于运用文章的结构把戏剧性或者冲突性体现出来，所写出来的报道必然曲折起伏，而这本身就是一种生动。

（3）通俗。通俗是指要把新闻报道写得深入浅出，明白如话。新闻要写得通俗，可从以下方面入手：

①解决“新闻官腔”的问题。“新闻官腔”即以往“宣传文化”所留下的套话、空话或者“政治行话”。新闻工作者要解决这一问题，就要自我约束，严格要求自己。不能把来自某些权力机关的新闻发布、领导讲话稿、工作简报之类的材料没有经过采访，也没有经过任何文字消化加工与改写，就直接拿过来当做新闻报道原文照登。此外，新闻报道中也要禁止出现广告味浓厚的报道。

②要学会“第二种翻译”。“第二种翻译”是指用浅显的文字、生动的比喻或者人们熟悉的语言来讲述、表达或说明新闻报道中的内容。对于一些圈外人不太懂的“行话”，记者在写作时要对此进行解释说明。对于像经济报道、科技报道等专业性较强的报道，更要对其专业术语进行通俗化的“翻译”，扫除读者的阅读障碍。

③巧妙处理新闻报道中的数字。新闻报道中的数字是很重要的事实材料。全局性、易懂易记的数字能加强传播的力量，提高新闻报道的可读性。

3．针对性：信息 知识 思想

针对性是指新闻工作者进行新闻写作时，要了解传播对象，明确传播目的。针对性需要的不仅是写作技巧的训练，更多的是脑力，即思想、逻辑、理论能力的训练，包括对受众需要与心理以及媒介引导的理解和把握，对内容、角度、主题的选择等。针对性主要体现在以下三方面：

（1）加大信息量。受众对新闻的最基本的需求是享受信息的知晓权，因此要加大新闻传播的信息量，才能满足受众的需求。在新闻写作中，要想增加信息量可以从以下几方面入手：

①学会多侧面与立体化的进行报道。多侧面报道要求客观地按照事物的本来面目，通过多种角度，运用多种手段进行综合报道。这样就能避免“只取所

需”，从某一个侧面报道事实，不仅符合实际情况，而且能增加信息量，丰富内容、事实的层次、角度和色彩。

②学会使用新闻背景。充分挖掘与新闻事件本身的直接背景或者与其相关的间接背景，能够有效地加大信息量。

③学会抓特点。信息在本源上是客观事物的特征和事物之间的差异，特点越鲜明，差异就越显著，其信息量也就越大。

④用尽可能少的信息符号传递尽可能多的新闻信息。新闻信息多数是通过语言文字传递给读者的，因此要尽可能地用精炼的文字浓缩信息，传递更多的内容。

（2）加大知识含量。新闻报道的内容中加大知识的含量既是读者的需要，也是媒介引导的需要。这是因为21世纪是“知识经济”时代，人们在获取一些信息以后，还迫切需要有关这些信息的知识去解释它，认识它。加大知识的含量可以从以下几方面入手：

①知识最大的特点是科学性，因此，要加大知识含量，就要讲究科学性，要注意挖掘和展示信息背后的某种客观规律。

②在数量增加的同时，更要注重质量上的增加，即在报道的选材、角度上要比单纯的信息报道更加深入。

（3）挖掘思想深度。读者的需求在不断提高，即读者已经不满足于知道发生了什么事，还要了解事情发生的原因，甚至要理解事实的“意义”。于是，给读者提供一定思想深度的新闻报道，其现实的针对性也就越强。挖掘思想深度可以从以下几方面入手：

①挖掘事实本身内在的逻辑性。

②要有正确的洞察力，要对事物的本质进行深切的了解和分析。

③提炼和确定能够反映时代特征的主题。

五、新闻写作的方法

学习新闻写作，首先需要掌握新闻写作活动的基本规律。

任何文章写作中所遇到的基本矛盾，都是如何处理材料和观点的矛盾，我们所说的写作规律，指的是寻求这两者结合与统一的基本方法。新闻写作过程中遇到的矛盾是要处理新闻事实和作者所要表达的观点之间的矛盾，而解决这个矛盾的基本方法就是“用事实说话”。

事实是新闻的本源，也是新闻的存在形式。新闻报道坚持用事实说话，因为事实本身具有强大的说服力，符合受众的需要。比如，人们读报纸、听广播、看电视、关注传媒，主要是想从中获取信息，知道一些新鲜事，而不是首先想知道一些道理。因为大多数人愿意接受记者提供的事实，通过自己的头脑对事实作出判断，而不愿意轻易接受别人的观点和强制性地灌输，所以受众通过媒体最需要了解的是新闻事实，并且他们对特别感兴趣的信息，往往希望知道得更具体一些，这里的“具体”就是事实。下面具体介绍新闻写作中用事实说话的方法。

1．用典型事实说话

用典型事实说话就是选择最有新闻价值的事实说话。在复杂的现实生活中，事实是大量存在的。因此，新闻工作者首先要考虑的事情是选择什么样的事实才能更好地表达其观点或倾向。选择好的事实，可能有以一当十的作用；如果选择得不准，就算列举出很多事实，记者想说的话或希望表达的观点也仍会模糊不清。这种以一当十的新闻事实就是典型事实。

典型事实应具有以下特点：

（1）必须是鲜活的、读者所未知的事实。

（2）必须具有重要性，而且是具体的事实。

（3）更大程度地接近新闻观点，可以强化典型事实。

（4）有的放矢也是选择典型事实的一个标准。

2．通过再现场景来说话

所谓“再现场景”，就是把新闻事实的某些现场情景具体地描述出来，使读者仿佛身临其境、亲眼所见，从而加强新闻的可信性和说服力。场景再现的写作方式虽然难度比较大，但它所增强的可感性显著，更便于读者阅读与理解。

在实际写作中，第一人称再现法是“再现场景”常用的一种手法，即由记者直接把读者带入现场，它具有特殊的真实魅力，使得读者在“请看事实”的过程中，接受与领会记者传达的信息。

2005年6月2日，新华社播发了长篇通讯《索玛花儿为什么这么红》，报道了四川凉山彝族自治州藏族自治县“马班邮路”投递员王顺友的事迹，作者在开头写道：

眼前这位苗族汉子矮小、苍老，40岁的人看过去有五十开外，与人说话时，憨厚的眼神会变得游离而紧张，一副无助的样子，只是当他与那匹驮着邮包的枣红马交流时，便透出一种会心的安宁。

整整一天，我们一直跟着他在大山中被骡马踩出的一趟脚窝窝里艰难地走着，险峻处，错过一个马蹄之外就是万丈悬崖。

傍晚，就地宿营，在原始森林的一面山坡上，大家燃起篝火，扯成圈儿跳起了舞。他有些羞涩地被拉进了跳舞的人群，一曲未了，竟跳得如醉如痴。“我太高兴了！我太高兴了！”他嘴里不停地说着，“今晚真像做梦，20年里，我在这条路上从没有见过这么多的人！如果天天有这么多人，我愿走到老死，我愿……”忽然，他用手捂住脸，哭了，泪水从黝黑的手指间淌落下来……

作者以自己的所见、所闻、所感，真切地写出了当时的情景。情感真挚，立意厚重，生动地再现了人物的感人事迹，同时写出了人物的性格和环境，人物形象饱满富有张力，具有一种震撼心灵的力量。

在批评类的报道中，通过“场景再现”让事实说话，即记者目击记，也是一种经常使用的新闻报道方法。

3．运用背景材料说话

新闻报道中使用的背景材料，常被认为是“用来说明新事实的旧事实”，由此可见，背景材料本身也是一种事实。

背景材料在新闻报道中的一个重要作用，就是通过灵活地使用背景材料，从而巧妙地表达记者的观点。在新闻写作中，主要通过以下方法来运用背景材料说话：

（1）善于联想。善于联想是通过把所报道的新闻事实，与其他一件或几件事实关联起来进行陈述的方法。这种方法可以暗示与引导读者进行联想，从而得出结论。

（2）善于对比。通过背景材料进行对比和衬托也是新闻写作经常使用的一种方法。我们通常所说的“不怕不识货，就怕货比货”，说的就是把两件或更多的事实放在一起进行横向或者纵向对比。通过对比，揭示所报道事实存在的社会联系。没有这部分对比的材料，报道的内容仅是表面现象；有了这部分对比材料，事实的内涵、记者的报道目的就会比较清楚。

（3）不同的背景材料表现不同的观点。新闻事件复杂多样，每个新闻事件经常可以找到多方面的相关背景。由于作者或媒体观察、考虑问题的出发点与立场不同，所选用的背景材料也不一样。因此，报道同一个新闻事实，选择和运用不同的背景材料，会对人们的判断产生不同的影响。

（4）综合立体地使用背景材料，加大说话的深度和力度。同一个事实，由于运用的背景资料不同，就使得新闻事件在“用事实说话”的力度与深度上拉开了距离。

4. 借助“直接引语”说话

所谓直接引语，是记者通过采访得到的被采访者的原话。在新闻报道中，直接引用被采访者的原话已经成为现代新闻写作中不可或缺的方法。直接引语用得恰到好处的报道，不仅内容文趣盎然，而且生动真实，给读者极强的现场感。

直接引语的作用表现在以下三个方面：

（1）直接引语是新闻报道中不同身份、不同个性人物所说的话，直接引用它们，可以使报道具有现场感，富有变化和人情味，有助于克服新闻写作中容易出现的单调乏味与概念化倾向。

（2）直接引语一般都有消息来源，有助于提高新闻的真实性。如果直接引语来自重要人物或机构，还能有助于提高新闻的权威性。

（3）直接引语可以使记者利用新闻报道中的人物之口，讲出自己想说又不便直接说出来的话。

第三节 新闻写作专题知识

一、新闻主题

（一）新闻主题的含义

新闻主题，是指新闻事实所体现的基本观点和中心思想，是贯穿一篇新闻作品的主导思想，是新闻构思、选材、表达和运用语言的依据，是新闻作品的统帅和灵魂。新闻主题产生于采访过程中对生活的观察，产生于日常生活中的事实。

（二）新闻主题的选择提炼

选择什么样的主体进行报道才更有意义呢？这里有三个原则：

1. 选择政治上重要的问题

抓方向性的问题，选择那些代表事物发展方向、对全局有影响的、有一定政治思想高度的主题。这样的主题与全国的形势紧密相连，对实际工作和社会生活在一定程度上具有指导意义。

2. 涉及最迫切的问题

最迫切的问题通常包括：对全局或整体有影响的问题，如就业问题、“三农”问题；群众中的“热门话题”，也就是群众普遍关心的问题；对实际工作有指导意义的问题。

3. 关注受众注意的问题

新闻工作者在选择主题时，应该考虑受众真正关心和需要解答的问题，这样才能够让受众有阅读的兴趣。

（三）新闻主题的提炼方法

1. 从认识事实入手

没有事实材料，新闻主题也就无从产生，因而新闻主题的提炼必须着眼于事实，从认识事实入手。

2. 上头下头结合

既能符合中央政策，又紧扣当前形势的新闻主题，其新闻价值才能显现出来。形势是指一个时期的社会趋势、大众思潮、民意民心。政策、形势与鲜活的事实连成一线，新闻传播的效果由此就能显现出来。

3. 选好主题角度

选择巧妙的角度来展现主题，可以从以下几个方面入手：从变化中寻找新角度；从比较中发现新角度；从人民群众思想动向中发掘新角度；从相同中寻找不同，抓住有个性特点的新角度。

4. 在比较中鉴别

通过两种以上相似或相反的事物、情景的比较，往往能体会出两者之间的区别，因而比较的方法经常被人们所采用。

（四）提炼新闻主题的注意事项

1. 必须依据事实提炼主题

很多新闻报道，把原本一件小事的意义说得很大，这就不符合新闻事实，所以，新闻工作者要实事求是，对其报道的新闻的意义不能随意拔高。

2. 主题必须集中

通常，一篇成功的新闻报道只确定一个主题。那么在新闻素材的多样性以及新闻主题的开放性的条件下，我们该如何选择视角、提炼主题呢？“取其一点，不及其余”是一个切实可行的好办法，这样可以避免报道因“小而全”“大而空”而影响宣传效果。

3.“主题先行”的利弊

新闻主题不是凭空产生的。“主题先行”，可以理解为策划新闻，也可称之为“造假”。从另外一个角度分析，我国新闻界十分强调新闻的宣传作用，和新闻的舆论导向以及教育功能，所以，日常报道出现了到“什么季节唱什么歌”的习惯。如五月一日总要宣传几个劳动模范；六月一日总要推出几个儿童教育先进单位；反腐倡廉时总要抓出几个贪官等。当然，我们反对带着“框框”，强扭事实来套主题。然而，许多成功的经验告诉我们，正确的“主题先行”，有利于提高报道质量，更准确地揭示事物的本质。因为记者在采访前就有了这种思考，所以在采访时，就会对相应的题材更加敏感，就会捕捉得更准、反映得更深。

二、新闻材料

（一）新闻材料的含义

新闻材料，是新闻报道中记者通过各种途径搜集的用以认识和表述新闻事实的各种情况的记载的总称。新闻材料，不仅指用于具体报道中的材料，同时也是指记者在写作前积累和搜集的材料。

（二）新闻材料的分类

1．按照材料的性质可以分为新闻事实材料、背景事实材料和言论性材料

（1）新闻事实材料。这一材料是新闻报道中的主体材料。新闻报道的对象是新闻事实，事实在作品中正是由这些材料构成的。

（2）背景事实材料。记者在报道中引用一些与新闻事实有关的历史事实或现实生活中的相关事实，来解释和衬托新闻事实的材料。

（3）言论性材料。记者在新闻报道中引述人物的言论，以此来说明新闻的意义和本质的材料。

2．按照获取材料的方式可以分为直接材料和间接材料

（1）直接材料。直接材料也称第一手材料，是记者从新闻现场亲耳所闻、亲眼所见、亲身所感得来的材料，是写作中最重要、最生动的材料。

（2）间接材料。间接材料是别人提供的材料，也是新闻报道中运用最多的材料。因为间接材料转述的次数越多，失真的可能性就越大，因此新闻工作者在运用间接材料时一定要认真分析后再用。

（三）新闻选材的方法

1．选择真实准确的材料

真实是新闻的生命，而新闻的真实，要靠材料的真实。如果材料虚假，就会造成新闻的虚假，从而影响新闻的社会意义。所以新闻选择要严把真实关，选择真实准确的材料。

2．围绕主题选择材料

每一篇新闻报道都有其特定的新闻主题，新闻主题主要靠选择能够表现主题的材料来展现。凡是能够有力地说明、烘托、突出主题的材料，都要选取；而那些和主题没有关系，不能说明、烘托、突出主题的材料就要舍弃。

3．选择典型的材料

新闻报道不是总结，不能面面俱到，所以所选的新闻事实必须能以少胜多。因此要求新闻写作必须选择典型材料。

4．选择有较大新闻价值的材料

新闻价值是新闻事实本身所包含的满足社会需求的总和，新闻事实所包含的价值要素越丰富，新闻价值就越大。这就需要在选择材料时注意选择那些新闻价值较大的材料。

5．选择新颖生动的材料

材料新颖、生动才能表现出新鲜活泼的内容，才能有吸引力和感染力。此外，新闻报道大多篇幅短小，所以更要注意使用新颖、特色的材料。

6．选择符合新闻政策的材料

新闻材料的选择，受新闻价值和新闻政策两个标准的限制。凡是与新闻政策相抵触的材料，一般不允许出现在各大媒体上。

7．选择材料不要重复

在同一篇新闻作品中，使用的事例应有差别，在说明同一问题和同一侧面的事实时，列举一个就可以，不必连续用几个意义相同的事例来强调。

三、新闻来源

（一）新闻来源的含义

新闻来源，就是新闻事实的提供者。新闻来源在新闻工作中有两种含义：一是指新闻稿的来源，二是指新闻所依据的事实来源和新闻转发来源。

新闻稿的来源有通讯社采写或转发的电讯，报社、广播电台、电视台记者采写的新闻，通讯员、读者投寄的稿件。新闻稿的来源要在新闻的开头或末尾的署名中交代清楚。获得新闻事实的途径，有他人口头或书面提供的，有获得者目睹的。对新闻事实的来源，有的在新闻中作明确交代；有的为防止泄密、打击报复或应事实提供者的要求作间接交代，或不作交代。关于保守新闻出处的秘密，有些国家用法律形式作出规定；有些国家靠新闻界内部制订的记者信条、新闻道德规约予以约束。我国保障人民反映情况的权利，不允许对反映情况的公民进行打击报复。

新闻工作者在采访、写作时，必须弄清每一个事实的来源及其真相，避免失实。交代新闻来源，可以使读者、听众、观众判断新闻的可靠程度，是取得受众信任的重要条件之一，也有助于受众对新闻机构的监督，避免记者、编辑道听途说和主观臆断，以维护新闻真实性。

（二）获取新闻来源的途径

1. 从媒体上获取

通过报纸、广播、电视和互联网等各种媒体了解新闻，时刻关注新闻动向。此外，通过阅读媒体新闻，也可以掌握社会热点、焦点，从中找到有价值的题材，再进行深度挖掘报道。

2. 通过观察生活获取

新闻来源于生活，新闻事实常常夹杂在众多的生活事件中。因此，作为新闻记者，在生活中要善于观察和思考，在遇到看似普通的事情时也要从纵向和横向两个方面进行思考。思考过后发现的不同点，很有可能是一个好的新闻线索。

3. 当事人、知情人、“新闻线人”与“爆料”

现在，人们越来越重视新闻的宣传作用。为了能够在第一时间从当事人那里获取新闻，很多媒体和记者都会将联系方式公之于众。所以每当自己身边有新闻事件发生时，当事人或者知情人常常会主动联系媒体或记者前往进行采访报道。此外，发展“新闻线人”，即通过提供新闻线索而从新闻媒体获得报酬的人，也是我国新闻界获取新闻来源的一个重要途径。

4. 关注重大节日、纪念日等

人们每年都会在固定的节日和纪念日来举行庆祝、纪念活动。比如，“3·15”消费者权益保护日来临的时候，要关注一些欺骗消费者的企业；教师节来临的时候，要关注尊师重教方面的政策和措施等。在这些节日、纪念日举行的活动常占据着媒体的主要版面。

5．通过做连续深度报道获取

在新闻资源有限的情况下，可以对现有的新闻资源深度挖掘，做深度报道。利用现有材料寻找新的线索进行挖掘，从而达到理想的传播效果。此外，还可以以已有报道为线索进行深挖，使新闻内涵更深。

四、新闻角度

（一）新闻角度的含义

所谓新闻角度，就是新闻采写者在发现、挖掘和表现新闻事实时的着眼点和侧重点。构成事物的各个因素和各个侧面，都是新闻报道可以选择的角度。

在新闻报道中，常见以下几种角度：领导角度与群众角度、工作角度与生活角度、表扬角度与批评角度、正面角度与侧面角度、宏观角度与微观角度、对内角度与对外角度，还有可读性与可用性即宽幅传播和窄幅传播两个角度等。

（二）新闻角度选择的重要性

1．角度选择是否得当与新闻价值的大小直接相关

新闻角度选得准，入手就能抓住事物的特征，就会使新闻价值倍增。反之，选得不准，就会削弱新闻价值。

2．不同角度讲不同的话，有不同的报道效果

由于事物本身具有多面性，因此对同一新闻事实可以从不同的角度进行报道。不同的角度就有不同的针对性，所产生的新闻价值也就不同，因此表达的思想意义也就不同。

3．角度选得好可以出独家新闻

在新闻时效性竞争如此激烈的现在，想通过打时间差获取独家新闻已经是一件很困难的事情了，因此，从一个新的角度，一个别人没有走过的路径来发掘出事实的新的新闻价值，获取非时间差独家新闻成为记者们努力的方向。

（三）寻找最佳的新闻角度

选择最佳的新闻角度要注意突出新闻的个性特征，体现事物的本质，要有

生动活泼的内容和新颖巧妙的形式。要做到这些，需要注意以下两点：

1．根据不同读者群的定位寻找最佳报道角度

严格地说，一个新闻事实只有一个最佳角度，但判断哪个角度是最佳的，其标准是随着不同读者群的需要而变化的。新闻工作者在面对新闻素材动手写作之前，首先需要了解的是读者对象，即自己要写的内容是给谁看的。同时要根据自己所在传媒的舆论导向来选择最佳新闻角度。通常这个角度应该是新闻事实与自己所在传媒的“导向定位”和主要受众群需求三者“聚焦”的结果。

2．根据“接近性”原理选择最佳报道角度

在我国新闻界，一直以来都是以“靠读者近些”为追求。在选择新闻角度时，要充分利用新闻价值学说中的“接近性”原理，寻找所报道的事实与读者在时间、地点、心理或者利益上的接近点，只有这样，才有可能勾起读者的阅读欲望。一般来说，从读者的关切点上找角度，回答读者普遍关心的问题，解答读者想知而未知的问题，这就是最佳的新闻角度。

（四）选择新闻角度的方法

1．以旧见新找角度

这里的“旧”指的是新闻报道中的老体裁、老典型、老话题等。在新闻报道中经常会遇见一些需要反复报道的老体裁、老典型、老话题等，例如，教育报道中每年一度的高考、环境保护问题、反腐倡廉问题等。如果在这些报道中以旧见新找角度，将过去的报道和今天的现实联系起来，从旧闻中发现新闻，就容易写出新意，引起读者的兴趣。

在“以旧见新”的报道中，“旧闻”作为背景、铺垫、反衬是很重要的，在新旧的对比中，从变化的角度入手，往往容易在旧体裁中挖出有价值的新闻。

2．以小见大找角度

这里指的是表现大主题可以选择小角度，即从大处着眼，小处着手，做到以小见大。这里的“小”，可能是一个典型的细节、一个典型的镜头、一个真实的小故事。从“小处”着手，读者能够看得见，摸得着，有生活气息。

以小见大选择角度，要求新闻工作者依靠新闻敏感性去发现和捕捉生活中的小故事，小细节；要由此及彼、由表及里，有个性见共性，深入挖掘蕴藏在具体事例中的普遍意义。

3．逆向思维找角度

逆向思维是指遇到有些事情可以反过来思考，在这种“反思”的过程中寻找新闻角度，逆向思维能够帮助我们摆脱困境，突破老一套的模式。

4．发散思维找角度

发散思维在新闻写作中，要求以一个新闻目标（或一个新闻事物）为中心，把思路向四面扩散，沿着不同的方向、不同的角度思考问题，从多方面寻找问题的答案。运用发散式思维可以发现和挖掘事物更多的角度与侧面。

5．统摄思维找角度

统摄思维又称聚拢思维，这种思维的态势是向心的，思维的方向是向一个点或几个点集中，以求得对新闻事实更深刻的认识。把采访所得的具体新闻素材和具体观点聚拢，然后将事实向一个点或几个点集中，进行深度挖掘以接近新闻事实的新闻内核，最后找出一个最佳的聚拢点，这就是报道这件事实的新闻角度。

6．全局高度找角度

全局高度，也就是宏观高度和大局意识，包括国内外形势，党和国家的总方针、政策，包括政治形势、经济形势、思想动态、较大范围的客观性情况、发展趋势、趋向等，这些都是新闻的社会背景。如果新闻工作者能够以这些作为社会大背景，具有宏观与全局的眼光，那么他在选择某一具体的新闻事实时，就能够找到把握时代脉搏的最佳角度。

7．虚中觅实找角度

虚中觅实主要指对一些抽象性、概念性强的事实材料，要尽量寻找其中所包含的实在而具体的内容，从这个角度入手表现这个事实的新闻价值。这一方法对改进会议报道具有很强的可操作性。

五、新闻跳笔

（一）新闻跳笔的含义

新闻跳笔是一种重要的新闻写作笔法，是指在新闻写作中，对新闻事件的叙述和描写，不是按照事件发生的先后次序和逻辑次序对事件进行详尽、面面俱到的叙述和描写，而是把不太重要的情书、片段和段落省略掉，简要概括地勾勒出新闻事件，从而达到特定的艺术效果。它在文体结构上是多段体，与一般文字作品所要求的注意上下文衔接、具有连贯性、讲究起承转合等不同，它主张“跳”，主张在句子与句子之间、段落与段落之间有较大的跳跃。

我们来看下面的消息：

今日起我国对长江实行首次全流域禁渔三个月

新华网重庆（2003年）2月1日电 从2月1日起，我国首次对境内的第一大河长江，实行全流域春季禁渔三个月。这也是世界首次在大江大河实行全流域禁渔。

禁渔期间，万里长江将出现“江中无渔船、岸边无网具”的奇异场面，买卖江河鱼类品种、市民江边垂钓等都在禁止之列，宾馆、饭店等饮食行业经营江河鱼类也被视为违法。

据农业部渔政局发言人介绍，这次长江禁渔共涉及云南、四川、贵州、重庆、湖北、湖南、安徽、江西和上海等10省市8100多公里江段，其中长江干流4090公里，支流4000余公里，以及鄱阳湖、洞庭湖等主要湖泊，专业捕捞渔民5万多人。

根据水温差异导致的鱼类繁殖期的不同，以长江中下游湖北省境内的葛洲坝为界，葛洲坝以上至云南德钦禁渔时间为2月1日至4月30日，葛洲坝以下至长江河口水域为4月1日至6月30日。之前，我国已在东海、南海等海区实行伏季休渔。

从20世纪80年代中期以来，除长江水利工程建设、围湖造田、水域污染等原因外，一些渔民为多捕鱼，甚至不惜采用电、炸、毒鱼等非法作业方式，严重破坏了鱼类资源的生存和休养环境，一些经济鱼类资源已开始枯竭，不少珍稀水生野生动物诸如白鳍豚、白鲟等物种面临灭绝。

长期从事渔政工作的重庆渔政处助理调研员邱成松说：“由于捕捞过度，近年来长江渔业资源受到严重破坏，因此要实行全面禁渔制度。禁渔期正值春季江河鱼类的产卵繁殖期，这有利于保护和恢复长江的水生动物资源。”

为了养护和合理利用长江渔业资源，遏制资源不断衰退的趋势，确保长江渔业经济可持续发展，既要当代人有鱼捕，更要子孙后代有鱼吃，且要有优质鱼可吃，农业部2002年就对长江中下游试行了禁渔制度。

重庆市渔政渔港监督管理处处长程渝说，本次长江全流域春禁，一方面传承了夏禹时代“夏三月，川泽不入网罟，以成鱼鳖之长”的古训，另一方面，是我国实施可持续发展战略的重要体现。

农业部渔业局有关负责人认为，禁渔期内渔民直接收入会有所减少，但考虑开捕后由于资源状况的好转而增加的收入以及禁渔期间节约捕鱼成本等因素，实际上专业渔民全年的渔业收入减少并不多。禁渔期间，沿江各级人民政府和有关部门还将对渔民采取各种经济补助措施。

该消息一共有九个自然段，全文围绕所报道的事实，展开叙述时有条不紊，给我们的感觉是虽有跳跃性，但全文的中心思想却是一脉相承的。

全文之所以给我们一种有节奏的“跳跃感”，关键在于它的叙事没有一般文章时间、空间、事理的顺序，没有一般文章的起、承、转、合的过渡；而是根据传递新闻信息的需要，直接叙述必要的内容，每个段落均比较短而相对独立，表达了一个完整的意思，这就形成了“跳跃”的感觉。

所以，新闻跳笔是由两方面因素决定的，一是内容上对含有新闻信息的材料进行直接叙述，略去与新闻信息无关的过程、过渡等因素；二是形式上对每个有独立意义的信息材料简要表达，并赋予独立的段落。

（二）新闻跳笔的形式

新闻跳笔的形式主要包括以下几种：

（1）点面结合的跳笔。新闻作者写作时，将具体性的材料和概括性的材料结合运用，由点到面、由面到点，从而形成叙述上的跳跃。

（2）穿插叙述的跳笔。在新闻报道中，同时存在两条叙事线索，可以交叉叙述，于是形成跳笔。

（3）“倒金字塔”结构的跳笔。也就是在安排材料时，使用了先重后轻的办法，从而形成跳笔。

（4）“蒙太奇”式的跳笔。根据报道目的的需要，对不同时空的画面进行剪辑，将它们拼接在一起，形成跳笔。

（三）如何运用新闻跳笔

1. 多分段，短段落

段落是区分内容和层次的手段。跳笔在提行分段上的一个特点就是多分自然段，而且每段都不长，用短段落来划分内容与层次。这种方式方便读者接受和消化。

我们来看下面这则消息：

奉化坍塌居民楼为学区房 居民希望原拆原建

随着挖掘机“铁手”不停地来回摆动，昨天上午10时开始，奉化居敬小区29幢未坍塌部分的楼体开始拆除。

在机械手的映衬下，阳台外晒着的被子、毛巾、衣服格外醒目，它们都已经晒了4天，但即使没有换洗的衣物，主人也不敢再去“取回”这些衣物。

一个老太太红着眼睛在那里抹眼泪，对于居住在这里已经十几年的居民来说，看着曾经生活过的地方突然变成一片废墟，心中充满了浓浓的不舍。

昨天下午15时，29幢居民楼未坍塌部分楼体的拆除工作基本完成。

……

（2014年4月8日《钱江晚报》记者郑巍）

这则消息正是用“多分段，短段落”的方法，说明浙江奉化为避免安全隐患，拆除居敬小区29幢未坍塌楼体的现场情况。

2. 断裂行文

新闻跳笔要求的“断裂行文”，是指段落之间不按照时间顺序或者事实的原始过程从头排列，也不平铺直叙，不用顾及程序、顺序或者层层推理的形式逻辑，而是打破时间与空间的限制，重点突出读者最感兴趣的新闻事实，把这些事实用跳跃的方式组织起来。即段落之间可以彼此没有联系，也不需要过分地注意文字连贯性和上下文的过渡与衔接。

例如，下面的这篇报道：

三联韬奋书店试行24小时营业或将长期运行

本报讯（记者 孙海悦）“当城市进入午夜，书店就是灯火。”4月8日~17日，三联韬奋书店将进行7×24小时试运营，并有望实现长期24小时营业。

“目前北京还没有一家真正意义上24小时营业的书店。此举以弘扬三联品牌为主，社会效益大于经济效益。”生活·读书·新知三联书店副总经理、北京三联韬奋书店总经理张作珍在接受《中国新闻出版报》记者采访时表示，北京市新闻出版广电局近期专门下拨100万元用于扶持三联韬奋书店发展，加上免征图书批发、零售环节增值税等国家对实体书店的扶持政策，“书店每年免税额可达五六十万元，在实现一些销售的情况下，营收与投入应该可以持平。如果持平，三联韬奋书店24小时营业就将长期运行下去”。

谈及夜间经营与白天经营在服务方面有何差异时，张作珍表示，三联韬奋书店将在夜间营业时为读者准备桌子和取暖坐垫，并从灯光设置等方面提供细致、周到的服务。同时，书店将在试运行24小时营业的10天内摸索经验、听取读者建议。

豆瓣网发布的“读·一夜——三联韬奋书店‘深夜书房’体验交流”活动说明中这样写道：“我们邀请爱书的小伙伴们一起来到‘深夜书房’读书、发呆、聊天，顺便帮我们挑挑毛病。24小时经营，是我们向爱书人展现的最大诚意，我们将努力营造一个温暖亲切、轻柔舒缓的平台，提供阅读、聆听与交流，现在需要爱书的您来体验、参与和创作——书店这道城市风景，需要我们共同努力维护。”

在实体书店发展遭遇困难的今天，不少新浪微博网友得知三联韬奋书店进行7×24小时试运营的消息后纷纷留言支持“点赞”：“很怀念台北诚品到了十一二点还有很多人聚集在书店里专心阅读的情景，希望北京也能有这样的属于爱书人的天堂。”“24小时书店，好创意！总有一部分读者不肯放弃纸质书籍的阅读乐趣！”“把书店和酒吧结合为书吧，24小时不断，陌生读书人之间能交流。这就大大提升了社会的读书氛围。”“但愿能发展壮大：由京城至各省会至各大中城市。文化之星，燃遍全国！”

据悉，三联韬奋书店7×24小时试运营期间，于晚9点至次日上午9点到店的读者可以享受打折、满赠、换购、返券等多项优惠，位于书店二楼的雕刻时光咖啡馆也将联动通宵营业。

（2014年4月8日《中国新闻出版报》）

这篇消息充分运用“断裂行文”的结构，多层次、多角度地将打散的新闻素材灵活自如地组织在一起，使整篇报道从头到尾处于“变化”之中，不仅增加了可读性，而且使全篇充满了新闻报道的快感。

3. 借用电影的“蒙太奇”结构

“蒙太奇”本来是一种电影表现手法，指通过将不同的镜头进行有机连接与组合，从而产生不同的艺术表达效果，例如产生对比、引起联想等效果。

“蒙太奇”结构与新闻跳笔有异曲同工之妙，只不过它是在电影语汇之间跳，而新闻跳笔则是文字语言在句与句、段与段之间跳。如果我们把通讯中的某些情节、场面、细节看成镜头感很强的段落，然后运用跳笔来突出事物的主要特征，按照类似电影镜头那样推拉移动，将它们连接起来，就是新闻写作中的“蒙太奇”。

甘南藏区沿黄草原绿化固沙工程取得实效

新华社兰州2016年8月4日电（记者姜伟超）“玛曲”在藏语里是黄河的意思。这个位于甘肃省甘南藏区的县，拥有世界上保存最完整的湿地之一，黄河流经此地获取了源区总径流量的58.7%，被誉为“黄河之肾”。经过多年努力，沿黄草原绿化固沙工程取得实效。

玛曲有1.28万平方公里草原、562万亩湿地，是青藏高原最原始、最具代表性的高寒沼泽湿地。但从20世纪80年代起，由于过度放牧、鼠害及风蚀加重，玛曲草原以每年3.1%的速度沙化，大量湿地变成“黑土滩”。据统计，20世纪60年代，玛曲湿地的面积是45万公顷，如今仅存30多万公顷。

在一些湿地和生态专家眼里，无论从自然资产价值还是国家生态安全角度，玛曲草原和湿地群在中国生态屏障的构建格局中都应受到重点保护。但草原和湿地群是牧民主要的生产资料，为生态保护，在这里生活的牧民不得不减少自己的发展空间。

为妥善解决生态恢复与藏区群众收入增加的矛盾，让其“减产不减收”，当地政府加快旅游产业开发步伐，从衣食住行等方面增加旅游有效供给，并且实施草原亮化、美化工程，让每一寸山水、每一处草原都变成景观，引导藏族群众由卖牛羊变为“卖山水”。在政策引领和带动下，越来越多的藏族群众生态保护意识提高，开始自发加入治沙大军。2015年补播牧草5万亩，栽植云杉1万株、高山柳8万株，黄河边沙化地苗木成活率保持在90%以上，牧草成活率达到70%。

一处处藏家乐、藏家风情旅社从无到有。卓玛加布家的牧场从去年开始不再放牧牛羊，开办了一家旅行社。去年卓玛加布自掏腰包治理沙化草场40亩，今年达到150亩，他计划明年这个数字还要扩大。

当地一些农牧业及环保部门领导认为，要保护“黄河之肾”，靠地方的“自我拯救”能力远远不足。“虽然禁牧、休牧在玛曲实施达标，但草原载畜量仍然与保护生态的需求有差距。”玛曲县畜牧林业局局长拉毛加说，目前玛曲草原实际载畜量仍超出保护需求的50%。在他看来，要解决这个问题，只有让牧民不再单纯依靠最原始的牛羊养殖致富，延长产业链、发展深加工，最大限度放大单个牛羊的价值。

玛曲的高寒草原到处都是宝，除了天然生长的牦牛藏羊外，还有珍稀的草原蘑菇、名贵的中药材，但这些都没有变成群众致富的主要来源。“玛曲期待更多外部力量来和我们一起‘绿色开发’。”拉毛加说。

如今的玛曲湿地一年比一年“硬朗”，沼泽低湿草甸植被逐渐向中旱生高原植被演变，生态环境变得十分脆弱，同时黄河对草原的冲刷造成的沿岸沙化不断扩大，要治理不仅需要大量资金，而且需要专业科研带动。令人欣喜的是，黄河干流冲刷造成的草原破坏已经引起国家重视，目前总投资3.57亿元的黄河干流玛曲段防洪治理工程开工建设，通过修建堤防、护岸、护坡等工程措施，将遏制黄河上游草原生态恶化。

这篇报道由不同的“镜头”组成，每个“镜头”自成画面，自成故事，彼此之间没有任何文字的衔接与过渡，跳得干净利落。这种写法让人产生看电影的感觉，通讯的真实性与生动性也由此而生。

4. 加大句与句之间的跨度

在新闻写作的行文过程中，无论消息还是通讯，跳笔几乎随处可见，其具体表现在加大句与句之间的跨度，并可以有不同形式的跨越。

例如，法新社1998年9月26日发自柬埔寨的一条消息的导语：

有122个席位的柬埔寨新国民议会今天宣誓就职。而在两个小时前洪森刚在一起暗杀他的行动中幸免于难。

这段文字，既有事实主体的变化，即第一句的主体是新议会，第二句的主体是新议会的领导人；也有现场与背景之间的变化与跨越，第一句是对最新消息的报道，第二句是用背景材料所做的说明。

六、新闻语言

（一）新闻语言的含义

新闻语言即新闻作品的语言，指通过新闻媒介，向受众报道新近发生的事实、传播具有新闻价值的信息时所使用的文字语言。

（二）新闻语言的特征

1. 准确、简洁、鲜明、生动

新闻语言要与新闻描述的事实相吻合，用语要准确、贴切，要能最大限度地表现事实的原貌。新闻写作中所需要的语言，是传播信息的语言、报道事实的语言、解释问题的语言、快速交流的语言。因此，根据新闻写作的时效性（新鲜、快速、及时）与可读性（具体、通俗、生动）的要求，新闻语言不但要有准确性，还要具有简洁、鲜明、生动的特色。

2. 新闻语言要有时代感

有时代气息是新闻语言生命力的一个重要特征。因为这种新闻语言是社会词汇中最直接、最真实、最迅速、最广泛的反映，甚至可以说它是“引领时代新潮流”。同时，新闻报道的时效性与新鲜感，也需要通过社会上最新流行的一些语言传递出来。在词汇更新速度飞快的今天，媒体上几乎每天都会有新词出现，因此作为新闻工作者，既应该保持对新鲜事物的敏感，也应该保持对新鲜语言的敏感。

3. 新闻语言应有不同的风格

新闻语言在符合简洁、准确、鲜明、生动的基础上，针对不同的报道、不同的作者，有不同的语言要求。

（1）新闻语言的风格取决于人物报道中被采访者的语言个性。每个人都有自己的语言风格。比如，被采访者是一位农民，其语言生动、幽默、明快、简短，那么所报道的通讯的语言要尽量接近被采访者的说话风格，多用农民的口语，要简短；当被采访者的身份是一名群众干部时，因为干部既有面对群众时的生动的口语，又有做报告时富于鼓动性的语言，以及同人民群众说理时带有一些哲理性的语言，所以新闻报道在语言上应该比较正式，尽量用长句或者复句。

（2）新闻语言的风格取决于新闻事件本身的基调。不同内容和题材的新闻事实，其基调也是不同的。因此，对于新闻工作者来说，分清新闻题材的基调，准确地把握新闻事实，在写作中选用恰如其分的语言风格，对表现新闻事实有着重要的作用。换句话说，报道题材基调确定的时候，撰写这篇报道时的语言风格也就确定了。

（3）消息与通讯对于语言的要求有所不同。消息的语言是一种具体陈述与抽象概括相结合的语言；通讯承担着展开事实、描写事实、再现事实乃至解释事实的任务，它比消息报道的内容更详细、更深入，其报道的范围也比消息更广泛。因此，通讯的语言比消息更形象、更丰富、有更多的感情色彩。

4. 白描是新闻语言的主要特征

“白描”原指中国绘画中的一种传统技法，即在作画时，用墨线勾描物象，线条简练而传神逼真，不用颜色渲染，只是略施淡墨。这种技法借用到新闻写作中，是指文字描写的具体方法，即不尚修饰，不用或少用形容渲染，以质朴的文笔，简练而直接地勾勒出事物的特征。白描是直接叙述和描写的高度统一。它不尚华丽，质朴平实，透明度高，有利于用简单的方法处理复杂的问题，进而突出事物的特征，即突出新闻价值。

（三）如何使用白描语言

1. 多用大白话

绘画技法中，白描式的线条勾勒，不仅要简洁、准确、具体，还要生动、传神，而“大白话”往往具备这种语言的要求。所谓“大白话”，指的是群众语言，即老百姓说的话，或者叫大众口语。大众口语有着浓厚的生活气息，并且具有通俗易懂、平易近人、生动形象的特点，因此，用大众化的语言来写新闻，既能为大多数读者所喜闻乐见，还能使新闻具有独特的风格。

2. 多用动词，用准动词

白描语言，要求采用简洁而准确的线条对事件进行勾勒，主要是依赖“动词”实现的。动词是语言中最生动活泼的要素，广泛运用于陈述人物和事件的动作、行为、变化等。例如，千古名篇《陋室铭》中的“苔痕上阶绿，草色入帘青”一句，一个“上”，一个“入”，给石阶上的青苔以及屋外的绿草都赋予了运动着的生命境界，勾勒出一幅生机盎然的动感画面。所以在新闻写作时，多使用动词能够将所写事物写“活”，使人如临其境，最终让消息和通讯“立于纸上”。此外，在提倡新闻写作多用动词的同时，还要注意用准动词。动词运用准确，才能达到应有的效果。

3. 多用子概念

新闻写作中的白描，不仅要求简洁与准确的线条勾勒，还需要具体、形象化的概念做支撑。子概念的特点就是具体、丰富、形象。

母概念和子概念，是形式逻辑中的专有名词。如“蔬菜”和“豆角”就具有母子关系的概念。母概念“蔬菜”外延较大，而豆角属于蔬菜中的一种，是子概念，它虽然外延没有蔬菜大，但它的内涵却比食品更具体、更丰富，如扁豆、四季豆、荷兰豆、油豆等，显然这些子概念比母概念又具体、形象化了一层，读者会联想到某一种具体的事物。因此，多用子概念，容易引发人们的形象思维。比如，“气温低至零下25摄氏度”比“天气很冷”更符合新闻语言的特点，更形象、准确。

第二章
消息写作

第一节 消息概述

一、消息的含义

消息是新闻报道中的一种常用文体，它以简明扼要的文字，准确、迅速地报道国内外新近发生的各种有价值的信息。

消息是新闻，但是指狭义的新闻，消息是目前应用最频繁、最广泛的一种新闻报道形式。

二、消息的特点

消息是一种以简明的文字，迅速及时地报道新闻事实的新闻体裁。消息的特点可以用四个字概括：实、快、新、短。

1. 实

实即真实，是指消息的内容真实存在，这是消息的生命力所在。消息的真实之处主要体现在以下几个方面：

（1）消息中所引用的各种资料必须准确无误。

（2）消息中所反映事实的环境、过程、细节、人物的语言、动作必须真实。

（3）构成消息的时间、地点、人物、事件、因果及其背景等诸多要素必须表述真实。

2. 快

快是指事件报道同事实的发生、发现二者之间的时差要最小，距离要最短。快是消息的基本特征，如果不抢先，“新闻”成了“旧闻”，就失去了报道的价值。如：

印度一座13层大楼部分垮塌　导致至少8名工人死亡

中新网7月29日电　据外媒报道，29日，印度西部城市浦那一座13层大楼部分垮塌，消防官员称，事故导致至少8名工人死亡。

该官员表示，大楼的顶部垮塌坠地。救援人员正在寻找可能仍然被困在废墟中的工人。

事故发生地浦那位于孟买东南部160公里左右。

由于对房屋的高需求以及相关法规不严，建筑商偷工减料、使用不合格材料或者擅自添加额外楼层，房屋倒塌在印度并不罕见。2013年4月，孟买郊区一栋正在非法建造的8层建筑倒塌，导致74人遇难。

这则消息转引外媒的报道，及时地将新闻发布，保证了的时效性。

3. 新

新主要是指内容新鲜。新鲜是新闻的本质属性，消息特别能体现“新”这个本质属性。消息的内容应该是最近发生且没有报道过的新事物、新信息、新经验、新成就、新气象、新问题等，或者是虽有报道，但却从其他角度挖掘出了新的内容。

4. 短

短是指消息的字数一般都比较少，篇幅很短。现代媒体都加大信息量，因此希望消息会短一些，而短小的新闻也符合人们的阅读需要。消息应做到篇幅短小，文字简洁，内容简练。例如2016年7月29日人民网发布的消息，具体内容如下：

人民网7月29日电（杨磊 实习生刘笑言）7月29日，中国女排在主教练郎平的带领下从北京出发飞赴巴西，踏上里约奥运会的征程。热情球迷携横幅欢送女排姑娘，为她们送上祝福。

这则消息共计60多个字，却将中国女排将要飞赴巴西参加里约奥运会的事件简洁地向读者表达清楚。

三、消息的分类

按照不同的角度划分，消息有多种形式的分类。

根据新闻报道的内容，可分为政治新闻、经济新闻、科技新闻、军事新闻、文艺新闻、体育新闻等。

根据新闻事件的不同性质，可分为事件性新闻和非事件性新闻，也有人将这两种新闻称为“硬新闻”和“软新闻”。

根据新闻报道的深浅程度，可分为深度报道和一般报道。

根据新闻报道反映的对象不同，可分为人物新闻和事件新闻。

根据新闻报道篇幅的长短，可分为长消息、短消息、简讯、一句话新闻、标题新闻等。

根据新闻报道的不同适应性，可以分为动态新闻、简明新闻、综合新闻、经验新闻、人物新闻、会议新闻、述评新闻等。这也是最传统、最基本、公认度较高的一种分类方式。

第二节 消息的结构

一、“倒金字塔”式结构

1.“倒金字塔”式结构的含义

“倒金字塔”式结构，即把最重要、最新鲜的事实放在最前面，其他内容按事实重要程度与新鲜程度的大小依次排列，呈“头重脚轻”的“倒金字塔”状态。这其实也是写作上的一种倒叙法。它是消息写作中最为常见的基本结构。“倒金字塔”式结构一般多用于动态消息。

下面这则消息就是“倒金字塔”式结构：

首届“范长江新闻奖”开评

中新社北京9月5日电　中国中青年新闻工作者的最高奖“范长江新闻奖”从今年开始进行评奖，以后每两年评选一次。

记者从中国记协和范长江新闻奖基金会今天举行的新闻发布会上了解到，凡在评选年度不超过55岁的中青年专业新闻工作者均可参加评选。评选范围包括正式批准登记的报纸、通讯社、广播电台、新闻时事类刊物和新闻电影等单位的新闻编辑、记者、播音员（包括节目主持人）以及从事新闻理论研究、新闻教育的专业人员。

首届“范长江新闻奖”最多评选采编人员10名，是否设提名奖待定。评选结果将在明年第一季度公布。

据悉，海外新闻工作者参加评选的办法另行拟定。

范长江新闻奖基金会主席、新华社社长穆青任评选委员会主任。评选委员会由新闻界专家和知名人士组成。

2.“倒金字塔”式结构的优点与缺点

优点：方便读者阅读，能够让读者一开始就方便地获取最重要的信息；方便编辑制作标题，编辑只需要看前面一两段就能够知道新闻的具体事实；有利于版面编辑安排版面，如果需要压缩版面，可以从后往前删节，而不会破坏新闻的完整性；方便记者写作新闻，可以快速写作，不为结构苦思。

缺点：过于标准化、程式化，缺乏多样性；容易出现标题、导语和主体“三重复”现象；导语之后主体部分各段之间的衔接与递进关系把握不好，易出现“散”和“零碎”的感觉；不适用于非事件性及人情味、故事性较强的新闻。

二、“金字塔”式结构

1.“金字塔”式结构的含义

“金字塔”式结构，也被称为顺序法，是和“倒金字塔”式结构正好相反的一种消息结构。这种结构是按照事件发生、发展、高潮、结尾这样一个时间顺序来组织安排材料的。一般没有导语，事件的开头就是消息的开头，事件的结尾往往也是消息的结尾，事件的高潮、结果或结论一般在消息的后面。

金字塔式结构比较适用于故事性较强、以情节取胜的单一消息或人物消息，尤其适用于目击式新闻。例如，2009年12月26日发表在《扬子晚报》上的这篇《公安局长只身制服持刀杀人犯 现场气氛紧张》消息就是“金字塔”式结构。

“我要报案，我杀人了……”

25日15点11分，台州市三门县公安局110指挥中心的报警电话响起，一名男子自称杀了人，语气焦躁。

……

在一间出租民房的四楼楼顶的檐沟上，坐着一名男子，手里拿着一把50厘米长的砍刀，时而挥舞，时而顶在自己喉部。

三门警方很快赶到案发现场，拉起警戒线，刑警、特警、派出所民警以及武警、消防官兵等按照突发事件处置预案分头行动。

民警通过与该男子远距离交谈，得知他名叫陈金德，25岁，四川内江人。他声称是女友陈某做了对不起自己的事，在半个小时前，他杀死了女友。“是她逼我走上了这一步！”

……

考虑到持刀凶徒抗拒心理极强，为避免他再次伤及无辜群众或出现其他极端情况，先后赶到现场的三门县委常委、公安局长王从志等领导，制订了多套应对方案。

……

无论民警怎么做工作，陈金德根本听不进去。

……

在此期间，应陈金德要求，刑侦大队长郑江省领着死者母亲到楼下与陈金德对话。然而陈金德远远交谈几句，竟然说这不是死者母亲。随后，他口里咕哝着“要死在一起”，慢慢地在死者身上躺下，刀子贴上去……

他的这一举动，令现场的气氛顿时紧张到了极点。

民警迅速喊话劝阻他。等他情绪稍有平息，王从志不失时机地冲他喊了声“我过来和你谈”，然后趁他未置可否之时，迅速赶往案发楼层，只身接近陈金德。

“……你杀了人、做错了事，就要面对，不能一错再错。否则别人就会说三道四，家里人也会不理解。有事情到公安机关说清楚……”迎着凶手的刀锋，王从志推开窗户，慢慢把手伸向陈金德。陈金德怔了一下，但是依旧紧紧地用刀抵在喉咙。

王从志继续劝说。“是她对不起我，我对不起父母，让我死了算了……”陈金德听着听着，突然哭起来。但是刀子仍旧攥紧在手里，不时在王从志胸前胡乱挥舞。

王从志十多分钟的反复劝说后，陈金德的精神慢慢缓和下来。随后，王从志认准时机，再次抓住他的手，刀子“当啷”掉落了。

早已埋伏在房间里的民警们冲上前把陈金德拉进房内。这时现场外围的群众聚集了有上千人，其中大部分自始至终目睹了警方处置的全过程。

……

2.“金字塔”式结构的优点与缺点

优点：脉络清晰，不散不乱；构思行文便捷，容易下笔；行文自然、流畅，情节步步发展，越看越吸引人。

缺点：一般篇幅较长，有细碎感；平铺直叙，缺乏起伏变化，“新鲜”之点不能立即抢眼。

三、“自由式”结构

1.“自由式”结构的含义

“自由式”结构是一种不拘一格、自由灵活的写作形式，它虽然没有一定的规则，但是在总体上又是符合新闻写作的要求的。常见的自由式结构有散文式、对话式、目击式等。下面即是一篇散文式结构的消息。

荷兰一男子长沙约见女网友“蜗居”机场苦等9天

在美国电影《幸福终点站》里，由汤姆·汉克斯饰演的男主角迫不得已长期生活在机场里，发生了很多故事。类似的场景竟然在长沙发生了，一名来自荷兰的老外，在长沙黄花机场的出站口一带，已经吃喝拉撒睡了9天了，就是不肯走！他这是怎么了？据他自己说，他一定要在这里等到在网上认识的一位“心上人”！

在国际到达口的4号口，记者一下子就看到了这名外国人。此时已是深夜，这名男子就躺在机场的椅子上，旁边是他的行李箱，箱子上还晾着一双袜子，地上摆了几桶方便面。

对于记者的到来，这位身高一米八的老外显得有点懵，在表明了来意后，男子向记者讲述起了自己的遭遇。他名叫亚历山大·皮特，来自荷兰阿姆斯特丹。

皮特今年41岁，未婚，通过社交软件认识了一个比他小十几岁的长沙妹子。为了爱情，9天前，他不远万里从荷兰飞到了长沙，两人原本约在黄花机场见面，可到了机场后，女网友却失联了。

因为联系不到对方，身上的钱也不多，于是他吃喝拉撒睡在机场，一心等女网友。吃的是别人送的泡面，喝免费水，就睡在躺椅上，他很快就成了机场的“名人”。

热心的机场工作人员经常给他送水和可乐。他们还说，两年前，这名老外也曾来过长沙黄花机场会友。

经过公安机关核查，皮特入境合法且购买了8月1号的回程机票，但是面对机场联系的住宿，皮特拒绝接受，因为他执意要在出站口等女网友。

机场方面表示，他们也是第一次遇到这样的情况，但机场方面会为皮特提供便利。如果这名女网友能看到我们的新闻，希望你能赶快去机场见皮特。皮特会一直等到8月1号他不得不离开的时候。

（2016年7月29日 新华网）

这篇消息用散文式的结构布局，对材料的取舍穿插、场景的描写等都有创新。

散文式新闻是新闻创新的产物，能够让消息写作不拘一格地“新”起来、“活”起来。但是用散文式结构写新闻，要切忌“离题万里”，切忌“支离破碎”。在写作时，不论是用叙述穿插的手法还是交错展现，尽管在时间和空间上有很大的跳跃，但一定要围绕主题展开，做到形散而神不散。

此外，目击式结构的新闻也日益增多，比如，体育新闻报道多采用目击式的结构，写出来的消息有强烈的现场感，让读者有身临其境之感。

2.“自由式”结构的优点与缺点

优点：打破定势，别具一格，有新意。

缺点：有一定的适用范围，把握不好就容易出现篇幅冗长、行文不严谨、松散等弊病。

第三节 消息的标题

一、消息标题的特点

消息标题是在一篇或一组消息正文之外，用以揭示消息内容或特点、与正文字体或字号有区别的简要文字。通常，一个好的新闻标题会使一篇新闻添辉增色，起到画龙点睛的作用。

1. 消息标题和其他文章题目相比

（1）以与文艺作品的题目相比来举例，消息标题较为含蓄，常常是含而不露，引而不发，常以巧妙的寓意、优美的意境打动读者。一些文艺作品单从文章题目上来看，很难看出作者的意图和要表达的内容，需要把全文读完，才能体会到题目的含义。消息的标题，要求直接点明新闻事实。

（2）在结构形式上，一般文章题目的结构比较单一，消息的标题却丰富多彩，变化多端。在结构上也比较复杂，一般有单行标题，还有双行标题和多行标题。

2. 消息标题和通讯标题相比

（1）消息标题报告具体事实，提供新闻梗概；通讯标题只提供事实的范围和方向，常有议论和抒情的倾向。对事实要素，消息标题必须要有所交代；而通讯相对要灵活些，对事实要素可交代也可不交代。

（2）消息标题对事实的表述呈现一种动态，也就是说要告诉读者事情的发生与发展过程。通讯标题对事实的表述常呈现为一种静态。

（3）在标题形式上，消息标题灵活多样，一行题、二行题、三行题都常用；通讯标题只有单行与双行两种形式。

二、消息标题的分类

消息的标题常由主题和辅题构成。

1. 主题

主题也叫主标题、正题。主题是标题中最主要、最受人注意的部分。

主题可以单独成题，成单一型标题，也可以与辅题组合而成，成为复合型标题。不论在单一型还是复合型标题中，一般来说，主题是新闻中最主要的事实和思想的概括表述。如：

空军首批战斗机女飞行员将亮相国庆阅兵

（2009年9月16日《经济日报》）

在复合型标题中，主题是标题的骨干，是最引人注目的部分。如果没有主题，标题便不能成立；而且主题的字号一般最大，地位最突出。

在拟写新闻标题时，常需要实题和虚题配合。所谓实题，指表意实在、具体的标题，标题中包含有确定的信息。如“徐洪刚勇斗歹徒”，告知了一个具体的事实，是实题；虚题指表意抽象、虚化的标题，信息的“确定性”“指向性”不够，多用于讲明道理、揭示意义。如“一曲时代正气歌”，揭示事实的意义，没有具体的信息，是虚题。

由于新闻标题同样强调“用事实说话”，因此，在单一型标题中，主题必须是实题或者虚实结合；在复合型标题中，主题可虚可实。如果主题是虚题，其他辅助题中必须有实题配合。如果主题是实题，其他辅助题则可以是虚题。否则，这样的标题就会因为没有“事实”，不能算作新闻标题。

2. 辅题

主要用来辅助主题，起到引导、铺垫、说明、补充、解释主题的作用，不能脱离主题而独立存在。辅题又包括引题和副题两种。

（1）引题。又称肩题、眉题、上辅题。它与主题搭配，为主题服务，位置在主题之前，是从属于主题的“先行官”和“引导者”。引题揭示消息的思想意义或交代背景，说明原因，烘托气氛。引题文字少于副题，字号小于主题。

下面举例说明几种引题的作用。

①辅助正题揭示新闻事实的意义。

（引）“风吹草低见牛羊”悄然淡去 “一场大风一场沙”纷至沓来

（主）我国土地沙化趋势仍未有效遏制

（2002年5月21日《河南日报》）

②用于说明原因、揭示意义，对正题起着“事出有因”的作用。

（引）过去出名“穷过渡”如今真正富起来

（主）大寨家家户户买了电视机

③交代背景、点明时间等要素，便于读者理解新闻的内容。

（引）了解国民文化素质 推动精神文明建设

（主）我国首次调查语言文字使用情况

（2004年8月10日《人民日报》）

（2）副题。也称为子题、次题、下辅题。它与主题搭配，为主题服务，位置在主题后，用来补充与交代主题没有交代完整或没有交代具体的事实，说明正题的根据、背景、来源或结果，起补充、注释、深化、印证、完善正题的作用。

副题的形式比较灵活，可以是一句完整的话，也可以是用逗号隔开的几个分句；可以在正题下面居中排印，也可以在正题下面像正文一样（但比正文字号大，字体也跟正文有明显区别）排印，一行排不完折到下一行，也可以不居中对齐。

下面举例说明副题的几种作用。

①起补充说明作用。

（主）大庆30万吨乙烯工程通过验收

（副）将于明年元旦正式投产

（2004年9月18日《人民日报》）

②起说明引证作用。

（主）邮传万家 花和天下

（副）中国2009世界集邮展览暨河南省第27届牡丹花会开幕式隆重举行

（2009年4月10日《河南科技报》）

③起注释作用。

（主）别了，工资发放“一言堂”

（副）思达商业健康路连锁店推行工资集体协商新办法，

工资发多少由一方说了算的旧模式宣告结束

（2000年12月28日《东方家庭报》）

引题和副题虽然都属于主标题的辅题，但它们与主题的关系是不同的，作用也不一样。引题和主题多为因果关系，引题是因（说明来源、起因、缘故等），正题为果。所以，引题可以叙事，也可以说理或抒情，可虚可实，视主标题而定；而副标题对主题只是起补充和印证作用，一般多为实题，内容较具体。

另外，副题字数一般多于引题和主题。对于一些重要的新闻，需要补充交代的事实较多，因此，除了文字比较多以外，还常常出现多副题的情况，有时甚至达到三四个或五六个，通常称为“副题组”。

三、消息标题的制作

新闻写作中主要运用主题、引题和副题。主题可以单独成题，也可以和引题及副题结合起来组题。引题和副题必须和主题搭配起来才能成题。所以三者之间存在一个组合方式问题，不同的组合方式可以带来不同种类的题型。

1．主标式

主标式标题，指只有主标题、没有辅题的新闻标题。

主题通常为一行，在有些情况下也排成两行。这里有两种情况：一种是主题需要同时表达两个同等重要的事实或意思，这是以内容分成两行，叫双主题；另一种情况是字数太多排成两行使人悦目。这是以形式分成两行，叫双行主题。也有三主题的情况，但一般比较少见。通常情况下，如果没有特殊需要，主题不能超过两行，否则，行数太多会影响中心思想的突出。

双主题：

（主）美恢复对朝粮食援助

（主）韩希望与朝签订合约

（2003年2月23日《参考消息》）

双行主题：

（主）解放军驻澳门部队

（主）今天中午进驻澳门

（1999年12月21日《新安晚报》）

2．主引式

主引式标题由主题和引题组成。

（引）衬衣短裙出场 冷饮墨镜抢手

（主）上海早春高温百年罕见

（2004年2月14日《人民日报》）

3．主副式

主副式标题由主题和副题组成。

（主）《创业史》写作基地为何由富变穷?

（副）主要原因是领导班子懒散，责任制不落实，

陕西省委正研究改变这个队面貌的具体办法

（1998 年 5 月 18 日《人民日报》）

4．完全式

完全式标题指引题、主题、副题齐全。使用完全式标题，表明消息内容比较重要。

（引）新洲靠山店发生重大车祸

（主）一轿车撞倒19名小学生

（副）肇事司机乘机逃逸

（2003年2月18日《长江日报》）

四、消息标题的表现形式

1．各种修辞技巧在标题中都可运用

（1）比喻。就是运用形象、具体的事物来比喻与其相似的事物。通过比喻可以用具体的、浅显的、熟知的事物去说明和描写抽象的、深奥的、生疏的事物。用好比喻，可以化抽象为具体，变枯燥为生动。如：

（主）迪士尼“绣球”抛中香港

（副）昨与港府达成合资建乐园协议

（1999年11月23日《港澳信息报》）

这则标题以抛“绣球”找郎君来比喻迪士尼寻找合作伙伴，同时也写出了迪士尼如同公主般的高贵身份。

（2）比拟。就是借助想象力，把物写成人或者把人写成物。

（引）价值一千四百多万美元的生产线一美元卖掉
（主）美国以企业“断臂”求生震动洛阳经济界
（副）一些人士认为，此举对解决国企不良资产问题，
提高企业市场竞争力有重要启示

（2000年12月15日《洛阳日报》）

（3）对比。就是把事物之间的异同点或者同一事物的前后加以比较，形成黑白、正反、优劣、善恶等明显的“落差”，使事物的差异、特点及变化等性质得到强调和突出，从而达到引人注目的效果。如：

（主）昔日：农民掏钱干部去旅游
如今：政府出资农民去考察

（2001年《新安晚报》）

这则标题采用今昔对比，能更吸引读者的目光。

（4）双关。即利用汉语文字上相同的音义关系，使一语具有两重含义。表明说的是一种事物，实际上指的是另一种事实。弦外之音，使标题生动，富有幽默感。

（主）中山图书馆“钱途”尴尬
（副）藏书量曾居全国前列，目前这三年出版的书却都无力购买

（2001年2月18日《羊城晚报》）

这则标题使用了“双关”的修辞手法，“钱途”既指图书馆购书经费不足，又暗示在这样的境况下，对图书馆前途的一种担忧。一语双关，耐人寻味。

（5）感叹。就是运用感叹句，把深沉的感情或猛烈的感情用一种呼声或类似于呼声的语句表达出来，可以加重语气。如：

（主）小龙女嫁了！

（副）陈晓生日当天与陈妍希领证结婚

（2016年7月5日中新网）

这则标题，运用感叹，将演员与其所饰演的角色结合起来，表达了大众对其结婚的祝福。

（6）夸张。新闻标题恰当运用夸张手法，可使标题增加生气，更加鲜明生动。如：

（主）后仓“老鼠”大如斗

（副）前店豆浆淡如水

（1983年5月3日《解放日报》）

这则新闻是说一家中心店有人盗窃黄豆，结果使该店做出的豆浆淡如水。标题中的“老鼠”是将人拟物，“大如斗”是夸张辞，“淡如水”也有夸张意味。

（7）巧用诗词。就是在拟制标题时，恰当地运用古典诗词的名句，使语言表述更精练、更形象、更鲜明，使标题的意境更加丰富，可以引人联想。如：

（引）镇江饮食店热情待客真个名不虚传

（主）春风熏得远客醉　直把店家当自家

（1982年12月10日《文汇报》）

此例中的主标题是从宋代诗人林升《题临安邸》一诗中“暖风熏得游人醉，直把杭州作汴州”两句衍化而来，经过改造后用在标题上，可谓是妙趣横生。

2．新闻标题中的表现手法多样

（1）描写式。描写新闻场景，传达消息内涵。如《文汇报》国际版曾有一篇报道日本的消息，其标题为：

国民遇难海里挣扎 首相挥汗球场尽兴

（2）叙述式。就是将新闻中最重要、最有价值的内容直截了当地标出来。如：

（引）天高限鸟飞
（主）深圳机场“勒令”小鸟让银鹰

（1999年1月24日《深圳特区报》）

（3）抒情式。就是表达情思，抒发情感。如：

（主）珠峰失足，险矣！坠入我境，幸矣！
（副）法一登山队员被我藏民救出

（4）议论式。就是对新闻事件进行评析、论理。如：

（引）人民日报评南海仲裁
（主）属于我们的领土我们寸步不让

在新闻稿件中融入文学元素、运用文学手法是新闻发展的必然，但是在写作过程中，记者需要注意的是：新闻稿件的新闻性是第一位的，若过分强调新闻中的文学元素，很有可能会损害新闻性。要知道，缺少真实性的新闻即使文学性再强，也没有新闻的意义。

第四节 消息的导语

一、导语的分类

导语是一篇消息的开头，它用极其简洁的文字，写出消息中最重要、最精彩的事实，提纲挈领，牵引全文，唤起阅读兴趣。

1．概述型导语

概述型导语就是用直接叙述的方式，把新闻中最重要、最吸引人的事和思想，经过提炼、概括，简明扼要地写出来。

直述式导语的特点是开门见山，直奔要害，简洁明了。这是导语写作中用得最多、最常见的一种。例如：

人民网新乡7月9日电（霍亚平） 7月8日晚，河南新乡突降暴雨，雨量突破历史极值，6小时降雨量达345.3毫米。目前，107国道新乡段，由于隧道积水，由南向北严重拥堵。

这条导语把新闻内容取其精，择其要，以最简洁的语言概括出来作为导语，极易为读者所理解。

在概述型导语的写作中，需要注意使用具体的新闻事实对新闻的核心内容进行概括。记住，是用概括式的语言对新闻的核心事实进行概括，而不是对新闻进行概括性的评价。此外，在写作中，应选择典型的、具体的材料在导语中加以叙述。

2. 描述型导语

描述型导语也称见闻式、目击式或细节式导语。这是通过对一个场景、一个情节、一个景物、一个画面进行描述来开篇，借助文学笔法加以刻画，进而使新闻变得更生动、形象、可读的一种导语方式。这类导语的特点是消息的开头即出现画面，出现镜头，具有可视可感的效果。

这种导语的写作受到新闻内容本身的制约，但是它的长处也是显而易见的。它能以形象的画面引起读者的好奇，能以情境感染读者，让读者先有感性认识，再对事实进行理性地思考，从而可以强化新闻的报道效果。

下面的导语能够让我们看到描写的力量。

新快报讯（记者李国辉　通讯员罗裕秋、黄岳林）今日凌晨零时许，夜色弥漫，而越秀区登峰街金贵六街小巷内的一间不起眼的民房内却灯火通明，一阵阵吆喝声从内传出。“行动！”随着现场指挥员的一声令下，早已埋伏四周多时的数十名便衣民警围涌过去。门破开，枪在前，断喝当头，刚刚还团团聚集在屋内赌桌前赌红了眼的近30名赌徒此时却如鸟兽散，夺命狂逃，然而逃路已断，悉数落入民警的包围圈中。

（《数十便衣夜捣地下赌窝》）

描写型导语的写作，要求记者要做到以下几点：

（1）采访中不要忘记捕捉有形的画面，即使没有在现场，也可以让采访对象间接地为你提供一些场景，做到“立体化”。

（2）导语所描写的画面必须与事件有内在联系，有助于揭示主题。

（3）导语中的描写要以最精炼的文字，勾画出事物或景象特有的状貌。

3. 评述型导语

评述型导语是指在叙述新闻事实的基础上，或通过对事实的评论，或通过总结，来揭示新闻的意义，帮助读者加深认识与理解。在导语中加入与新闻相关的评论的要素，揭示受众关注新闻的意义，是评述型导语的特征。

评述型导语有先议后叙和先叙后议两种形式。

例如：

中国在奥运会历史上“零的记录”的局面在今天11时10分被中国射击选手许海峰突破。许海峰以566环的成绩取得男子自选手枪冠军，夺得了本届奥运会的第一块金牌。

（1984年7月29日新华社电）

我国使用通信广播卫星定点试播的结果表明，它转播电视、广播的效果比租用的国际通信卫星的转播效果好。

（1986年2月20日新华社电）

第一条导语在消息的开头就对事实发表评论，使消息事实的意义更加明确。第二条导语的后一句是对事实的评价，揭示出了事实的意义。

评述型导语可以发挥“深奥、玄妙”的作用。通过导语中的议论，可以使读者一接触新闻就获得某种启迪，从而对消息全文产生兴趣。同时，评述型导语可以直截了当地发表意见，能够直接影响舆论，可以令读者对导语之后的“如何”以及“为何”产生兴趣。

在评述型导语的写作中，要注意评述型导语中的评应是言人之所未言，深刻而有新意。同时文字也不要过多，要做到少而精，点到为止。此外，还可以使用引语方式发表意见来使评述更具客观色彩、更有说服力。

我们来看下面这条导语：

新华社1982年1月6日电　据报道，秦始皇兵马俑受到法国前总理希拉克极高的赞誉。他不久前参观西安秦陵兵马俑博物馆时说：“世界上有七大奇迹，现在秦俑坑的发现，可以说是第八大奇迹。”

这条导语是法国前总理希拉克对秦始皇兵马俑的高度评价。如果记者不是将希拉克亲口说的话直接引用到导语中来，就不仅会削弱评价的可靠性，而且使导语平淡无奇，很难激起读者的阅读兴趣。

4．橱窗式导语

橱窗式导语，是指有如橱窗展示样品，由典型事例构成的导语。

橱窗式导语多用于综合性新闻。其特点是以典型事例构成导语，写入导语的是一个小故事，一个典型事例或者一个典型人物。通过讲述典型事例，可以让读者了解事物的细微部分，获得对事物的具体的印象，受到感染，并为之感动，产生兴趣，进而由感性认识转为理性思考。

例如，《华尔街日报》中文版2006年1月13日发表了一篇消息，题为《钢铁需求旺盛 退役船舶吃香》，反映世界范围内因为钢铁需求旺盛，退役船舶很受拆船商的青睐。消息的导语不是概述，而是以印度裔商人哈什·米什拉跟工人一起拆船的故事开篇。

印度裔商人哈什·米什拉（Harsh Mishra）小心翼翼地走在一艘废弃船只起伏不平的船体上。这艘叫“太阳鸟”的海军潜艇救援船已有50年的船龄了。连日来米什拉手下的工人一直像开启大沙丁鱼罐头那样把船体一点点剥开，露出下面密密麻麻的舱室、管道和机器。

46岁的米什拉冒着喧嚣的柴油机发出的浓烟和陈年船体发出的腐朽气味说，金钱并不总是来得那么轻松。

将这艘200英尺长的船折解完毕共耗时3个月，得到了1200吨废钢铁，总价值约为30万美元，还不包括可单独出售的引擎、锚和推进器。……

透过橱窗展示的哈什·米什拉跟工人一起拆船的故事，从他们的动作、语言，读者可以对拆船商的情况有更细微的了解，同时也会对拆船商的重要作用有一个具体、感性的认识，这是橱窗式导语的妙处。

在橱窗式导语的写作中，关键是注意故事的典型性、人情味及趣味性。

二、导语写作的基本要求

1．导语必须要有实质性内容，不能言之无物，不知所以然

导语中没有具体、实在的内容，是导语写作的一大忌讳。

导语的任务是开门见山，报告新闻事实、吸引读者，否则，读者从导语中一无所获，甚至感到莫名其妙，便会对整篇消息失去兴趣。

下面看两条这样的导语：

本报讯　大庆油田党委召开油田开发第十七次技术座谈会。参加座谈会的有石油部副部长、油田党委负责同志……

炮兵某团以……精神为指针，以……讲话为武器，统一官兵思想，在军、政、文考核的基础上，围绕解放思想，搞好工作重点转移这个中心问题进行了年终总结，通过总结，鼓舞了广大干部战士继往开来、与时俱进的决心。

上面两则导语只有一些套话，没有实在的内容。这样的导语我们在各种媒体上屡见不鲜。例如有的导语总是离不开“在什么精神指导下”“通过学习什么，决心怎么样”之类的套话，没有新意。其实，根据每个单位或者个人的具体的情况写出实质性的内容，就不会让读者感到索然无味。

2. 要巧于开篇，力求优美生动

导语尽管只是一段，但它却是最开始的一段，也是最重要的一段，因此导语应给人以美感，这是吸引读者的一个重要手段，也是对导语写作的一个更高追求。

我们来对比下面这两条导语：

素有“足球皇帝”之称的贝肯鲍尔，今天在这里与中外记者聚会，在回答方方面面提问的同时，也饶有兴趣地畅谈了自己的足球生涯。

素有“足球皇帝”之称的贝肯鲍尔，今天在这里与中外记者聚会。不过，他没有机会展示过人的射门技巧，只能像个守门员一样，用幽默机智的语言“扑救”众记者“射出”的各种刁钻提问。

第一条导语写得平平淡淡，第二条则写出了情趣和幽默，不仅清楚地阐明了事实，还使人获得了美的享受。

导语的美，来源于两个方面。一是开掘、反映出新闻事实内在的美，二是讲究文采，做到语言美。这就要求新闻写作者多动脑筋，把所写的内容想透了再去动笔，同时也要注意用精彩的文字将新闻事实呈现出来，让人读起来朗朗上口、轻松自然。

3．将最具新闻价值、最有吸引力的事实写进导语

消息的导语，不仅要有明确、具体的事实，还必须要设法凸显新闻价值，将新闻事实中的精华部分挑选出来的，实实在在地写进去。把此新闻不同凡响、不同其他的个性写出来。

对于消息导语来说，大体上有三类材料应在首选之列：

（1）要选择最新鲜的材料写作导语。所谓“最新鲜的材料”主要指在时间上，应该是刚刚发生、新近出现的，或者虽然不是新近发生的，但却是到目前为止人们尚未知晓的。

对于刚刚发生的事件，应视情况而定，导语可突出“时间”这一要素，有时甚至可以具体到几时几分几秒。对于一些错过了最佳报道时机的事件，可以寻找与该事件有关的新的变动，以此在导语中突出新意。需要注意的是，一定要将最新的事实、信息置于导语中，而不要让它淹没在一般性的事实中。

（2）要选择最重要、最具影响力的材料写作导语。为了能够写好导语，在开始构思导语之前，可以先将有关材料分解成若干独立的部分，然后将其进行对比，看看哪部分材料最适合充当导语。

下面我们来看一条消息的导语：

市劳动模范、上海第十四棉纺厂青年工人尚桂珍昨日结婚了。

现在，我们将这条消息的导语进行了如下改写：

市劳动模范、上海第十四棉纺厂织布挡车工尚桂珍，今年29岁。她曾经表示，不达到连续60万米无次布不结婚，为此，她推迟了婚期。12月7日，她创造了连续60万米无次布的上海市最高纪录，于是在12月22日高高兴兴办了婚事。

比较这两条导语，我们会发现第一条导语没有体现新闻的价值，因为尚桂珍尽管是一个劳模，但她毕竟也是普通人，对普通女性来说，女大当嫁是理所当然的事情。第二条导语与其说报道结婚，不如说报道了这位普通女工的不平凡的事迹——创造了连续60万米无次布的上海市最高纪录，这才是这位女工结婚背后真正的新闻价值所在。

（3）选用最有趣、最富有戏剧性和人情味的材料写作导语。导语要能吸引读者。能够吸引读者的第一要素是新闻事实和信息的重要性、影响性；其次便是能够引起读者兴趣的、新奇的、有故事性的、有人情味的事实。在分拣材料构思导语的过程中，如果发现这类材料，不妨将其放到导语中去写。

4．力求简洁凝练

叙事简洁凝练是导语写作的一个基本要求。好导语是既短小而又有吸引力的，如果字数过多，就会淹没“亮点”，冲淡趣味性，同时又导致沉重，令读者失去耐心。因此写导语时既要明确报道主旨，抓住事件要害，又要逐字推敲，做到字字珠玑。

有时，导语只用一句话即可。用最短的文字一语中的，无疑会起到开门见山、立竿见影的效果。例如，1949年4月20日午夜时分，中国人民解放军在毛泽东、朱德的指挥下，开始了震惊世界的渡江战斗。4月22日2时，新华社在播发如此重要的新闻时，导语仅用了一句话：

新华社长江前线1949年4月22日2时电　英勇的人民解放军21日已有大约30万人渡过长江。

“30万人渡过长江”，这就是当时人们最急于想要知道的新闻，其他的内容尽可按下后说。一句话导语的长处是新闻要点极为突出，信息传递效果非常明显。

导语要做到简洁凝练，就要做到尽量写新而不写旧；反复浓缩，求精而不求多；少用套话，勿写空话；多用短语，少用长句；要避免同一词语在导语中重复出现。

三、导语修辞技巧

一篇新闻作品能不能吸引人，很大程度上取决于导语写得好不好。为了增强其表现力，写作中都需讲究修辞技巧。常见的修辞技巧有以下几种：

1. 借用

借用诗词典故、名言警句、歌曲唱词等，概括地表达出新闻事实或揭示新闻内涵，增强新闻的说服力和文采，这是常见的修辞手法。

这种写法可使导语富有情趣，使消息一开头就有诗情画意，从而唤起读者的联想，使读者以轻松愉悦的心情继续阅读。例如：

“兵马未动，粮草先行。”今年高考录取刚刚结束，尽管离开学尚有时日，但家长们却已开始紧锣密鼓地为孩子们准备上学的生活用品了。

（2003年8月7日《三秦都市报》）

这条导语借用民间俗语，使得家长们为孩子入学提前做好准备的欢快心情跃然纸上。需要注意的是，所用导语应尽量挑选大多数读者比较熟悉的、“掷地有声”的“点睛”之语，能起到一语胜千言的作用；导语所借用的诗词典故之类，应与新闻事实本身有某种内在的联系，有可供借鉴之处。

2. 设问

设问，是在消息的开头，针对新闻核心内容提出一个问题，以引起人们的注意和思考。下面的主体部分围绕导语提出的问题展开阐述。这是一种较为常见的导语修辞方式，有人也称其为“提问式”导语。例如：

本报讯（记者章盛莉　通讯员丰浪）北二环中岭立交桥（苏家坨）的桥面为何会翘起来？车辆还能从该路段经过吗？昨日上午，市住建委组织召开专家论证会，对此进行分析，经过讨论，同意暂时在交通管制的前提下，开放中间两个车道，并建议在考虑极端偏载、超载情况下对该桥进行加固方案设计。

（2011年5月29日《长沙晚报》）

以提问方式写作的导语，有助于读者把握新闻事实的要点，激发读者的阅读兴趣。同时，也可以促使记者抓住要害，明确消息主体的写作方向。

一般来说，下面几种情况可考虑用此类导语。

（1）当某种新事物刚刚出现，人们还缺乏对它的了解时，或者为了突出强调，以引起人们的注意。例如：

本报讯（记者陈艳伟报道） 你见过在蛋壳上作画，用头发绣画吗？11日，我国第六个“文化遗产日”到来之际，22项“赣字号”绝活将同时在南昌洪客隆商场亮相。不仅如此，市民还可将喜爱的手工艺品买回家。

记者了解到，11日前后，全省各地都将举办一系列活动。如赣州将推出以客家文化为主打的地方特色活动，抚州市民则有眼福目睹篾编《清明上河图》，景德镇的明代古窑将复烧点火等，这一系列活动都将让市民亲身感受“非遗”的真实魅力，了解保护“非遗”的重要性。

（2011年6月10日《江南都市报》）

（2）对时间间隔较长的连续报道，或过去报道过的，现在又有了新的发现或突破，在新闻中需要旧事重提。例如：

本报讯（记者龚永泉） 你读过女作家黄宗英的报告文学《小木屋》吗？小木屋的女主人——南京林学院副教授徐凤翔已正式调往西藏农牧学院任教，于3月20日离开南京。

（1985年3月21日《人民日报》）

（3）新闻传播的事实能够直接服务于人们的生活、工作，能为人们排忧解难。例如：

作为家长，应当采取哪些措施来防止儿童手足口病的入侵呢？记者特意采访了县疾控中心主任杨震。

需要注意的是，写作这类导语的关键，是设计好要提出的问题。问题要提得恰当，要有针对性。提问的语气要使读者既感兴趣又乐于接受。

3. 对比

把一个与新闻事实有关联，但又有很大差别，甚至完全相反的内容同时写进消息的开头，造成巨大反差，从而引起读者的兴趣。

常见的对比内容有今与昔、强与弱、爱与恨、人与人、物与物、先进与落后等。这种对比的写法有助于揭示事物的特点，进一步阐明新闻主题。例如：

美联社1979年3月28日电 在这里，地面上燃料奇缺，农民不得不靠挖掘玉米根来生火取暖、煮饭。然而，在3200米的地下，地质学家们发现了大量石油和天然气。

新华社1995年7月17日电 一些到过山西省吕梁山区的外国人认为，中国这块地方不具备生存条件，然而，目前却有313万人在这里生活，平均每平方公里有148人。

在使用对比写法时，要求记者注意在联系与比较中观察与分析问题，发现事物的特点，或者发现问题所在，并选准对比的切入点，用来造成泾渭分明的效果。

4. 拟人

拟人就是将无生命的事物人格化，赋予其人的思想、语言、动作等。这种写法可以让读者感到所描写的事物显得更活泼、亲近。例如：

“啊，新娘子，让我来看看你的脸蛋吧！”正在中国访问的大平首相夫人大平志华子，7日下午访问北京动物园，看望赠给日本的熊猫“欢欢”。

（1979年12月9日《参考消息》）

昨晚，约有500只藏羚羊带着刚满月的儿女，通过可可西里青藏铁路建设工地，向黄河源头的扎陵湖、鄂陵湖迁徙。

（2002年8月17日《中国铁道建筑报》）

第一条导语将熊猫比做“新娘子”来描写，生动形象地刻画出大平首相夫人大平志华子对熊猫的喜爱之情。第二条导语将藏羚羊的下一代当做人的儿女来描述，将人类的那份父母与子女之间的亲密感情表现得淋漓尽致，使读者也会受到感染。

拟人化的写法，要求记者善于联想，善于形象思维，以合乎情理的想象把形象“人格化”，将无生命的事物写得生动形象。

5. 直呼

这是一种以第二人称“你”或“您”直呼读者，与读者对话的写法，也称“谈话式”导语。这种导语拉近了记者与读者之间的距离，形成一种亲切自然的交流气氛，使读者产生亲近感，从而乐于接受记者的观点或忠告。例如，1987年8月8日新华社消息《我国财力九年增加一倍半》的导语就是此类导语。

当你走过北京三里河中央财政部门前时，你很少会想到这个地方和你的生活好坏有直接的关系。

假如你是农民，这些年来国家通过农副产品价格改革，你每百元收入中就有60元是来自国家财政。假如你是城镇居民，你每天吃一斤粮，国家财政要补给你0.17元多；每吃一斤花生油，国家财政要补贴差不多0.8元；你吃的肉、蛋、菜，你穿的棉衣，你住的公房，你用的煤等，国家每年都要拿出大量的钱来补贴。

这种导语能够使读者不由自主地立即被吸引到消息中，读起来如叙家常，亲切有味。

6. 惊警

惊警是指导语以惊醒、警戒的语句，直抒情怀，以引起读者的关注。这种写法可造成震动效果，使读者为之一惊，产生一种紧迫感。例如：

本报讯（记者高坡）从昨天起，昆山31万多农民也可以和城里人一样“刷卡”看病了！

这条导语给人以强烈的心理冲击，让人怀着好奇的心理不得不读下去，这就是“惊警”写作方式特有的效果。

惊警的手法比较适合于某些与民众安危密切相关的、带有紧迫感的事物，以及一些服务性报道，目的在于提醒读者注意。在写作的时候，惊警的语句要注意平实，不要过于煽情，否则会适得其反。

7. 排比

以结构相同或语气一致的成排的句式构成导语或导语的一部分，形成排比式导语。这种写法的好处是，可以表达强烈的感情，增强导语的气势，使导语带有节奏感。例如：

新华社1994年6月5日电　一身戎装、一部轮椅、一面国旗、一个军礼。叶乔波以这庄严而悲壮的一幕，结束了今晚在首都体育馆为她隆重举行的“叶乔波冰坛生涯20年专题晚会”，同时也结束了她拼搏冰坛20年的赛场生涯。

导语一开头连用四个排比词组，不仅恰到好处地揭示了叶乔波的身份、健康状况、为国争光的精神境界，而且尤为突出的是，它将记者与读者对叶乔波共有的敬佩、爱戴、感激之情痛快淋漓地表达了出来。

第五节 消息的主体

一、主体的结构类型

消息主体是消息的骨干部分，也是消息的展开部分，它承接导语，用典型的、有说服力的材料对新闻事实做出进一步的交代，以体现全篇的主题思想。主体位于导语之后，结尾之前，是消息的重要组成部分。形象的说法是，如果将导语比做“头”，主体便是“躯干”。

消息主体大致有以下三种结构：

1．按时间顺序安排主体

根据新闻事件发生、发展的时间顺序来组织材料，即开始怎么样，如何发展，怎么结束。其特点是：脉络清楚，读者较易接受。线条单一、比较重大、突发性的事件性新闻比较适合这种写法。

2．按重要程度的顺序安排主体

消息的主体一般根据新闻事实的重要程度或受众关心程度，先主后次地来安排，越重要的越要在前，越次要的越在后面。这是倒金字塔式结构使用最多的一种主体写作方法，尤其适合动态新闻。例如，1995年2月6日《中国青年报》的一篇消息。

孙彩云一竿撑破世界纪录

新华社北京2月5日电　据外电报道，中国选手孙彩云3日在德国普尔海姆举行的国际室内田径赛中，以4米11的成绩再次打破女子撑竿跳高室内世界纪录。

一个星期以前，在德国茨韦不吕肯参加另一次国际室内田径赛中，孙彩云曾以4米10的成绩超过了德国选手里德尔去年3月创造的4米08的世界纪录。

21岁的孙彩云还是4米05室外世界纪录的保持者。

（1995年2月6日《中国青年报》）

3. 按逻辑关系来安排主体

这种写法是根据事物的内在联系，如消息内容各部分之间的对比关系、并列关系、因果关系、递进关系、点面关系等来安排材料。具体用什么样的逻辑关系能更好地表现新闻事实要视内容而定。

杭州：我们准备好了！
——写在G20杭州峰会倒计时一个月之际

新华网杭州8月4日新媒体专电（采写记者：何玲玲　李亚彪　商意盈　任玮）

8月4日，距离G20杭州峰会开幕还有一个月。

杭州准备好了，看看那整洁的街道、如画的蓝天！

杭州准备好了，看看那一个个流动的红袖章，那一张张百姓的笑脸！

杭州准备好了，看看那份“风景这边正好”的半年经济答卷！

一座城市的独特韵味和别样精彩，幻化为一幅独一无二的美丽画卷，正面朝世界，慢慢展开……

清扫庭院　开门迎客

有朋自远方来，不亦乐乎！

萧山机场高速公路，连通着杭州主城区和萧山国际机场，被誉为“省门第一路”，也是G20杭州峰会的“迎宾第一路”，历经数百个日日夜夜的封闭改造，于2016年5月3日重新恢复通车。

沿着宽敞平坦、设计时速100公里的双向6车道，公路尽头就是萧山国际机场。客人从机场出来，可以转往沪杭甬高速，转往杭金衢高速，转往杭州绕城高速……这条路，将杭州同世界紧紧相连。

到目前，杭州33个入城口全部整治完毕。同这些入城口整治一齐实施的，还有一批街容美化项目和环境整治项目。大量违建被拆除，人们视野中的那些旧住宅区、旧厂房、城中村完成改造。

地处杭州老城区的馒头山社区，是南宋皇城遗址所在地，过去旧房多、违建多、占道多，曾是一个“老大难”。现今的馒头山社区焕然一新：一路走来，沿途粉墙黛瓦、3D墙画、供邻里茶余饭后聊天的石板凳，都让这条老街变得清爽而漂亮。社区党委书记郑鸳鸯说，现在这里已是旧貌换新颜。

江南天堂，怎么也绕不过一个“水”字。夜晚来临，漫步西子湖畔，在水光和灯光共同作用下的“中国意西子情”美轮美奂，还能在音乐喷泉中看到“西湖十景”一一映射其中，更有《梁祝》《蓝色多瑙河》等中外名曲萦绕耳畔。

杭州水美，天也美。连日来，杭州市民在自己的朋友圈中不时晒起蓝天。2016年上半年，杭州市环境空气质量优良天数累计123天，市区PM2.5平均浓度下降了7.7%。坚持“环境立市”十几年的杭州市，从燃煤烟气、有机废气、汽车尾气、餐饮油烟气、工地扬尘等整治入手，推进大气环境治理。

“现在可以说，峰会召开的条件已经基本就绪。”浙江省委常委、杭州市委书记赵一德说。

全民参与　全民获得

年逾七旬的倪京，在几张白纸上做了满满的中文译注，开始跟着外语老师矫正发音——东山巷社区服务中心，30多位老人和孩子，正在两位外籍志愿者指导下认真学英语。这样的英语培训每周一次，街道还印刷了简单的学习资料。“我想把英语学好，外国朋友来时，能向他们介绍杭州。”倪京说。

面对即将在家门口举办的G20杭州峰会，无论老少男女，从中国到浙江，再到杭州，全民参与，正在画一个大大的“同心圆”。在这支峰会全民后勤队伍中，老当益壮者有之，青春年少者亦有之。

浙江工商大学志愿者罗丹丹是英语口译专业的学生，她还从未有机会亲历过这样的大事。经过一年多的培训，从胆量到自信，都提升了许多。“一个月后，杭州即是中国，我们就代表中国志愿者的形象。”她说。

穿行于杭州的大街小巷、车站码头，都会看到身着红马甲、头戴红帽、臂配红袖章的志愿者。他们中，有退休的邻居大伯、热心的社区大妈。整个杭州，有数十万“红袖章”活跃在平安巡防、调解纠纷、倡导文明一线。

徐光华老人在社区招募服务峰会志愿者时第一个报名，现在每天去家附近的龙翔桥地铁站维持秩序：“能为G20峰会做点事，是每一个杭州人、每一个中国人的光荣！”

“通过百姓对服务G20峰会的参与，杭州也正在努力提升市民素质和城市文明程度，展示‘现代、文明、开放、诚信、友善’的杭州市民形象。”杭州市市长张鸿铭说。他注意到，在杭州许多小区的垃圾桶边，都能看到志愿者们自发组织指导居民进行垃圾分类，正是这些小细节在城市发展中发挥了巨大作用。

有参与感，更有获得感。距离西湖不远的弥陀寺路，从多年的城中村，变成现今的市中心小公园，大殿、藏经楼、摩崖石刻古色古香，脚下绿草如茵，远处的弥陀山林木森森。“借峰会东风，这里变成了家门口的公园。”在这里生活了大半辈子的阮秀华说。

在这些项目的改造中，杭州市始终坚持把蓝图交给群众。在弥陀寺所在的北山街道，街道干部沈春根说，他们对任何一家街面的改造，都要听取当地住户意见，“集体决策，大伙服气，参与感强，获得感也强！”

杭州答卷　中国答案

经济增长动能减弱、增长势头乏力。新的增长点在哪里？这是不少地方、不少国家面临的共同困惑。

2016年过半，刚刚跨入万亿元GDP俱乐部的杭州，又交出了一份漂亮的半年答卷：经济增长10.8%，增速居副省级以上城市首位，连续五个季度保持两位数增长。如今的杭州，新旧动能正加快转换。

在众多新的动能中，信息经济的主引擎作用正日渐凸显。杭州提出以发展信息经济、推动智慧应用为主要内容的“一号工程”，推进产业智慧化、智慧产业化，信息经济为经济发展带来了“N次方”效益。

走进娃哈哈集团的下沙生产车间，码垛机器人正在完成成品箱的整列、抓取及码放等动作，由于用工少、效率高，它们已被应用到全国几十个生产基地。董事长宗庆后说，“互联网+”技术条件下的智能化生产线，让系统能够智能地控制产品品质，并会自动观察、自动调整，有效提升了生产效率。

按照国务院和相关部委指示，杭州跨境电商综试区自批复以来，主要围绕监管制度创新、金融服务创新、物流服务创新、电商标准创新和人才发展体系创新5大创新开展摸索。

在出口压力持续加大的情况下，杭州市上半年跨境电商的出口量增长4倍以上。民营跨境移动电商企业、浙江执御信息技术有限公司，运用大数据精准定位消费群体，在沙特、阿联酋等国家已成为移动电商“领头羊”。

上城区仅有3平方公里的“基金小镇”，累计入驻金融机构500多家，集聚高端专业人才1600多名。“‘基金小镇’成立一年多，管理资金超过4000亿元，今年上半年实现税收6.5亿元，为经济发展提供了强劲支撑。”区委书记缪承潮说。

G20峰会花落杭州，是世界对中国答案的探寻，对中国方案的期待，而风景这边正好的杭州，则拿出了一张充满希望的答卷。

2016年，让G20从杭州再出发，让世界经济从中国再出发！

4．按综合归纳法安排主体

综合归纳法强调归纳与总结、经验与做法，以及结论性，这是区别于逻辑关系中的并列关系的地方。这种主体结构方式在经验新闻写作中运用较多。

二、主体的写作要求

主体是消息的主要部分，它承接导语，阐述导语所揭示的主题，或回答导语中提出的问题，对消息事实作具体的叙述与展开。主体的写作要注意以下几点：

1．紧扣导语

导语和主体是一个整体，导语为整条消息的写作定了基调和方向。主体展开时就要紧紧围绕这个基调和方向，二者必须是互相支持、互相扶助、互相认证、互相参照的。主体需要展示哪几个要素，回答哪几个问题，都必须根据导语铺设的轨迹来写，不能和导语脱节。

2．主题集中明确

每篇消息都要表达一定的思想、见解或态度，这就是消息的主题。消息不管有多长的篇幅、多丰富的材料都要围绕一个主题或者中心来写，要围绕这个中心选择和使用材料；同时消息的主题要明确，要让读者一目了然，或是在稍加思索之后就能豁然顿悟。

3．层次分明

消息的主体部分内容较多，在主体表述的时候要注意层次的安排，整个主体的材料分为几部分，先写什么、后写什么，要有一个合理的安排，段落和段落之间要层次清楚、环环相扣，或者是并列关系，或者是递进关系，要有很强的逻辑性，这样才容易为读者所接受和理解。

4．材料典型充分

主体是消息的主干，主体运用的材料要有广泛的代表性和强大的说服力，能反映事物的本质，这就要求舍弃与主题无关的材料，选择那些能够突出主体的典型材料来说明新闻事实。

5．写法勇于创新

消息由于篇幅短小，体式规范性较强，在写作手法上有很多模式化的东西，但是主体的表现手法应该灵活多样，这就要求作者要勇于创新，大胆尝试，使自己写出的消息既符合消息的模式，又有个性特征。

第六节 消息的背景

一、背景的分类

新闻背景即新闻事实发生的历史环境、客观条件以及它与周围事物的联系。新闻背景虽不属于新闻事件本身，但它有助于对新闻的认识和理解。作为消息结构中的一个重要组成部分，也有人称新闻背景为“新闻背后的新闻”。

背景材料的种类很多，有历史的材料、现实的材料、社会环境的材料和主客观条件的材料，我们从新闻材料的功能角度对其划分，可分为以下三类：

1．对比性材料

对比性材料是指能与新闻事实形成某种对比的背景材料。作者在报道某一新闻事实时，为了突出其性质、特点及意义，通常会拿出对比性材料进行对比。人们认识事物也常常是在比较中获得。这些对比可以是正确与错误比、正面与反面比、过去与现在比等。通过新闻事实与背景材料差异性对比，可以凸显新闻的价值与意义。例如，1980年1月17日新华社发表的《从邮局看变化》这篇报道中就有一大段今昔对比性背景。

前几年，由于林彪、“四人帮”极“左”路线的干扰破坏，新疆副食品供应十分紧张。每年新年春节期间，人们只好把钱寄到关内，委托亲友帮助买吃的东西。于是，从关内邮寄香肠、猪肉、糖、花生米等的包裹猛增。单是花生米一项，最多的时候一天就寄来16吨。开往乌鲁木齐的列车不得不加挂车皮，邮局货场包裹堆积如山。邮局分拣的同志一天干十来个小时还分拣不完。邮电学校的100多名学生到邮局帮忙，还是忙不过来。这样，机关只好关门，从局领导到职工都去帮助分拣包裹。

今年，自治区邮电管理局接运包裹的“旺季”突然不旺了。据初步统计，去年12月和前年同期相比，寄往关内的汇款减少了64000多元，即减少了50%；从关内邮来的包裹减少了12000多件，即减少了1/3。原来新疆的市场上，香肠、大肉等都可以买到，核桃、瓜子很多，食品商店里的砂糖、糖果和糕点也很丰富。过节需要的副食品，这里大体都有了。人们把这一变化同贯彻党的十一届三中全会精神和中央的两个农业文件联系起来，说：“政策开了花，经济结了果。”

记者抓住往新疆邮寄食品包裹大量减少这一事实，反映出十一届三中全会后，我国经济形势发生了很大的变化，农副产品日益增多，市场好转，人心安定这样一个伟大事实。

2. 注释性材料

注释性材料是用来帮助读者看懂新闻内容，增长知识与见闻的背景材料。由于消息来源于各个层面，所以，其内容难免会涉及一些受众不懂得的知识，通常包括科技成果、技术性问题、名词术语、风俗人情等。注释性材料就是对这些知识进行解释说明，以帮助受众正确理解消息所提供的新闻事实，认识其意义。这样的背景材料不仅使新闻事实更完整清晰，还能开阔眼界，扩大读者的知识面。例如，《青岛日报》曾有一篇《“和谐号”→中国造→青岛骄傲》的报道，文中作者就对“动车组”这一概念进行了详细地解释。

所谓“动车组”，是指自带动力，可以两端驾驶、配备现代化服务设施的旅客列车。在世界上，时速200公里及以上速度等级的动车组就是通常意义上的“高速列车”，它集机械制造、电力电子、信息技术、材料科学、空气动力学等多门学科于一体，与普通列车相比具有速度快、效率高、能耗低以及节能、环保等优越性能。时速200公里及以上速度等级的动车组，目前世界范围内只有法、德等极少数国家掌握。

这是国内最早报道“中国造”高速列车研制情况的作品。作者用简练的语言准确生动地描述了“中国造”高速列车的研制过程、技术水平和世界地位，从中透射出我国通过自主创新掌握高速列车核心技术的划时代意义。

3．说明性背景材料

说明性背景材料是用来说明和解释新闻事实产生的原因、条件和环境，以及人物行为活动的背景材料，主要对政治、经济、历史、地理、文化等方面的相关条件进行交代，还可以对新闻事件的来龙去脉进行介绍。这些材料的运用能使读者更容易理解和接受新闻内容，从而使新闻的意义显得更加清楚与突出。例如，《人民日报》曾有一篇关于天津“狗不理”包子的报道，文中交代了“狗不理”包子生意兴隆的秘密所在。然而很多人对“狗不理”却是只知道其名，而不知其源，所以作者在其中穿插了一段注释：

“狗不理”的历史可谓久矣。它的创始人高贵友开办此店是在140年前。由于手艺独到，袁世凯曾将他做的包子进贡给慈禧太后并获得“龙颜大悦”。当初店铺的字号“聚德”也逐渐被掌柜的小名“狗不理”所代替了。

有了这段背景材料的说明，人们从此报道中既看到了新闻，又长了知识，更平添了对“狗不理”的向往。

二、背景的写作要求

1．要为表现主题服务

一条消息之所以要交代背景，是为了说明新闻事实产生的条件，以及对新闻事实进一步作必要的说明、注释，目的是突出和深化主题。因此背景必须是与新闻事实直接有关的材料，如果背景脱离了主题的制约，不管它有多么生动，都不能起到衬托主题、突出主题、深化主题的作用，甚至会破坏文章内容的集中性，造成文章冗长和赘余。所以，在运用背景资料时，一定要紧紧扣住新闻主题，选择最能表达主题的背景材料来使用。

2．生动形象

背景要写得有滋有味，人们才会爱读。这就要求作者选择那些有新鲜感的背景材料，或者背景本身虽不新鲜，一旦跟新闻事实结合，就会产生新鲜感的材料。同时，还要求作者通过一些表现技巧，比如利用描述情节、刻画场面、引用典故、对比衬托等手法，努力做到使背景生动形象、引人入胜。

3．内容简短精练

背景为说明新闻事实而存在，尽管它有很重要的价值，但是作为消息的从属部分，它毕竟是“宾”而不是“主”，所以不宜写得过多。否则就会喧宾夺主，冲淡主体，转移了读者的兴趣和注意力。

4．所处位置灵活多变

背景材料在消息中的使用是很灵活的，可以一次性交代，也可以分散穿插于几个地方，它没有固定的格式，用与不用，用在何处，应根据内容的需要灵活应用。

第七节 消息的结尾

一、消息结尾的特点

消息结尾，特指消息中能深化报道主旨的最后一部分，但并不是所有消息的最后一部分都称得上是结尾。结尾写得好，能加深读者对内容的了解，给人更多的启发。

消息结尾的写作较为灵活，有的是另起一段，置于文末；有的是主体写完，新闻事实交代清楚就自然收尾，不必专门立段。

消息的任务主要是报道新的事件、新的经验与问题、传播新的信息，读者阅读消息，主要目的在于获取信息、了解时事，因此，事实讲完，消息就可以结束了。这就是消息的结尾方法的特殊性。

此外，受报纸版面、广播电视以及其他电子媒体传播时间的限制，消息也不宜另加结尾，或硬把篇幅拉长。值得注意的是，结尾要让主题更鲜明，使文章有回味的余地。

二、消息结尾的方式

由于消息的内容不同，报道的角度各异，结尾的写作方法也多种多样。常见的结尾有以下几种形式：

1．总结式

有的消息在消息结尾处把消息的内容加以总结，起到画龙点睛的作用。例如，美国《中国简报》2009年刊登的《中国在国际军火销售中异军突起》这篇报道的结尾：

综上所述，中国至少志在成为俄罗斯的持久性竞争者，并最终与欧美企业在国际军火市场上展开角逐。除了减少对华军售，看上去没有什么方法可以制止北京对源自俄罗斯的系统实行国产化。然而，即便俄罗斯停止向中国出售军火——这样做将让俄罗斯付出沉重代价，要制止中国对大量武器系统进行竞争性优化和改进恐怕也为时已晚。

这则消息在列举了中国的军售态势后，在结尾处进行总结，概括了全文的主旨，而且更有说服力。

2. 展示预告式

展示预告式是指在新闻事实表达完毕之后，对其发展方向和结果做出预测，指出事物的发展趋势或揭示事件的必然结果等。例如，1998年9月16日来自新华社的《中国在大型军事靶场上兴建世界上最大的移民村》的结尾：

据移民工程总指挥张位正介绍，所有移民按计划将在2000年以前全部迁移到这里。届时，这个超过香港陆地面积一半的“移民村”将成为中国地图上一个崭新的城镇。

3. 启发式

在新闻报道的结尾不把话说完，而是给读者留下思索回味的余地，启发人们进一步思考。例如，2002年12月10日《参政消息》中《北京英语热背后应注意的问题》的结尾：

尽管学英文运动的势头增加了，学习的人数增加了，但运动本身却失去了方向。

4．希望式

在消息的结尾，针对问题，提出希望。例如，2013年4月26日，《南京日报》中《面对“山寨”，大声说“不”!》的结尾：

山寨不除，市场难安。面对山寨，请您说“不”！

5．评论式

在消息的结尾对所报道的事实加以评论。在表达时，既可以直接发表议论，也可以借别人之口进行评议，或者转述有关的评价。例如，1999年8月15日来自《羊城晚报》的《“我们都是中国人”》的结尾：

梁锋说，见到这样的情景，深深感到两岸人民的确血浓于水，统一观念根深蒂固，李登辉宣称的“两岸是国家与国家的关系”在台湾也是不得人心的。

消息的结尾的议论不但顺理成章，而且巧妙地借当事人之口讲话，叙事和议论兼容，更有说服力。

第八节 消息类型的写作

一、简明消息写作

（一）简明消息的含义

简明消息又称简讯，是最简明扼要的消息形式，它没有自己独特的报道对象和特殊的写作方法，只是用最简短的文字将新闻事实的简要情况报道出来。简讯有多种形式，如在报纸上经常出现的“一句话新闻”“标题新闻”等。

（二）简明消息的特点

1. 篇幅短小

简明消息的篇幅是所有新闻样式中最短小的。它没有导语，只有一两句话或一小段话。从字数上看，每篇从十余字到一百字不等。

2. 不求要素齐全，只求内容精简

从内容上看，简讯比“一句话新闻”要长，比一般的消息要简短得多。简明消息叙事简略精要，只报道最重要的事实，略去事实的过程和细节。如果需要的话，只对过程进行简略地交代，同一般消息的导语大体相似。

3. 采写、传递快捷

由于简讯的篇幅很短，成稿比较快，编辑编发也快，手机短信即可发送。

（三）简明消息的写作要求

1. 简讯在文字上要简明扼要

消息体裁的特点是简明扼要，简讯则是简明中还要简明、扼要中还要扼要。可以先写出稿子来，然后再进行删除和压缩，直到压缩得不能再压缩为止，才符合简明消息的文字要求。

2. 简讯结构不必完整

简讯不必像一般消息那样具有标题、导语、主体、结尾等结构要素。比如，在简讯只有一个自然段的情况下，就分不出导语和主体来。简讯也常没有单独的结尾，一般是事完文止。

3. 简讯的要素不必完备

简讯不求新闻要素的齐全，但对于一些必要的新闻要素也不能省略，在通常情况下，何时、何地、何事三个要素是必不可少的，其他要素如何人、何因、何果则可以根据情况省略掉。

4. 简讯不必交代背景

简讯不必交代背景并不是说所报道的新闻没有背景，而是不作专门进行交代，但不交代的前提条件是，即使不专门交代，读者也能够基本明白。如果有复杂的背景需要用较长的篇幅来专门交代，就不宜写成简讯了。

（四）简明消息的写作范例

云南富源一煤矿21日发生瓦斯爆炸　已致13人遇难

人民网北京2014年4月21日电　据新华社对外部官方微博“中国独家报道”消息，记者从云南省曲靖市富源县政府了解到，21日0时30分左右，富源县后所镇红土田煤矿发生瓦斯爆炸事故，事发时当班井下56人，安全升井42人，14人被困井下。截至21日8时，已找到13名遇难者遗体，搜救工作正在全力进行。

二、述评消息写作

（一）述评消息的含义

述评性消息，也称述评新闻或解释性新闻，是一种以述为主、边述边评的报道，它介于新闻和评论之间，既报道新闻事实，又在报道的同时对新闻事实的性质、特点、发展前景等进行分析和阐释。

述评消息多用于国际国内一些较为重大的新闻事件，包括政治、经济、军事、科技、文教等方面的形势和动态，以及某一阶段工作的经验、情况或问题，此外，还包括社会与自然中出现的有较大影响的新问题、新形势、新变化等。

（二）述评消息的特点

1．报道目的在于评价事实，表述对事实的看法

述评新闻报道的意义，不仅在于报道发生了什么事，重要的是从中能透视事实的内涵。

2．以述为本，以评为辅，述评结合

述评消息的报道是要靠事实来说话的，在报道事实的基础上评价事实。在述评消息中，述是新闻报道的主要部分，评是为了解释、深化新闻。

（三）述评消息的写作要求

1．选题要大中取小，写作要小中见大

述评消息的题目要越具体越好，因为题目越具体，所表现的主题就越集中。述评消息的选材，也要抓住能够反映具有普遍意义的重大问题的具体事物，以小见大地反映主题，烘托主题。

2．要依据典型事例有感而发

述评消息在对材料进行概括和提炼时，要尽可能抓住一些具有代表性和普遍性，又是广大受众所关心的问题的典型事例，引出观点。事例典型，评论才能立得起，站得住。

3．评论要鲜明别致

一般消息都只是客观地报道事实，而不发表作者的评论；而述评消息则不同，它并非以交代新闻事实为主要目的，而是记者直接站出来，就一些重大问题借事论理，引出一些值得深思的问题。所以，在评论时，提倡什么，反对什么，赞成什么，要旗帜鲜明，理直气壮。

（四）述评性消息的写作范例

一场“洋官司”改变中国苹果汁市场格局

新华社郑州11月27日电（记者刘健　林嵬）　两年前，美国苹果汁生产企业向美国商务部递交申请，要求对中国输美浓缩苹果汁征收高额反倾销税，一场

“洋官司”拉开大幕。两年后，以出口为支撑的国内浓缩苹果汁出现市场新格局：积极应诉的10家企业由于争取到低税率，取得了对美出口几乎全部的市场份额；没有应诉的30多家企业则丧失了苹果汁产业最为重要的国际市场美国市场，发展严重受挫。

一些经济专家认为，这一市场变局生动地说明，在参与全球市场竞争中，国内企业要敢于打“洋官司”，要充分利用国际规则维护自身权益。

中国浓缩果汁加工年产量达20万吨左右，出口占到85%以上，美国则是中国果汁最大的市场。1999年6月，力图将中国苹果汁挤出本国市场的美国企业，向美国商务部提出申请，要求对来自中国的浓缩苹果汁征收91.84%的反倾销税。

国内40多家浓缩苹果汁企业中，10家聘请了有丰富反倾销办案经验的美国律师，积极应诉。2000年4月，美国商务部做出终裁，我国10家应诉企业的加权平均税率为14.88%，而未应诉企业高达51.74%。

高、低税率使国内浓缩果汁行业出现“分水岭”。烟台北方安德利果汁有限公司的“洋官司”打得最为成功，终裁后的税率为0，短短的一年多内，其生产线不断扩建，规模翻了两番，对美出口份额由以前的5%左右，一跃占到30%左右。业界有一种形象的说法，仅这一“零税率”无形资产，就值上亿元。而未应诉的企业此前所占据的50%美国市场份额基本全部丧失，有的因此步入危机。

河南省三门峡湖滨果汁加工有限公司是应诉企业之一，总经理孙继伟深有感触地告诉记者：“打‘洋官司’是入世后中国企业的一堂必修课。‘洋官司’并不可怕，关键在于要熟悉国际规则和各国相关的法律法规。”经历了一次市场生死考验后，三门峡湖滨果汁加工有限公司成立了专门的“反倾销应对小组”，并加入了国际专业果品市场网站，以便快捷地了解国际市场上的变化，随时调整价格策略，避免成为“反倾销”的目标。

三、动态消息写作

（一）动态消息的含义

动态消息就是准确、迅速地报道新近发生的或正在发生的国内外事件、新闻事实的一种消息形式。这种动态消息可以迅速及时地反映国内外政治、经济、文化、体育、科技、军事、外交、人物、金融、世情等各方面的新情况、新变动、新发展、新气象等。

动态消息在新闻报道的众多体裁中所占比重最大，各类媒体中的消息70%以上都是动态消息，因而动态消息也是新闻报道最常用和最基本的一种写作形式。

（二）动态消息的特点

1. 动态消息大多一事一报，一篇消息只写一件事

动态消息的任务，是以最快的速度，报道社会与自然界的最新变动，传递最新信息。这一任务要求它着眼于“现在”，着眼于刚刚发生、正在发生着的这件事。动态消息基本上是将报道重点限定在事发当时这个时空段上，内容较为单一集中，在一篇报道中集中写一件事的最新变化，既可突出新闻事实与信息的精要，又可使消息做到篇幅短小、运转灵活，从而保证新闻时效。

2. 动态消息更强调“客观笔法”

动态消息是事件性新闻，其特点主要是报告事实，用事实发言。读它的要求和期待也在于事实。

动态消息面对的读者对象要比其他类型新闻的读者对象广泛得多。为了让价值观各异的受众都能接受其事实和观点，动态消息要尽量运用客观笔法，以增强新闻的可信度。

3. 与其他类型的报道相比，动态消息更注重时效性

动态消息所报道的是事件的最新环节，其他类型的报道是动态消息的补充和策应，从这一分工来看，动态消息必须将时效性放在首位。

从新闻的价值标准来看，事件发生时间距读者获知该事的时间越近，读者对它的兴趣就越大。而动态消息反映的是事件的最新变化，所以用分秒计时效也就是很自然的事情。

此外，动态消息还担负着“快攻”的任务，也就是对事物的最新变化迅速地进行报道。因此，动态消息必然以时效为第一生命。

（三）动态消息写作要求

动态消息是使用频率最高、最具代表性的消息，尤其要写好导语，运用好

新闻背景，安排好新闻主体的内容与结构。

除此以外，还需要注意以下几点：

1．客观叙事，增强可信度

消息特点之一是“实”，就是具体、客观、实在，在动态消息中这一点尤为突出。这是因为：动态消息是一种事件报道，主要任务是把事件的来龙去脉交代清楚，读者需要的就是对事件进行客观的描述。

动态消息迅速地报道新闻事实的最新变动，有时事件复杂，其真相需要一个发展过程才能呈现出来，这个时候如果迅速报道会使记者难以获得全面的材料，并做出准确的判断。所以，最好的办法不是轻易地下结论，而是如实地把所见所闻与所查实的材料描述出来。因此，写作动态新闻，要尽可能采用客观记叙的方式，以增强说服力。

2．善于捕捉动态新闻的报道题材

动态新闻一事一报，要求记者要有一双慧眼，能够发现具有传播价值的新的事实和信息，并立即采取行动。对记者而言，较为困难的是从庞杂的事务中发现报道题材，例如从各种新闻发布会、各种会议以及其他社会事务中截取有价值的部分，所以记者要有很强的新闻敏感与行动能力。

3．动态消息要尽量写出新闻事件的现场情景，使新闻更具动感

读者借助文字可以领略到对事务变动的感觉，这是动态新闻写作应当追求的一种境界。动感能够将读者带入其中，令读者感同身受，增强读者对事件的兴趣，提升读者对事件的关心程度。

事件新闻中，特别是那些突发性的事件新闻，往往动感和现场感比较强。为了让读者对新闻事件有比较具体的感知和了解，记者应该如实地把新闻事件发生的现场情景描述出来。

4．注意对动态消息跟踪报道，确保时效

时效是动态消息的生命，尤其是对一些突发事件，一般不等事情全部结束之后再对其进行报道，而是对事实动态进行跟踪报道，随时将事实发展中的最新环节报道给读者。一些突发性灾害的报道，尤其不能等结果，要传达阶段性的信息。

（四）动态消息的写作范例

成龄东北虎再现保护区

本报吉林珲春专电　2006年12月30日，一只身长约2米，身高在1.2米左右的东北虎现身吉林珲春东北虎国家级自然保护区。这是吉林省林业厅发布消息介绍的。而令人惊奇的是，该虎生取母牛腹中幼崽后，面对工作人员勘测照相机的闪光灯，依然从容地安享美食。

“我家散放在鹿道沟山上的母牛被虎咬死了！”2006年12月30日，珲春市哈达门乡柳树诃子村居民刘思华急匆匆地向保护区管理局进行了报告。保护局工作人员根据现场的情况看，被咬死的牛为5岁母牛，体重约350公斤，其喉部有明显的咬痕，腹中幼崽已被掏出，臀和后肢的部分鲜肉已被咬掉。在现场，勘查人员还发现了东北虎留下的卧迹和粪便。

看来，东北虎确实曾经现身此处，并将百姓家的牲畜当做美食，饱餐了一顿！

那么，惹祸的东北虎又将如何处理母牛的尸体？为进一步监测东北虎的动态规律，30日17时，工作人员在现场架设了两架远红外线照相机，待东北虎返回时，工作人员所拍摄到的画面令人惊叹不已。东北虎在照相机灯光的闪烁下，将死牛拖到一旁，尽情地享用起来！

31日上午，东北虎“就餐”的图片资料被工作人员冲洗出来，栩栩如生地展现在人们面前。根据照片显示，工作人员推测该虎为成龄东北虎，身长约2米，身高在1.2米左右，体重200余公斤。

四、服务性消息写作

（一）服务性消息的含义

服务性消息是一种为社会公共事务或人们工作、生活中急需解决的非商务活动无偿提供信息的新闻。其特点是针对性强，切实可用，无偿服务。

服务性消息有广义和狭义之分。从广义讲，传播新闻信息本身就是为读者提供基本的服务；从狭义讲，服务性消息是指一种特殊的新闻品种，即专门的服务性新闻。

（二）服务性消息的特点

从宏观上看，整个新闻传播活动都带有服务的性质，是一种新闻信息方面的服务。这里的“服务性消息”，主要是狭义的服务性报道，它的特点是“直接可用”，即这种消息以提供切实可用的信息、方法、忠告为己任。

服务性消息不同于广告性消息，二者有本质的区别。广告性消息是指新闻包装的广告，其发表的动机、目的是替企业作宣传，推销商品，获取商业盈利。服务性消息则是站在读者、消费者的一方，为他们着想，并为其服务的消息。必要时，它们要无情地揭露厂家、商店以及其他企业的欺诈行为，替受害者说话。

（三）服务性消息的写作要求

1. 服务内容要新鲜、适时

决定服务性消息优劣的不是其表现形式，而是消息的内容。这种消息的内容不要重复常识性的东西，例如，有的媒体报道说，炎热的夏天不要长时间吹空调，不要在吃完饭之后立刻做剧烈的运动，雷雨天气不要在大树下避雨等，这些报道都是生活中的基本常识，人人都知道，因此，没有新鲜感，读者也不会对此感兴趣。服务性消息应该为读者报道新的、他们尚未知晓的而又切实可用的信息，传授新的方法。

所谓适时，是指揣摩读者需要，想在读者前面，及时地向他们报告实用性信息，提出忠告、传授方法或经验，让读者少走弯路。

2. 说明信息源的身份，增强可信性

为了让读者对服务性内容感到放心，服务性消息应当将信息来源、忠告发出者的姓名、身份具体地告知读者，以证明其观点或意见的科学性。这样，其信息和意见才会引起读者重视。

3. 着力写好实用部分，增强可操作性

服务性消息是人们生活的参谋，所以，在写作时，要将方法、信息、忠告交代清楚、具体说明，以便于读者按照交代的方法去做，或者对所报道的忠告和建议引起重视或者接受。

4. 亲切、自然

服务性消息的欣赏价值在于记者的服务热情。多表现在导语上，它的导语

最适合采用“直呼式”“谈话体”，宜用第二人称“你”或“您”开篇，给人一种亲切自然的感觉。

（四）服务性消息的写作范例

考前乱吃补品帮倒忙

一年一度的高考日渐临近，各种健脑益智、抗疲劳的保健品铺天盖地向考生和家长涌来。中国保健协会副秘书长贾亚光认为，一定要科学选择保健品，认真做好高考前的保健工作。

不能乱吃“抗疲劳”产品

俗话说，“抗疲劳”是个筐，啥保健品都可以往里装。贾亚光告诉记者，社会上形形色色的脑保健品中需格外注意的是“抗疲劳”类营养品要让考生少吃，甚至不吃。原因是，现在的保健品中，有相当一部分产品其功能未在卫生部所公布的22项功能之列，而这些产品只好笼统地说是“抗疲劳”产品。“这里面就包括治疗性功能障碍的产品，如果考生不慎服用，有可能会引起不当的后果。”贾亚光表示，1998年以后生产的该类产品，大都注明少儿不宜，因此选购“抗疲劳”类的产品要仔细辨别。每种保健品都有相应的适用范围，在这个范围内又有最适用的症状，找出最适合自己的“点”，即“缺什么，补什么”。比如，亚健康人群以选用免疫调节产品为主；长期用脑的人可选卵磷脂等健脑的产品；长期失眠的人可选松果体素片调节人体生物钟，诱导自然睡眠。有些家长不惜重金购买价格昂贵和稀缺的保健品给孩子服用，如老山人参、野生灵芝、虫草，尽管它们确为上佳补品，但如滥用会导致不良反应。比如滥用人参，就会发生腹胀、食欲不振、烦躁、头晕、失眠、鼻出血、血压升高等一系列不良反应。

维生素别吃多、钙别乱补

现在的保健品，相当一部分宣称自己可以补充各种维生素，提高记忆力。但贾亚光提醒说，服用维生素也要适量。

“按照药品的推荐量服用，即便是长期服用，也不会出很大问题。”贾亚光说，“因为世界卫生组织对维生素有一个推荐量的标准，而我国卫生部规定，维生素类产品要低于推荐量的1/3，因此，只要按照医嘱或产品说明书服用，应该是安全的。如果有的家长把保健品当成营养食品，让孩子大量服用，就会容易有不良后果。”

而补钙产品，经历了前几年的恶战，补钙品广告铺天盖地，以中国人“人人缺钙”这样一个概念，靠夸大宣传打造了一个漫无边际的补钙品市场，活性钙、离子钙、超微钙、纳米钙等，这个钙、那个钙，各家都说自己的钙如何好，企业间互相揭露产品的短处，这样的结果把老百姓弄迷糊了，不知道选择什么钙去吃，他们索性就不吃了。贾亚光认为，食用补钙产品还是要针对个人体质不同，不能乱补。

购买时一定要认准标志

另外，中国保健协会副秘书长周邦勇告诉记者，保健品的作用是改善亚健康状态，它不是药品，没有治疗的作用，只是起到一个调理的作用。它的功能有渐进性，需要食用一段时间后，才能感觉到它的好处。消费保健品关键是要根据自己的身体状况去选择适合的保健品，所以，保健品的消费尤其需要引导。比如，高考前的考生，长时间复习功课，容易造成视疲劳，引起头痛；长时间坐着看书不运动，大脑容易缺氧，因此一些像鱼油等健脑、增强视力的产品是可以起到一定的改善和调理作用的。

贾亚光提示说，保健品市场难免鱼龙混杂，因此，购买保健品时需认准保健品的小蓝帽标志和卫生部的食卫健字号，为了防止买到假冒伪劣产品，还可以到卫生部的网站核实产品的批号是否真实。

贾亚光认为，高考前的保健是一个综合性的保健，不仅包括饮食、补养，更有心理的调节与放松。“因此，让孩子身心都得到良好的调整，是考前重要的环节，不要让孩子背上太多的包袱，不要让孩子患上考试综合征，是比买保健品更重要的事。”贾亚光说。

（2006年5月28日新浪网）

五、经验性消息写作

（一）经验性消息的含义

经验性消息，也有人称之为“典型新闻”，就是用消息的形式报道具有代表性和普遍意义的成功经验或典型做法，它是我国新闻中独有的一种新闻体裁。主要用来反映某地、某单位贯彻执行党的路线、方针和政策在某一方面取得的成功经验和显著效果。

这种报道能够比较集中而典型地体现党的方针政策，反映事物的普遍规律，为解决工作中普遍存在的矛盾提供直接或间接经验。

（二）经验消息的特点

唯一能与综合消息区分开来的特点就是经验消息的“经验”二字。经验消息所写的必须是近期某项工作的成功经验与做法，所以它具有以下特点：

1．典型性

经验消息一般都是围绕问题写作的，它提出的问题必须具有典型性，能通过对比、分析，揭示事物的本质，起到启发和指导作用。

2．概括性

经验消息并不是以一个独立的事件为中心，而是有许多事实经过归纳、总结，是从大量具体做法中提炼出来的，并且必然经过一段时间的实践检验。

3．指导性

经验消息的最终目的是为了指导普遍存在问题的解决，从而推动工作进一步展开。指导性是建立在典型性和概括性这两个特点之上的，而经验消息的典型性和概括性又是以指导性为目的的。

（三）经验性消息的写作要求

1．要把经验当新闻写

经验新闻属于新闻的一个类别，所以不同于一般的经验总结。它要求记者要善于从中找出其新闻价值，而且这些有新闻价值的经验，还将会对工作生产产生一定的指导、推动和借鉴作用。这个“新闻点”有时一眼不容易看出，因此要写好经验新闻，既需要把握宏观的方针政策，又要了解基层的所作所为，只有将二者结合起来，才算找到了新闻点，才能使经验新闻达到“有的放矢”的目的。

2．要写出具体的经验，特别要在“如何做”上写出东西

经验新闻是用事实说话的文体，不能空洞无物。它必须有很具体的事实和叙述，在提出问题和解决问题中，写得越具有操作性越好，经验写得要让人看得见、摸得着、学得到，实实在在又真真切切。

3．要写出效果

经验新闻仅仅总结几条经验、做法、措施是不够的，一般都应交代实施后的成绩和效果。比如，是强化了管理，还是增进了安全；是推动了工作，还是促进了发展；是增加了产量产值，还是提高了产品的科技含量……只有交代了具体效果，才能使经验可靠与可信，才能使报道更具有说服力和吸引力。

（四）经验性消息的写作范例

跟城里人一样享受政府公共服务

诸城农民迈进3公里社区服务圈

编者按 今年以来，诸城市重整农村组织资源妙招频出：先是以居带村，组建联合党总支；后是以服务代管理，建设农村社区。这两项改革举措，既为新农村建设提供了组织保障，又为城乡一体化统筹发展搭起了有效平台，同时也是新形势下农村组织结构改革的有益探索。近日，本报记者赴诸城深入采访，写出这则消息和一篇调查性报道，向读者展示诸城改革的新做法，以资借鉴。

本报诸城讯 在农村集中连片兴建社区，让农民享受到跟城里人一样便捷、周到的公共服务。眼下，一场意义深远的基层组织结构创新正在诸城市顺利推行。从今年7月在18个社区先期试点，短短两个多月时间，全市已设立65个农村社区，涉及573个村，占全市行政村总数的46%。据了解，以县市为单位连片推行农村社区化服务，在全国尚属首创。

舜王街道金鸡埠村的董福兰老人切身感受到社区化服务带来的便利。今年80岁的她6年前患了胆囊炎，打针输液要到13公里外的舜王医院，一住院就是一周多。7月底，松园社区建成，社区卫生室离家不到2公里，儿子用三轮车推着董福兰去，输完液就回家，啥事都不耽误。

9月12日，在松园社区服务大厅，记者看到，这里设有文教、社保、环卫、计生、治保等服务窗口，负责为周围2公里内6个行政村的5667名群众服务。优抚救助室主任乔冒军原在街道民政所工作，是20个村的“网长”。他说，以前坐等群众上门办事，很多久拖不决，现在离服务对象近了，接到救助申请马上就能到现场查看，有的当天就能办结。

农村社区一般按服务半径2～3公里、居住户不超过3000户的原则设立。中心村设公共服务机构，即社区服务中心、社区警务室、卫生室、建设环卫室、计生服务室、优抚救助室、纠纷调处室等，由镇政府从现职干部职工或乡镇撤并后富余人员中选派工作人员，为整个社区提供近距离、全方位的公共服务。这种“3公里服务圈”的建设，为打破公共服务产品供给上的城乡二元结构搭建了有效平台。据市委、市政府9月7日公布的《农村社区建设考核奖励办法》，到2008年底，各乡镇、街道100%的村都要纳入社区化服务范畴。规划中，这样的农村社区有156个，涵盖全市1257个村庄70多万农民。

今年初，诸城市委在调研中发现：随着农业税费的取消和农村市场机制的完善，农村基层组织的管理职能越来越弱化，而面对群众越来越多的公共服务需求，却缺乏有效的服务平台，不少群众反映“想办的事不好办、办不好”。同时由于乡镇撤并，镇域面积扩大，有的偏远村庄距镇驻地几十公里，到镇上办事成了村民的一件头疼事。经反复研究论证，市委、市政府做出建设农村社区的部署。

“建设农村社区，就是通过创新农村组织结构，实现基层组织由管理农民向服务农民的转变。今后诸城人提起农村社区，想到的不是它管几个村，而是有哪些服务机构和项目，我们的改革就算成功了。”诸城市委书记邹庆忠这样总结。

（2007年9月15日《大众日报》）

六、预测性消息写作

（一）预测性消息的含义

预测性消息是指报道尚未发生、有可能发生的“事情”，从而提供未来信息的消息。由此可以看出，它所报道的事件往往带有不确定性。

预测性消息与预告性消息不同。预告性消息是对必定发生的事情的报道，新闻所传达的信息是确定无疑的。例如：

中国教育学会会长：2017年英语将不再参加高考

本报讯　昨天，中国教育学会会长顾明远来杭州，参加杭州师范大学主办的第九届亚洲比较教育学会年会。会上，他对本报记者确认，全国执行高考新方案，不会在2016年，而是2017年。语文、数学在新高考里分量加重，这是两门必考科目。而英语不再参加统一高考。

“教育部前天刚举行相关会议，近期估计就要发文了。在新高考方案里，英语不叫退出高考，而是改成社会考试。也就是说，英语不再和以前一样，集中在6月7、8、9日统一考试，而是由社会机构组织考试，学生高中三年可以考多次，成绩和大学英语四六级一样分等级，全国都如此。高考招生时，不同的学校会对英语提出不同的等级要求。不太会按照等级折算成分数，计入高考成绩，而是以等级为主。”顾明远说，社会机构组织的英语等级考试，不意味就是现在的高中英语会考。

……

（2014年5月18日《钱江晚报》）

这是一则预告性消息，因为这件事在2017年肯定发生。如果消息报道“2017年英语可能不再参加高考”便是预测性消息，因为这种看法只是推测。

（二）预测性消息的写作要求

1. 及早做出预测

作为一名记者，要有忧患意识，经常关心、思考社会问题，及早发现隐患以及其他跟未来相关的信息，及早采写预测性新闻，以使其能更好发挥参谋和引导舆论的作用。

2. 权威预测

权威预测是指专门的研究机构或者是具有权威性的人物的预测。为了更好地发挥决策参谋的作用，权威人物和机构的预测能保证新闻的科学性和影响力。

3．他人预测

预测性报道作为新闻的一种，不是由记者出面做出预测，它是预测活动和预测性意见的客观反映。因此，预测性消息在写作时一定要交代预测的行为主体，以显示新闻的客观性，增强预测的说服力。

4．深度预测

预测性消息不是简单的报道预测的结论，也反映预测者对问题的分析以及做出某个预测的依据。这些是支撑预测结论的基础，它们使新闻具有很强的理论色彩，能增强新闻的思想深度。另外，预测性新闻在采访阶段应不断地探询“将会怎样”，使预测性意见直接同社会生活和普通大众的切身利益相联系。

5．审慎发稿

因为预测性消息本身的不确定性，其预测结论都有“言不中的”的可能，所以对于预测性新闻，尤其是那些关乎人的生命安危的预测如地震预测等，记者不能抢发，要慎重行事。同时，对于预测人的预测结论，记者不能没有自己的预见。真正合格的记者应当有敏锐的洞察力和历史预见性。

（三）预测性消息的写作范例

奖牌榜：中美俄3强格局被打破　英德或冲击第1集团

里约奥运还有不到两天时间就将正式拉开大幕，世界上诸多研究机构和媒体都纷纷公布了对奥运奖牌榜排名的预测。美俄等体育大国和东道主将如何表现？中国能否在这场体育竞技大战中捍卫霸业，获得国人满意的成绩？人们拭目以待。

东道主难跻身第一集团

东道主巴西派出历史上最大规模的代表团参加里约奥运，并热切期待能够取得佳绩。纵观以往五届奥运会，除希腊之外，东道主都顺利进入金牌榜或奖牌榜的前三名。中美在主办奥运会时还分别顺利夺取了金牌榜的首位。

巴西在男女足、男女排、沙滩排球等项目上都有相当优势，例如巴西女足在当地时间3日的比赛中就以天时地利人和之机，3比0完胜中国女足，同时也展现了其不俗实力。

不过巴西在很多小项目上仍处于劣势，不具备夺牌实力。在伦敦奥运会上，巴西取得了3金5银9铜，未能进入奖牌榜前十。

巴西提出的目标比较理性，即在里约奥运冲击奖牌榜前十。巴西代总统特梅尔对巴西代表团寄予厚望，他祝愿巴西选手获得成功，向世界展现巴西风采。

中美俄传统格局被打破

奥运第一集团长期以来由中美俄三国所占据。美国基本稳坐奥运金牌榜与奖牌榜的榜首。俄罗斯大体继承了苏联的体育大国地位，最近五届奥运会奖牌榜基本排在第二或第三的位置。

中国在最近四届奥运都处于奖牌榜第一集团。2000年悉尼奥运会后，中国代表团在夏季奥运会金牌榜上未跌出前三，2008年北京奥运会中国登上金牌榜第一。2012年伦敦奥运会，中国代表团的奖牌总数略有下滑，但仍以38块金牌和88块奖牌位于金牌榜和奖牌榜第二。

然而，由于百余名俄罗斯选手因兴奋剂风波无缘参赛，里约奥运会奖牌榜第一集团势必发生变化。外界普遍预测俄罗斯将无法保住奖牌榜第三的位置，很可能会被挤出第一集团。

英国、德国、澳大利亚等国均有问鼎奖牌榜第一集团的实力，在许多小项目上也可以与中美一争高下。

“成绩此消彼长，优势项目受到冲击。”中国国家体育总局官员认为，中国在里约奥运要想保住在第一集团的名次仍需奋力拼搏才可实现。

中国优势项目不易撼动

随着中国女足不敌巴西女足，一些人对中国队在里约的夺牌之路表示疑虑，其实大可不必。巴西足球项目本就具有优势，再加之东道主地位，“铿锵玫瑰”取胜概率其实很低。

中国的优势项目基本仍集中于跳水、乒乓球、羽毛球、射击、举重和体操等。体育人士和外媒分析均认为，中国在这些项目上的优势仍不易撼动。

美国的优势项目主要集中于游泳、拳击和田径等，体操实力也不俗。另外在赛艇、沙滩排球等项目上，美国队也拥有夺金实力。

在体操项目中，日本男队和美国女队对中国队均构成一定挑战。羽毛球等项目能否继续延续伦敦奥运会的历史也值得期待。如中国羽毛球队在伦敦奥运中包揽全部金牌。里约奥运会虽很难复制类似成功，但不出意外的话，一些比赛依然是中外选手的“巅峰对决”，如林丹对阵李宗伟等。

（2016年8月4日 中国新闻网）

七、人物消息写作

（一）人物消息的含义

人物消息就是以消息的形式，专门报道新闻人物的活动与事迹，突出反映人物的思想、事迹和精神风貌的新闻体裁。

人物消息的报道对象虽然是人，但是不可能每个人都会成为新闻人物，只有那些已经成为新闻人物的人或有着非凡之举的平常人，才能成为我们所说的新闻人物。这种新闻人物往往是时效性很强的新闻人物，如果不采取消息形式尽快地报道出去就有失宣传效果，所以它在时效性上显然比人物通讯要快。

人物消息可以写正面人物，也可写反面人物，实际工作中，以报道正面人物为主。

（二）人物消息的特点

1. 新闻性

人物消息所选择的人物必须具备较强的新闻性，也就是具有较高的新闻价值，即能够通过对新闻人物的报道，传递给受众某种信息。

2. 典型性

人物消息中所报道的人物必须是具有时代精神的典型，也就是说在社会上具有一定的代表性，能够成为社会生活的一面镜子。例如：

不恋高薪恋乡土

王文远神针惠大众

《北京日报》4月4日报道（记者牛耕耘 郑士生） 美国人愿出20万美金“买”他的“一针”；日本商人拿来“随签生效”的合同：月薪38万日元，别墅、诊所各一栋，汽车、电话样样全……

这些不同肤色的巨贾“说客”变着法儿打他的主意，可他斩钉截铁地说：“我的事业在祖国。中国有11亿人，这里的病人更需要我……”

王文远，北京卫戍区医院副主任医师。他的“一针”确实神奇。去年六七月份，他到新疆“支边”，同乘一趟火车的加拿大的大卫·爱德华博士因“受风”突发面部神经麻痹，口眼歪斜，躲在包厢里茶饭不思。他知道后，只在博士肩上“一针一穴”，不出1小时，博士就恢复了常态。至今，他已为8万名患者解除了病痛。

这篇消息，从引题“不恋高薪恋乡土”就点明了主人公的典型之处，是值得写的新闻人物。文章讲了一个颇具传奇色彩的故事：“神针”王文远在火车上给素不相识的外国人扎针——这是一个典型环境，而且这个外国人是博士，如果失手弄不好会出国际笑话。令人称奇的是，主人公技高胆大心细，一针下去，不到一小时就妙手回春。这样富有代表性的事例加深了读者对新闻人物的印象，让读者在感受王文远的高明医术的同时，对他不恋高薪恋乡土的精神也流露出赞美之情。

3．思想性

思想性包括社会性和哲理性两个方面。所谓社会性，具有时代感，通过对笔下普通人的报道，能折射出社会的变化，时代的变迁；二是应该具有哲理性，富有理论色彩，通过笔下普通人对人生、事业的追求，生活中的喜怒哀乐，给受众以人生的启迪。

4．篇幅短小，叙事单一

由于消息体裁的篇幅限制，加上人物消息侧重于对新闻人物最新事迹或最有新闻价值的某一片断进行报道，所以它只要求突出其中最富有特色、最有感染力的部分，不必面面俱到。

5．时效性

人物消息所表达的内容必须是“现在进行式”或“现在完成式”。因此，人物消息要求快速采写、编发与传播。一个新闻人物在社会生活中是不断变化的，今天他是名人，明天他可能因触犯法律而锒铛入狱，所以记者的报道要跟上人物的变化。

6. 故事性

人物消息虽然以新闻事件为主要陈述内容，但一般都需要选择有适当情节的人物活动来反映人物的精神面貌，因而故事性较强，能够打动人、感染人。

（三）人物消息写作要求

1. 选材

人物消息在选材上要抓取现实生活中具有新闻性的人物的一两个场面或镜头，充分地展示其生活的横断面。要研究读者最感兴趣的、最有吸引力的内容，从中发掘其新闻性和典型性。

2. 结构

人物消息在结构上常常用一个概括性的导语开头，点出部分事实要点；或从生动的情节、场面、引语入笔，但不要透露太多，而是在消息的最后把那些真正最重要、最精彩的东西呈现出来，使读者看完全篇产生一种满足感。

3. 角度

人物消息在写作上要高度集中，往往只写一人一事或一个侧面。仔细观察其局部特征，集中写一点、一个方面。在运用材料上，注意“以事显人”，做到点面结合。

4. 语言

一篇成功的人物消息，之所以能够给读者留下深刻的印象，主要是因为它很好地揭示出了人物的内心世界。“言为心声”，高尚的思想往往是通过人物自己的语言反映出来的。因此，记者在人物消息采写中，要全力去捕捉人物生动形象的语言，让受众能有真切的感受。

（四）人物消息的写作范例

袁隆平回应身价千亿说法：用财富衡量太低级

本报讯　昨日，前身为博学中学的武汉四中110周年校庆，“杂交水稻之父”袁隆平重回母校，捐赠10万元奖励优秀学子。

“亩产上千公斤”不是放卫星

不久前，刚刚过完79周岁生日的袁隆平对外界表示，到他90岁时，超级稻争取亩产达到1000公斤。有人怀疑这种提法是“放卫星”。

昨日，袁隆平郑重地说：“科学研究是有一定基础的，这是我的任务，是我有生之年最大的心愿。”

他说，从理论上讲，水稻亩产最高可到1500公斤

2000年和2004年，袁隆平分别实现了超级杂交稻亩产700公斤和亩产800公斤的目标。他说，杂交稻亩产900公斤有希望在2012年实现，比预计提前3年。

“从来不管‘隆平高科’的事”

“隆平高科”是我国第一个以科学家名字命名的股票，2000年上市。袁隆平现任该公司名誉董事长，持公司5%股份，每年分红20多万元。

昨日，有记者问袁隆平“是否关注‘隆平高科’的股价”，他平静地说：“我从来不管这个事。”

袁隆平说：“我的主要精力是做研究。只要田里有稻子，从播种到收获，每天都要下田，这是我的本职工作，也是我的兴趣。”

每年有30多万元收入

一份评估机构的报告称，作为“世界杂交水稻之父”，袁隆平的身价为1000亿元。

袁隆平昨日说：“用财富衡量科学家价值太低级、太庸俗。”

他说，自己每月工资6000多元，还有股份分红、稿费、咨询费等“额外收入”，每年总共有30多万元收入。

这位八旬老人坦承自己的财富观：“钱是要的，因为要生活，但君子爱财取之有道；钱是拿来用的，该用则用，不挥霍不浪费，不小气不吝啬。”

（2009年10月7日《长江日报》记者李艳梅 吴胜法）

八、综合消息写作

（一）综合消息的含义

综合消息也称为“综合新闻”，是将不同地区、不同部门，或不同领域、不同行业中发生的、具有共性的新闻事实综合归纳，并围绕一个中心视点或中心思想进行鸟瞰式的新闻写作方式。综合消息是消息体裁中的一个重要类型。

（二）综合消息的分类

综合消息可分为横向综合和纵向综合两种。

1. 横向综合

横向综合是在同一主题下，将发生在同一时间段内的新闻事实从不同空间跨度或不同的侧面进行归纳综合。新闻事实之间常采用平行式排列法，基本不存在因果、递进等逻辑关系。内容多为或动态与反响，或做法与经验，或问题与危害等。例如：

京城舞蹈热起来

新华社北京1996年4月7日电 跳舞如今已在北京各年龄段的人群中形成热潮：老年秧歌、民间民族舞、国际标准舞、交谊舞、少年芭蕾等各种优美的舞蹈在京城翩然而起。

如今，一些老年人日出而舞、日落亦舞已成为京城一景。在北京的各大公园和街头，清晨和傍晚总有成群结队的老人扭秧歌。仅天坛公园、景山公园等地就有十几支组织训练有素，甚至统一服装饰物的秧歌舞蹈队。

北京的年轻人当然更是活跃。目前北京18个区（县）的群众文化馆和一些大的文化单位或企业，纷纷办起了交谊舞或国际标准舞培训班，这种培训班在京城已逾百个。每天晚上，还有许许多多相约来到北京各大歌舞厅来轻松潇洒地度过一个愉快而甜蜜的舞蹈之夜。

一些家长现在不仅把儿女送到音乐教师那里学钢琴，而且积极送他们参加少年芭蕾舞培训，目前北京已办起逾十家芭蕾舞学校。

据中国歌舞团张业生团长介绍，近两年来，京城的专业舞蹈表演舞台也开始受观众欢迎。他们团几年来编导了8台综合舞蹈节目，走遍大江南北，演出大受欢迎。

中央芭蕾舞团、东方歌舞团也纷纷拿出一台台新颖晚会，京城的观众由此大饱眼福。云南、陕西等地的舞蹈团也相继进京亮相，在京城形成一股民族民间舞蹈表演热潮。许多民族性较强的舞蹈节目还被评上了中国文化部的文华大奖。

这篇消息围绕跳舞如今已在北京各年龄段的人群中形成热潮这一主题，将各年龄段及专业团体的表现综合归纳起来。材料丰富，主题明确，从多角度、多侧面综合分析事实，揭示出了事物的本质。

2. 纵向综合

纵向综合就是把一段时间以来，某单位、某部门开展的某项活动，所做的某项工作取得的成果综合起来进行报道。这种综合方式可按因果关系来写，也可按时间顺序来写，或者由表及里层层递进加以展开。例如：

海口市加大打假力度

本报讯（记者杨连成） 最近，海口市工商局焚烧了标值181万元的假冒伪劣商品。这批销毁的商品是海口市打假队今年春节以来查获没收的。由海口市技术监督局、工商、检查等部门组成的打假队去年以来出动了3500多人次，进行了近200次检查活动，查扣各类假冒酒4万多箱，假冒劣质奶粉、饮料6.5万瓶（袋）；捣毁制造假冒商品窝点19个；有效地遏制了制、售假冒伪劣商品的行为。为使假货无藏身之地，打假队深入全市各商业企业、批发市场、建立质量管理、监督和保证体系。在他们的帮助下，海口生生百货一次清退了108家不合格供货客户、清理销毁3900多万元假冒伪劣商品，特邀30多位顾客为质量监督员，对投诉商品实行退一赔一。打假队设立了若干个举报电话，经常在新闻媒体上公布举报情况，对制、售假冒伪劣商品者发现一个，查处一个，曝光一个。为鼓励和动员消费者参与“打假”，近日，打假队在海口市16家主要商厦门前举办假冒伪劣商品鉴别展览、保护消费者权益成果展示和抵制假货万人签名活动。

这则消息首先介绍了海口市工商局焚烧了由海口市打假队查货没收的假冒伪劣产品。其次，讲到在打假队的帮助下，海口生生百货抵制假冒伪劣产品。再次，打假队设立举报电话，鼓励消费者共同参与“打假”。最后，打假队举办展览、成果展示活动以及抵制假货签名活动。在这里，层层递进，将海口市的打假行动做了详细的列举，海口市的打击力度跃然纸上。

（三）综合消息的特点

1. 材料的综合性

综合消息是多种事件的集合，它所综合的材料，内容广，类型多，通常情况下，既有个别事实，也有概括事实和精确事实；有同类的材料，也有对比的材料。

2. 时间跨度大

从空间上说，呈现多空间位置，是对一定空间范围内事实情况的报道；从时间上说，多为近期一定时间段内所发生新闻事实的综合，尽管对时效性也有要求，但时间跨度会大一些，且时空上并无明确的界限。

3. 新闻价值蕴含在事实的内在联系中

综合消息的新闻价值体现在多个新闻事件的共同联系中，且信息较为隐蔽和深层。这种信息被发掘和报道出来，对于记者的认识会起到很大作用。事实固有、内在、共同的有新闻价值的联系，要靠记者去认识、发现并且描述出来。是记者的主体认识，使不同的事实得以在一件新闻作品中成为有机整体。

4. 同一主题下的多事报道

综合消息不是以一个具体事件为报道内容，它反映的是一个“面”，是以社会生活渐变过程中某些规律性的内容为报道对象，诸如社会现象、社会问题、社会风貌、社会状态等，是很多事件或事实内在共性的表述。

（四）综合消息的写作

一般来说，在写综合消息时要考虑以下几点要求：

1. 要提炼出统领全篇的主题

综合新闻的特点是牵扯的材料较多、报道面广，点面结合，多点一报或者多事一报。因此，报道必须有一个鲜明的主题统领，以避免选材的偏离和消息结构的散乱。

2. 要注意点面结合

这里的“点”指的是个体的、局部的或某一方面的新闻事实。“面”则指总括的、整体的、全局的新闻事实。二者都是事实的材料。其中，“点”应当具体、典型，“面”应当概括、简练。在综合报道中，可能由一“点”引出其他的“点”，进而反映“面”；也可能是由多个“点”并列，一起反映“面”。总之，“点”和“面”之间用有内在的关联性和一致性，共同反映一个新闻主题。

3. 可适当夹叙夹议

通常，新闻报道是不允许作者直接出面大发议论的，但有些综合新闻由于材料多，也可以在综合归纳过程中适当夹叙夹议，提炼一下思想或者做一点评述。需要注意的是，一定要少而精。

（五）综合消息的写作范例

我国农民的生活半径迅速扩大

新华社西安1999年9月28日电　“三十亩地一头牛，老婆孩子热炕头”，这个我国农民传统的生活理想如今已被放弃。即使在农业资源富饶的关中地区，农民们也纷纷走出老家，到外面去寻求新的发展空间和生活。

37岁的武荣奇，家住陕西礼泉县双合村。他第一次出潼关是10年前，那一年，乡亲们望着成堆卖不出去的苹果而发愁，情急之下，武荣奇带着一卡车苹果，揣着一张地图，一路打听闯进武汉，不到半天，苹果一销而空。拿着净赚的6000元，武荣奇拉着苹果又闯进了更远的上海，又一销而空。如今，双合苹果已销往全国。双合人的足迹也遍布所有省区。

“咱庄户人以前窝在地里抠活路，如今是趴在地图上找富路。”武荣奇自豪地说。百户人家的双合村，现在多数人年出外时间都在半年以上，十几户人已落户他乡。村民惠志超在深圳办起了企业，有了小汽车，当起了深圳市民。

还有一位礼泉农民叫赵爱国，10年前开始做苹果生意，去年他销往俄罗斯、越南的苹果超过亿斤。他说，他每年三分之一的时间在国外，每天都通过电话和互联网掌握着世界市场信息。

以往我国多数农民喜欢在居室里奉神像，如今越来越多的农民家里挂起了各式各样的地图。在河南省上蔡县东黑河村，农闲时八成以上的青壮年劳力外出做木工、搞建筑。村里年过花甲的李陈氏不识字，但她认识地图上的北京、上海、西安。她说，她的四个儿子在这些城市做工，看看地图，儿子就像在身边一样。

据四川、河南、湖南、山东、陕西统计，这几个劳务输出大省每年跨省外出打工和做生意的农民超过2000万人次。

旅游对今天的农民来说，也不是一种陌生的奢侈。中国国际旅行社的一位管理人员介绍说，近年来，我国沿海和内地农民旅游的需求越来越大。无论在火车上、轮船上，还是在飞机上，随处可见农民旅行团。

统计资料说，1998年中国农民储游人数已达3.85亿人次，成为世界上最大的旅游人群。

西北大学经济学教授、陕西省政府秘书长王忠民说："我国历史上，农民大规模的背井离乡从未中断过。只有今天，他们不是被逼无奈地逃避战乱和灾荒，而是为提高生活质量自愿远离家门。"

第三章
通讯写作

第一节 通讯写作概述

一、通讯的含义

通讯，是一种运用叙述、描写、抒情、议论等多种表现方法，对国内外近期出现的具有新闻意义的典型人物和典型事件进行比较详细生动地报道的新闻体裁。通讯是记叙文的一种，是报纸、广播电台、通讯社常用的文体。

二、通讯的特点

通讯同消息一样，都是新闻报道的一种重要文体，所以与消息有不少相似之处，如都讲究新闻性、真实性、时效性。但在具体表现上，如在取材的完整上，在运用表现手法的多样化上，在描绘的详细程度上，在突出人的活动、思想方面，通讯又有自己的独特之处。

1. 生动性

通讯具有一定的文学色彩。消息在表达上主要是用简洁、明快的语言叙述事实，通讯则较多借用文学手段，可以描写、抒情、对话，可以用比喻、象征、拟人等修辞。因此通讯在语言和表达方法上都具有一定的文学性，它把人们熟悉的生活和不熟悉的新闻现场推到读者眼前，使读者去认识，去感知，并在感知中形成自己的体验，平添许多生动和形象，给人以立体感、现场感。此外，通讯虽然一般以第三人称叙述为主，但在“见闻”“采访记”一类的通讯中，也采用第一人称“我”，主要起见证人或采访线索的作用。在效果上第一人称的使用也增加了一些亲切感。

2. 完整性

通讯是一种详细、深入的报道，它相对完整、具体地报道人物或事件的过程。消息往往是将事件的几个新闻要素报道出去，叙述简明扼要，一般不展开情节。通讯要求详尽、具体地报告事件的经过、演绎人物的命运，充分展开情节，甚至描写细节和场面，有利于人们较完整、较深入地了解新闻事件或新闻人物。

3. 评论性

通讯可运用夹叙夹议的方法对人或事做出直接的评论。消息是以事实说话，一般不允许作者直接发表议论。通讯则在报道人物或事件的同时，表露记者的感情与倾向。需要注意的是，通讯是一种通过描写、叙述、抒情等表达手段进行的议论，在评论时必须要时时紧扣人物或事件，依据事实作适时的、恰到好处的评价点拨。

三、通讯的表现手法

通讯的文学性和评论性特征，很大程度上是通过它的表现手法和语言特色表现出来的。通讯的表现手法是通讯写作中表现主题、刻画形象的手段，它比消息更为丰富多彩，叙述、描写、抒情、议论、对话乃至独白都可以使用。这些表现手法，在作品中或者交替使用，互相补充，或者相互渗透，融为一体。要根据主题的需要来确定。

1. 叙述

即用事实说话，就是用叙述的表现手法来介绍和交代新闻事实，叙述有顺叙、插叙、倒叙、详叙、略叙。

（1）顺叙。顺叙就是按照事件发生、发展的时间先后顺序来进行叙述。顺叙的线索清楚，不易造成混乱，但容易平铺直叙，没有波澜，所以需要记者在选材和语言方面寻求动人之处。

（2）插叙。插叙就是在叙述中心事件的过程中，为了帮助展开情节或刻画人物，暂时中断叙述的线索，插入与主题有关的背景或其他相关的材料，如一个场面、一个情节、一段谈话等。插叙可以使结构富于变化，避免呆板。

（3）倒叙。倒叙是根据表达的需要，把事件的结局或某个最重要、最突出的片段提到文章的前边，然后再从事件的开头按事情原来的发展顺序进行叙述的方法。倒叙的手法是设置悬念的方法之一。采用倒叙法会使结构显得有起有伏，比较生动，但在运用时要注意前后呼应。

（4）详叙。详叙又叫细叙，就是详细叙述事物和人物观点。新闻写作中的详叙主要是指叙述事实时不仅让人知道事物的概况，也要告诉读者与事实相关的具体情节。详叙在选材上要选择典型的材料。

（5）略叙。略叙又叫概述，就是粗线条地概括的叙述。这里的概括是对事实的概括，是形象性的概括，而不是抽象的概括。

2．议论

议论就是记者对所写人或事发表意见或评论，或者分析本质，或者指明意义，以帮助读者理解事件或人物，提高其认识。

通讯中的议论有时可单独成段，有时和叙述融为一体，夹叙夹议。此外，还可以和抒情糅合在一起，融情于理。

需要注意的是，议论要力求精辟。既要有深度，要揭示事物的本质，反映人物和事件时代精神；又要精练，要使用精粹的语言，揭示事物的内在意义。

3．描写

描写就是刻画形象、展示画面，它是使新闻形象化的重要手段。

描写按表现风格可分为白描和细描。

（1）白描。用朴素简练的文字描摹形象，不重辞藻修饰与渲染烘托。它要求抓住对象的特征，如实地勾勒出人物、事件、景物的情态。

（2）细描。细描就是运用比喻、比拟、夸张、引用等多种修饰手法对人物或事物进行细致入微的刻画。

按描写的视角可分为直接描写和间接描写。

（1）直接描写。直接描写又叫正面描写，就是记者直接对人物和事物本身进行描写。白描多属直接描写，新闻的真实性要求多用直接白描，这样描写出的形象才会实在、真切，可信度高。

（2）间接描写。间接描写又称侧面描写，就是记者通过描写与对象有关的人或物来烘托对象。在通讯写作中，间接描写是存在的，主要有两点原因：一是记者不可能事事亲见，二是有些内容必须间接描写。间接描写比较虚，形象难以确定，但往往能给人留下充分想象的余地。

按描写的内容可分为人物描写和环境描写。

（1）人物描写。人物描写的目的是展现人物的精神风貌，揭示人物的性格特征。这同时也能更深刻地表达文章的中心。人物描写主要有肖像描写、动作描写、心理描写等。

（2）环境描写。环境描写是指对人物所处的具体的社会环境和自然环境的描写。环境描写借境说话，可以渲染气氛，烘托主题；可以加强事件的真实感、可信性；表现人物的身份或精神风貌；烘托主人公的心情。

4．抒情

抒情即表达情思，抒发情感。抒发记者对通讯所写人和事的褒、贬、爱、憎之情。抒情要抒真情，只有真切自然才能打动人。

抒情可以分为直接抒情和间接抒情两种。

（1）直接抒情。即直抒胸臆，由记者直接对有关人物和事件等表明爱憎态度。

（2）间接抒情。指记者不直接出面，而是依附于事、理、景来抒发感情，它可以融情于叙述、议论和描写之中。

四、通讯的写作要点

1．深入采访，选择典型

要在新闻事实中搜寻为社会和人们关心的典型事件和人物，进行深入研究，从中挖掘出有意义的事实，加以报道。

选择典型事件和人物可参考以下三方面标准：

（1）对社会有益，能推动经济、政治和文化的进步与发展。

（2）是公众所注意和关心的，对社会有启迪、指导和示范作用。

（3）典型的事件或人物本身有具体的感人的细节和生动的事实。

2．反复思考，提炼主题

主题是通讯作品的中心思想。有了明确的主题，取舍材料才有标准，起笔、过渡、高潮、结尾才有依据。

在确立主题时，记者要将事件或人物置于宏观的时代背景中，进行多角度思考，对主题的思考可以展现一个记者的新闻经验、智慧、知识与能力，它贯穿于记者采访前、采访中和采访后，直到定稿之后才算结束，是反复思考、不断完善的过程。

3．锤炼语言，形象生动

通讯作品可以借用叙述、描写、议论和抒情等多种表现手法，围绕一个主题，使事件活灵活现，人物栩栩如生，给读者留下深刻的印象。

4．展开情节，摹写人物

记者要围绕新闻作品主题，去掂量材料、鉴别材料、选取材料；把最能反映事物本质的、具有典型意义和最有吸引力的材料全部写进去。然后围绕这些材料展开故事的情节，要注意做到详略得当，疏密相间。

第二节 通讯主题

一、通讯主题的含义

通讯的主题是指通讯的中心思想，也是统领全篇的灵魂，是通讯作者经过对现实社会的观察、体验、分析、研究，通过对通讯素材的提炼和组织，所表达的对客观世界的一种认识或一种思想观念。

通讯的主题，是人们评价一篇通讯时首要的评价标准。一篇通讯的质量高低、价值大小，关键看其主题正确不正确、深刻不深刻、思想意义和指导作用大不大。从某种角度上来说，主题就是通讯的新闻价值和宣传价值所在。

二、通讯主题的要求

1．符合客观事物的本质特征

主题往往是作者对新闻事实传播价值的认识。要确定正确的主题，首先要弄清所报道的事实中是否存在记者这种认识的依据。如果事实中提炼不出记者所确定的主题，那么所提炼的主题就失去了存在的依据。

在一些新闻作品中，存在着主题失真的问题，比如，有些报道把那些先富起来的“大款”捐款公益事业说成是“爱心的表现”，而实际上他们当中有一部分人是属于捐款买名声、花钱拉关系，还有些人抱着“破财消灾”的心态捐钱的，如果将这些说成是“有社会责任心”“觉悟高”的表现，就会成为强扭角度的失实报道。主题失真造成的报道失实，不仅会使新闻媒体面临诸多尴尬，而且会误导舆论，更会造成群众对媒体的不信任。

因此，记者在提炼通讯主题时，第一个要把关的就是主题与客观存在的实际情况是否相符的问题。这就要求记者要有“质疑”意识。

2. 通讯的主题要深刻

主题的深刻表现在它能揭示事物的本质，反映客观事物的内在规律性。面对错综复杂、瞬息万变的世界，新闻记者应当善于透过现象看本质，善于将丰富的感性材料去粗取精、去伪存真，进行一番由此及彼、由表及里的深入分析，抓住事物深一层的本质，深化主题。

一般来说，深化主题有以下三条经验：

（1）深度来自于历史感。很多记者都知道，看问题离不开全局意识。但是全局意识不仅仅局限在“空间”（把新闻事实放到更广阔的空间和一定的高度来认识，从而深化主题）的概念，而“时间”这个思维的角度也不能忽略。因为很多事情如果只从当前的状态来看，往往感觉不出它的意义所在，一旦把它放进历史的长河中来考察，历史的逻辑便赫然显现。

（2）深度来自于展示人的心灵。一个记者，如果能将自己手中的笔游弋于人们心灵的海洋，探索人生课题，抚慰受创伤的心灵，启迪心智，往往可以在读者渴求的心田中激起回响，使人感到震撼，从而产生精神上的动力。因此，凡是写人或与人有关的通讯，都要在开掘人物思想深度上下功夫，人物才能“活”起来，才能得到读者的回应。

（3）深度来自于全局意识。记者要对那些乍一看没有什么新鲜之处，影响似乎也不大的事情进行挖掘，要确定其题材的深度，必须把这些题材放到全局的高度去衡量，深入研究其在全局中所处的地位，它们的代表性、典型性如何，是否有利或者有害于社会发展的根本问题。要常常运用“全局性的视角”和根本利益的标尺来观察和研究问题。

3. 通讯的主题更强调针对性

随着中国改革开放的步伐，社会思潮空前活跃多变，呈现出复杂的局面，使人们的心态发生了变化，开始从兴奋到迷茫，从不平衡到浮躁。在这种急剧变化的社会环境中，人们迫切地想从新闻作品中寻找对周围世界的解释和精神依托。所以，通讯主题要有社会人文意义上的针对性，要新鲜，有时代色彩。

主题“新鲜”的要求，是说主题要对社会生活中新出现的倾向和问题说明、表态。另外，主题要抓住社会矛盾，反映时代提出来的课题。随着时代特征的不断变化，人们感兴趣的时代精神也在不断发生变化。记者只有及时了解社会思潮，才能写出符合时代的主题。

三、通讯提炼主题的方法

发现、思索、提炼、确定通讯主题的过程是一种带有一定规律性的思维过程，一般来说，通讯提炼主题的方法有以下几种：

1. 依据事实，提炼主题

这是通讯采写过程中选择、确定主题的常规思维过程。具体来说，作者接触新闻人物和事件之前，对将要采集的事实并不了解，对将要写作的通讯主题也没有事先预想。因此，需要在了解事实过程中逐步分析素材，然后进入主题发现和提炼的过程。

通讯的写作过程是，先收集大量的事实，然后对这些事实进行具体详细地分析，弄清楚多个事实之间、各个侧面之间的内在联系。找出作为原因的事实和作为结果的事实，抽出可以贯穿各事实之间的意义线索，在这些意义线索中间判定哪条更具有传播价值，更具有普遍的示范或警示意义，预测它的传播效果而最终确定主题。

2. 预设主题+事实印证

这是很多成熟的新闻从业者选择通讯主题的一种思维过程，也就是所谓的“主题先行论”，是指作者依据长期对生活的观察和思考的结果或媒体布置的报道思想，预先设定要写的主题，然后围绕主题去等待、选择表现这个主题的新闻事实，以验证主题。这种方式往往可以产生无主题意识时采写通讯所难以产生的效果。这类主题针对性强，符合广大受众或解疑或警示或寻求服务的心理需求，具有一拨即明、一碰就炸的传播效果。

第三节 通讯的选材

一、通讯写作素材采集的渠道

通讯写作素材的获取主要有以下几种方法：

1．现场材料

现场材料中，很多来自记者的悉心观察和记录。所以，记者是否及时地赶到事发现场，目睹新闻事件或等待新闻事件的发生，取决于记者的现场观察能力，更取决于记者的现场意识。

对于记者来说，能够对较重大突发性事件现场采访，机遇难求；在事件发生的第一时间赶到事发地点并进行采访的概率也是很低的，多数情况下，记者只能“闻风而至”。对于大多数预知事件，比如某种特殊天文现象的出现，某些重大活动等，记者可以在事件发生之前就做好充分的准备，并及时赶到现场。

2．访问

记者如果没有机会到事发现场访问，想要得到生动的材料，可以靠访问当事人来获取。访问不仅要求记者有较强的观察和现场捕捉能力，而且要求记者有较强的沟通能力。

由于与很多人打交道，双方开始都有陌生感，谈话很难放开和深入，加上采访对象在接受采访时，所做的事已经成为过去，激动的细节已时过境迁，所以，在访问中获取感性材料是一项艰巨的任务。许多采访对象在回答记者的提问时喜欢概述，泛泛介绍事情梗概，表明自己的态度，至于细节，因为缺少回忆的情景气氛，很少主动表述出来，而这些恰恰是最好的感性素材。为了克服这个难点，记者最好在新闻发生地采访，这样可以令被采访者“触景生情”，能够回忆起更多的细节。

3．记者的体验式采访

体验是人们认识事物的一种方法。体验式采访可以促使记者加深理解和感受，增强记忆。

有经验的记者常常会深入社会，接近采访对象，与采访对象共同生活，参与采访对象的工作，在现场访问中体验，在体验中观察记录，这样得到的素材不仅是详细的事实、材料，而且有记者因体验而获得的感受，因感受而引起情感的变化，又因情感的变化与事实的融合而达到对客观事物更深刻的认识，以及对细节材料的敏锐捕捉。

二、通讯选材的特点

1．要注意材料的典型性

新闻写作要求“用事实说话”，这是新闻报道取信于受众的最有力武器。从传播效果的研究成果来看，人们更容易接受“暗示”出来的道理。既然要通过传播事实的手法达到影响受众的目的，被传播的这类事实就必须是典型的事实，能够起到“以一当十”、“以点带面”的作用。典型材料能够紧扣主题并充分说明主题、印证主题的哪一部分最有说服力与代表性的内容，所以典型材料要有特点，不能一般化，所选事例无论大小，都不是社会中的个别现象、个别事件，而是普遍存在的现象和事件。

2．要围绕主题选材

记者通过深入采访，掌握了事实的来龙去脉和本来面目，确定主题后，就完成了采访的第一个任务。对于一般人来说，对事物的了解认识就可以基本告一段落。但作为记者，仅能做到这一点还不够，因为记者的任务是向大众传播，因此还要时时考虑怎样传播的问题。

在确立通讯主题后，记者就要围绕着主题，寻找能够表现主题的事实材料。因此，选择通讯素材，说到底是一种思维的结果，是记者用新闻价值标准过滤事实材料的结果。记者选择的每一个典型事例，都是想让读者顺着这一个事例达到记者对事实本来面目的认识。

一些通讯失败的原因，在于选材与要表现的主题错位，第一个事例说明这个主题，第二个事例又说明另一个主题，使几个事例所表明的意义之间缺乏逻辑关系，同时又缺乏一个更高层次的主题做统领，不能形成一个完整的链条。

3．选材忌重复

说明同一个问题、同一侧面的事例，列举一个就可以，不必连续用几个意义相同的事例反复强调。所选事例最好大小搭配，各个事例之间或有差别，或有递进。比如，写一位优秀的教师，大可不必连续几个事例都写大致相同的内容、相同情节的事例，如第一个事例是帮助家庭困难的学生，第二个事例是业余时间辅导成绩差的学生，第三个事例是照顾生病的同学。这些事例都是关爱学生的，有一个就够了。列举了三个，但并未从不同侧面挖掘表现此人素质的关键事例，这样运用材料就既显得啰唆又没有达到想要的效果。

三、通讯选材的类型

无论是表现事件还是人物，通讯所选取的素材主要有以下三种：骨干事例、细节材料和一般叙述性材料。

1．骨干事例

所谓骨干事例，是指那些事实过程比较完整，事实意义比较突出又有代表性，能够支撑主题、说明主题的事例。

一个大的骨干事例，如果情节丰富，通常可以独立写成一个新闻小故事或一篇事件通讯。但如果是写一个人，或一个社会问题，反映某方面的社会现象，就需要靠几个方面的骨干事例组合起来表现主题。

骨干材料是通讯“说服力”的基础，是通讯主题能否成立的事实支柱，也是通讯内在逻辑的基本要求。骨干事例是通讯中的“干货”，它必须真实，并带有权威性。

2．细节材料

细节材料是再现型的材料，是指骨干（或典型）事例中细致的情节、细致的现场画面，或者富有个性的对话。它们是通讯中最有灵性、最富有感染力、最易吸引受众的部分。

一般来说，骨干事例只能告诉读者一件事，如罗盛教为抢救落水儿童献身，这只是一件用简述手法传达的事实。读者知道了这件事，但或许难以感动。细节材料不只是“告诉”读者这一件事，而是将这件事“再现”给读者看。这些细节材料会触动读者的感官，使读者如同身受，从文章中切实“感受”到活生生的事实。感受到的这些经验容易让人相信，且难以忘怀。而新闻中，细节感染力最强的材料往往成为通讯的生动性、可读性的来源。

在通讯中起到感染作用的材料主要是细节材料，它分为以下几种：

（1）详细的情节事实。情节事实比较完整地再现了某一事态前因与后果之间的行为形态演变环节，就像一个个小故事。那些行为形态环环相扣的变化，包含着明显的情节悬念和变化着的人、物，适合大众的阅读口味。

情节事实可分为完整性情节、片段性情节和语言情节事实三种。

①完整性情节事实。是指完整表现行为形态演变环节的事实，它具有明显的事态起因、中间变动环节的结果。

②片段性情节事实。是指一个完整故事的每个阶段中行为形态演变环节的事实。与完整的情节事实相比，这种有外部形态特征的演变反映的事实过程更短暂，是典型事实的一个侧面。

③语言情节事实。新闻人物的语言所构成的有头有尾的情节是有特色、传神的事实材料。新闻人物在采访过程中与记者的对话、新闻人物之间的对话及内心独白，常常呈现出带有个性特征的感性材料。另外，报告、演讲、会谈中都可以摘取大量生动的语言情节片段。

语言情节，一般不是只取一两句话，而是将围绕某个问题的谈话环节较完整地记录下来。这里有两点需要注意：一是引用一段有新闻价值的、内容上环环相扣的连续对话或谈话；二是全部用直接引语，即引用原话，要尽量显示个性语言、群众语言的特点，甚至包括有个性的语气词、有特点的方言词汇。这样，就很容易把新闻人物谈话中的信息、观点、语气、情感活灵活现地展示在读者眼前。

（2）特写镜头。通讯所选的最富有表现力和个性色彩的细致的画面和瞬间的特写，可以使人产生特别的关注，正如摄影中的特写镜头，能使读者借助想象力体味其中的意义。

细致的画面分为场景画面特写、人物特写和人物个性语言特写三种。

①场景画面——如临其境。场景画面指的是新闻事实的现场环境。

②人物特写——如见其人。人物常常是通讯的主角，是最可感知的素材，表现好人物的特写画面，对于突出人物的个性、预示人物的命运、烘托作品的主题，都是行之有效的方法。

③人物语言特写——如闻其声。富有个性特征的人物语言，能够让读者相信其真实性，感染力很强。它可以充分调动、满足人们的好奇心，提高人们的阅读兴趣，达到较好的传播效果。

3．一般叙述性材料

这种材料一般不是事例，语言描写上也不细致生动，但它可以对人物、事件、风貌的背景和现在状态做概括性介绍和解释，使人大致了解是一个怎样的事实，展现出通讯的基本背景和舞台，让骨干事例和细节材料有赖以展现的场所。

第四节 通讯结构

一、通讯结构的含义

结构是一切事物的基本属性和存在形式，是某事物用以区别它事物，保持其整体性、特殊性的有机联结、组合和排列模式。通讯的结构，俗称通讯的“骨架”，它是通讯的表现形式，还是通讯的组织形式和内部构造。比起消息来，通讯的结构形态可以说是千姿百态，多种多样。但在通讯写作实践中，也出现了一些相对固定的基本形态。

二、通讯结构的特点

从外部形式的特征来看，通讯和消息的差别很大。

首先，通讯的结构比较自由。消息是那种较固定的“格式化”的结构；通讯是一种发展和开放的文体，结构形式多样，灵活多变，没有固定的模式。同样的内容可以根据不同的报道要求和记者的风格来安排素材，不同的报道内容也可以写成大体相同的形式。

其次，通讯的结构比消息的结构复杂。通讯的内容涵盖面广，时空跨度大，记者要根据对新闻事实内在逻辑顺序和逻辑性质的认识，将复杂的新闻素材有机组织起来并且合乎人们的审美标准，因此，通讯的结构样式较多，驾驭的难度相对较大。

三、通讯的内部结构

通讯的内部结构大致分为三种类型，即纵式结构、横式结构、纵横式结构和逻辑递进式结构。

1. 纵式结构

这种结构在通讯写作中最为常见。纵式结构是以时间的推移来划分与安排层次的，它的时间顺序非常清晰，大多用于叙述人物经历或事件发生、发展的全过程，让读者去了解来龙去脉。这种结构具体分为以下两种：

（1）时间顺序式。即按照新闻事实发生、发展、结束的时间顺序安排层次。这种结构可以将事情的来龙去脉清晰地展现给读者。但要注意材料安排得当、富于变化，所以必要时，在前面要有个引人注目的开头，在后面要有个好的结尾使主题升华。

（2）悬念式结构。在通讯的开头设置疑团，布下悬念，然后采用“层层剥笋”的写作方法，展示事情的缘由，释消疑团。在运用时，既要有完整的情节，还要注意使布下的悬念与释疑对应相顾、融为一体，形成悬念式结构的完整统一。这种结构在纵向安排上是高潮在前，先倒叙后顺承，对读者有吸引力。

2. 横式结构

这种结构是以空间变换为标志来划分与安排层次的，即按照新闻事实内在性质的区别和联系，以多侧面拼接的形式来安排新闻素材。横式结构适合于报道范围面广的内容。这种结构形态中，各个空间之间表现为一种横向式的集合串联。新闻工作者写作时要注意用主信息这个线索贯穿缝合各个画面，使之产生集束捆绑式的威力。这种结构形式可以分为以下三种：

（1）空间转换式结构。即根据新闻事实发生地点的变化组织结构，围绕一个中心，把不同地点发生的不同事情联系起来，形成一个整体。空间转换要注意方位之间的有机联系或承接性，否则彼此游离脱钩，那么结构就松散了。

（2）并列式结构。按照新闻事实各个侧面之间的关系安排结构。这里有两种并列情况：一是先主后次的并列；二是同等重要的并列。这两种并列都是围绕主题来展开事实的。

（3）对比式结构。将正反两种人或事并列，并列中含对比，对比中见主题，这种结构使事物矛盾对立的两个方面形成鲜明的对比、强烈的反差，给读者留下深刻的印象。

3．纵横式结构

这种结构形式是以时空交叉式的结构形态来划分与安排层次的。对那种既有时间上的推移，又有空间位置的变换，时间复杂，人物和场面都较多的内容，结构安排上最好是把时间的推移和空间位置的变换有机地组织起来，使整篇通讯杂而不乱、条理清晰。这种结构形式可以分为两种：

（1）纵横交叉结构。又叫复式结构，是综合运用纵、横两种结构的方式来安排材料。一般以纵式为主，横式为辅，纵横交错布局题材，以便更有利、更好地表现作品的主题。这种结构形态在叙述时常用分叙的方法来理清通讯的层次，提醒读者注意时间和空间的变换。

（2）"蒙太奇"式结构。这是借用电影镜头的组合关系和连接方法，就是依据情节的发展和受众注意力关心的程度，把一个个镜头符合逻辑地、有节奏地连接起来，使受众有一个明确的印象和感觉。

4．逻辑递进式结构

这种结构形式是依据作者对事物发展变化的顺序，或作者对所报道事物认识（通常是由表象到本质）的递进顺序来安排层次，结构形态具体表现为提出问题、展开事实、分析原因、表明建议等一整套完整的思路，从而体现出一种内在逻辑力量，具有理性思维的特征。采用这种结构，需正确把握各种材料在表达主题思想时的地位，如主与次、深与浅、因与果等，层次安排呈递进式，一层比一层深。

上述几种结构只是基本形态，新闻工作者可以在实际中不断探索新颖独到的结构方式，并且创造出新的结构方式。

四、通讯的外部结构

1．通讯的标题

通讯的标题跟一般记叙文的标题比较接近，它可以直接揭示新闻事实，也可以曲笔达意。在形式上，通讯一般只有一个标题，也可以用破折号引出一个副标题来，副标题大多是实述的写法，主要是交代报道的对象和新闻的来源。

通讯的标题首先要力求准确、凝练、生动。所谓准确，就是指标题要准确地显示通讯的内蕴，或者点化主题，或者标明内容；所谓凝练，是指文字要精练简洁；所谓生动，就是指标题要形象，要吸引人。

对通讯标题来说，更重要的是显示内蕴，要注意以情感人。要显示内蕴就是要将通讯内含的思想性、哲理性显示给读者，通常有以下几种做法：

（1）直述新闻事实。这样的写法不加雕琢，符合“最高的技巧是无技巧”的说法，如《领导干部的楷模——孔繁森》。

（2）设置悬念。在标题中制造悬念，新闻性较强，更能引起读者强烈关注的兴趣。

（3）提出问题，引人思考。用一个问题做标题，如果所报道的内容是常让读者感到困惑的社会现象，那么就会很容易引起人们的关注和思索，如《谁是最可爱的人》。

（4）引用口语。直接引用新闻当事人的口语做标题，这种写法活泼新颖，通俗易懂。

（5）比喻双关。在标题中适当运用比喻、双关等修辞手法，可以使文字更生动优美，形象更鲜活动人。

（6）相反相成。就是把矛盾状态和谐地组织在一起。标题的相反相成，可以增加思维的广度。

2. 通讯的开篇

通讯的开篇不同于消息的导语。导语除间接导语外，大多以简洁的文字开门见山，直陈新闻事实。而通讯开篇表现方式灵活多样，主要新闻事实都在主体部分。

归纳起来，有下列几种基本类型。

（1）开端进入情节。开端就叙述事实的写法在一些事件通讯和人物通讯中常常见到。处于开端位置的可以是整个事件的开端，或者是事件的结局或某一个精彩段落。这样写可以强化通讯的情节性，读者会被生动的故事所吸引。

（2）引经据典开篇。引用典故、诗词、谚语、名人名言来做通讯的开头，会有较强的文学意味。

（3）落笔先用比兴。“比”是比喻，“兴”是由一物引出另一物。在通讯的开头使用比兴，可以大大强化作品的文学性。

（4）先作抒情议论。入篇先作一番抒情或议论，给读者以情绪的感染或理性的启迪，可以为下文叙述的新闻事实定好一个基调。

（5）场景描写在先。人物、情节、环境是记叙文的基本内容。通讯也可以从环境着手切入，然后铺展开事件和人物。这种手法在风貌通讯和工作通讯中较为常用。

（6）起笔刻画人物。在人物通讯中，常常一开始就展开对人物形象的刻画，先让笔下的人物给读者一个清晰的印象，有利于下文的铺开。

3．通讯的主体

主体是通讯的主要部分，它材料丰富，头绪众多，是通讯写作时安排结构、理清思路、重点着力的地方。要写好主体，处理好段落、层次、过渡、疏密、照应等几个问题。

（1）段落。段落在行文中造成小的停顿，使人有时间回想前面的部分；段落的停顿还有加强语气、加重感情色彩的作用。因而段落划分时要考虑内容的意义单位，要有相对的完整性，还要考虑内容的感情色彩和节奏快慢的需要。

（2）层次。层次是文章中的结构段，直接体现主题思想，在写作时，一定要把意思一层一层地说完，不能任意安排。

（3）疏密。疏密是指材料的详略。有疏有密文章才有韵味，有起有伏主题才能突出。要根据表现主题的需要，做到有疏有密，详略得当。

（4）过渡。过渡就是指上下文之间的连接和转换。过渡要自然紧凑，结构才会显得严谨，主题也才会更加突出。

4．通讯的结尾

当一篇通讯写完，结尾往往要通过议论和叙述事实强调立意、深化主题。好的结尾，可以抒发情怀，给读者留下回味的余地，使主题得到深化。

通讯的结尾大致有三种基本类型：自然收束、卒章显志、补上一笔。

（1）自然收束。这是一种客观化的结尾。新闻事实说完了，通讯自然结尾。采用自然收束的方式，干净利落，是一种很好的结尾方式。

（2）卒章显志。在文章的最后揭示主题思想或写作目的，使整篇文章有一个思想的落脚点。这种写法符合从物质到认识、从现象到思想的认知规律。

（3）补上一笔。即有意将一些新闻事实留到最后再作补充交代，当事实似乎已经说尽的时候补上一笔，从而使文章“清音有余”、韵味无穷。

第五节 通讯类型的写作

一、人物通讯写作

1．人物通讯的含义

人物通讯是报刊、广播、电视上最为常见的通讯形式之一，是一种重要的应用文体。具体说来，人物通讯是以通讯的形式报道具有新闻价值的人物，反映其行为、事迹和生活，再现其精神境界、人生轨迹和生存状态，从而达到教育启迪或监督批判、警示社会的目的的通讯。在各类通讯中，人物通讯所占比重最大。

写人之所以重要，是因为人是有思想的。采写人物通讯就是为了通过人的思想、人的精神面貌去教育人、感染人。如果仅写事迹，不写思想，那么人物就是平面的；写了思想，人才有了灵魂、生命，才能有感染他人的力量。

2．人物通讯报道对象的类型

人物通讯的报道对象具体可分为以下几种类型：

（1）各行各业的英雄模范人物——典型人物。它是指新闻媒体报道的在一定时期或一定地区，其事迹或思想观念能够代表时代潮流、反映时代精神的新闻人物或人物集体。

典型人物报道是历史的产物，带有鲜明的时代印记，集中反映特定时代的社会风貌和时代精神。

典型人物可统称为受表彰的各类先进人物，如全国十大杰出青年、司法系统评出的十大法官等，还包括各省、地、市、县、乡树立的先进人物和各单位树立的先进典型。

①全国性的典型人物。如20世纪60年代的雷锋、焦裕禄，他们一直被看做是在党培养、教育下的代表，是当前中国共产党人和中国人的优秀典型。他们集中体现了社会主义的时代精神，展现了中华民族在社会主义时期可贵的民族精神。这样的人物通讯，社会影响往往最为广泛、深远。

②配合一个时期宣传主题的典型人物。典型人物的报道是配合党和政府各个时期中心工作的一种有效形式。如为了增强人们的环保意识，鼓励植树造林、绿化荒山的行动，1994年7月14日刊出了《马永顺：无愧于大森林》的人物通讯，报道了伐木工人马永顺为大山还“账”，植树三万多株的先进事迹。

（2）人们普遍关心的社会名流——新闻人物。这里所说的新闻人物，不是从宣传角度树立起来的人物，而是指在大大小小的新闻事件中涌现出来的杰出人物。因此，他们和事件有着密不可分的关系。新闻人物共有两类：

①与事件相关的新闻人物。如1998年夏天，我国发生了历史上罕见的洪水灾害。成千上万的解放军和武警官兵闻水而动，火速赶往灾区，扛沙包堵决口，用汗水、鲜血，甚至用自己的生命与洪魔搏斗。这其中出现了一位年仅20岁、军龄20个月、党龄8天，家富不忘报效国家，舍生忘死为民献身的抗洪英雄——李向群。他用生命谱写了壮丽的人生凯歌。

②精英人物。精英人物主要指的是各行业的风云人物，如巧于致富的农村专业户、创造经济奇迹的企业家，新上任的省长、市长等。另外，一些明星也常作为“显眼”的人物成为报道的对象。写精英人物常常是因其成就、机遇不寻常而关注其成功的原因，如报道他们出色的才华、超人的胆识等。

（3）凡人奇事，奇事凡人。这里指的是社会生活中的大量平凡的劳动者，他们虽然很普通，没有骄人的业绩，但他们的言行举止、所作所为符合我们报道的主旨，符合主流意识形态弘扬的精神。这类人物通讯也可算是新闻小故事，常常有小巧、新奇、隽永的特点，人因事而显，一般篇幅不会太长，有时说不清是写人还是写事。

（4）“冰点”人物。有人将这类人物通讯命名为“平民化报道”，它是以平视的角度再现普通人的生存状态。这类人物似乎没有特别值得称道的先进思想和传奇事迹，而是因为他们的命运、生存状态值得人们关注，具有一定的社会认识价值，才被作为报道对象，比如白领群体、农民工群体等。

（5）批评或揭露报道中的反面人物。这类人物主要是一些反面典型人物，主要是各类反腐败案件中的党政干部。详细披露其犯罪事实，谴责其对社会正义和人民生命财产的侵害，并提示产生腐败的社会土壤，起到警示社会、释放民怨、鼓舞斗志、引导舆论的作用。

3．人物通讯的写作要求

人物通讯以写人为主，要反映人物的时代特征，展示人物的精神风貌，要抓住人物的特点，选好角度，不要面面俱到；要用事实说话，以事显人，不要罗列事实，只见事不见人；要在冲突中深化主题，表现人物的个性特征和崇高思想。具体要求如下：

（1）抓住亮点，彰显时代精神。写好人物通讯，首先要考虑的是所报道的人物不能脱离时代背景与时代精神。选择物色人物，首先要看其言行事迹、思想风貌是否具有时代的特征，能不能体现历史的进程，能不能体现社会发展的方向。要善于发现并抓住这些亮点，这是写好人物通讯的前提。

以前些年发表过的一些领导干部中的先进典型、并曾产生过强烈反响的通讯来说，如反映平凡而伟大的共产主义战士雷锋的通讯《伟大的战士》、把毕生精力献给了事业，最终累倒在为党工作的岗位上的郑培民同志的通讯《公仆本色——追记湖南省委原副书记、省人大常委会副主任郑培民同志》、始终站在广大人民群众的立场上，为百姓办实事、谋福利，为西藏经济发展、社会稳定、文化繁荣做出不平凡贡献的孔繁森同志的通讯《领导干部的楷模——孔繁森》等，这些一心一意情为民所系、利为民所谋的思想和行为，正是我们所需要的时代精神之一。能够抓住合乎时宜的亮点与主题，为写好通讯做了铺垫。

（2）写出个性，让人物活起来。要想通讯人物“活”起来，就要写出人物的“个性”。“个性”该如何去抓呢？主要有以下三方面：

①典型事例。典型事例，就是有代表性的、足以表现人物思想面貌的事例。较之一般事例，典型事例能起到以一当十、以少胜多的作用。比如，《领导

干部的楷模——孔繁森》中有这样一个典型事例，为养活两个藏族孤儿，孔繁森迫不得已去献血。

1993年春的一天，孔繁森悄悄来到西藏军区总医院血库，要求献血。护士看着他那已经斑白的鬓角，婉言劝道："您这么大年纪了，不适合献血。"

孔繁森连忙恳求道："我家里孩子多，负担重，急需要钱。请帮个忙吧！"

护士见孔繁森如此恳切，只好同意他的请求。

殷红的鲜血，从孔繁森的体内缓缓流进针管。这是一位共产党员的鲜血，是从一位日夜操劳的领导干部的血管里流出来的血！

②细节刻画。细节是细腻描绘人物性格、事件发展、社会环境和自然景色的小镜头，是情节中丰富、精彩而又有特色的部分，细节写好了，不仅能使文章读起来细腻、动人，增强文采，同时能更好地揭示人物的性格，表现人物的崇高精神境界、思想之光。比如，《公仆本色——追记湖南省委原副书记、省人大常委会副主任郑培民同志》的中间部分描写了郑培民这样一个细节：

曾令超，一位司法干部，在一次维护社会治安的事件中受伤，双目失明，后来从事文学创作。他听说了兼任省残联名誉主席郑培民的名字，写信去希望得到郑培民的题词。

犟犟的老曾打定主意只写一封信：如果郑培民不回信，那我也犯不上巴结他，管他是多大的官！

回信来了，曾家的电话也响了。

半个多小时的电话里，郑培民详细询问了曾令超的各种情况。他怕在纸框子里摸索着记录的曾令超不方便，把自己家里和办公室的电话重复了三四遍。

最后，郑培民一定要等到曾令超放下电话后，自己才挂电话。老曾实在受不了这等"待遇"，坚持让郑书记先放电话，推来推去，还是老曾拗不过书记。以后，在他俩的交往中，这已成为习惯，也成了默契：每次，郑培民都要听到电话那边“咔嗒”一声，自己才轻轻挂上电话。

见了面，郑培民一把抱住了什么都看不见的曾令超：“你摸摸我，咱俩高矮胖瘦差不多！”他又摸摸曾令超脸上的伤疤：“阴天下雨会疼吗？”

这段细节描写细腻逼真、深刻动人，刻画了郑培民作为人民公仆的亲切形象。

③摆正四种关系。为了避免写作先进典型时出现刻意“拔高”“写过了头”等“失真”现象，还必须处理好四种关系：

一是处理好与上级的关系。不可牵强附会，凡事归功于领导，也不要割断其联系。

二是正确处理好与周围群众的关系。先进的人也是人民群众中的一员，离不开大家的支持和帮助。

三是正确处理好与社会的关系。对先进人物的报道，往往会有与不良风气、丑恶行为做斗争的情况，这就涉及社会，在报道时不要将社会写得过于黑暗。

四是正确处理好与个人生活的关系。先进人物也有自己的家庭和生活，不要为了彰显其先进，就忽略了“亲情”“人情”“健康”，如家人病危不能去见最后一面，许多年不能和家人团聚，几天几夜不合眼工作等，这些最好不要提倡。

（3）夹叙夹议，含真情见高度。人物通讯不能只有事实的罗列，尽管感人，但却见不到高度，如果加上议论和抒情，就能够唤起共鸣。

议论与抒情在使用时要恰到好处，言简意赅，要以理服人，以情感人。议论与抒情常用于通讯的开头和结尾。用在开头，既是统领，也是深化；用在结尾，既是篇末，也是点题。比如，下面这段议论与抒情用于结尾的通讯《迫害狂——江青》：

历史是公正的，善有善报，恶有恶报，不是不报，时候未到。现在，迫害成性、恶贯满盈的江青终于被人民压上了被告席，得到了她应有的恶报。

议论和抒情用在结尾，既对整篇通讯进行了总结，又点题“迫害狂”，唤起人们对江青的愤恨之情。

4．人物通讯的写作范例

这个头，带得好

访“冬暖式大棚菜之父”王乐义

（李海燕 齐淮东）

身着昌潍平原农村寻常可见的白衬衣黑裤子，黝黑的脸上透着山东大汉标志性的忠厚。眼前这位农民，就是被誉为“冬暖式大棚蔬菜之父”的全国优秀共产党员王乐义。

2005年4月7日下午，正在先进性教育联系点寿光市考察的胡锦涛总书记来到三元朱村。在一间蔬菜大棚里，听完菜农王友德讲述村党支部书记王乐义带领群众种大棚“发大财”的经过后，总书记说：“王乐义这个头带得好!”“农村基层党组织和党员的先进性就是要体现在带领农民致富上。”

“王乐义引发了蔬菜生产的‘白色革命’，进而引发了餐桌上的‘绿色革命’。他是蔬菜界的袁隆平！”

刘良琪，寿光市农业局蔬菜站站长。说起“菜王”王乐义，像在讲述一个传奇。

情牵蔬菜，缘自王乐义对知识的渴求和带领群众致富的强烈使命感。

早在1978年，王乐义刚担任村支书，就“冒冒失失”闯进山东农学院请来园艺专家李正之教授，将400亩荒岭改造成了“花果山”，村民们从此吃上了饱饭，有了点闲钱。可王乐义不知足，一直在找一个土里刨金的好法子。

当地有种菜的传统，也有不少农户用塑料大棚反季节种菜，但老式的大棚保温效果差，一冬烧五六吨煤加温也只能出些叶菜。王乐义不信邪，上北京，跑周边，大大小小的菜棚、温室看了无数个，笔记记了几十万字。

一个偶然的机会，王乐义打听到辽宁瓦房店农民韩永山的大棚大冬天能出黄瓜。大棚依山向阳，保温好，不用烧煤。1989年大年初六，王乐义就奔赴瓦房店。韩永山的家，他三进三出，撵走了再回去。终于，王乐义为百姓谋富路的真诚感动了韩永山，把“姐夫来了也没教”的技术传给了他。后来韩永山干脆“移民”寿光，和王乐义一起研究推广冬暖式大棚。

“共产党人过去带领群众打天下，现在最大的责任就是带领群众致富，这个头党员干部不带谁带？”

徐少华，时任三元朱村团支部书记。回忆起他们17名党员带头建大棚的经历，感慨万千。

从瓦房店回村，王乐义一头钻进冬暖式大棚的研究里，结合当地实际进行了五项技术改进。胸有成竹的他召集群众开大会，兴冲冲地号召大家建新式大棚，却没有一人报名。有人还编了顺口溜：“乐义傻，乐义贱，想带咱们去要饭……”

支部会上，王乐义发了话：“乡亲们不愿种，那是不认识，咱不能怨人家。除了年岁大的、身体不好的，党员干部都要带头建大棚！”

带这个头意味着什么，党员们心里清楚：建一个棚得五六千元，一旦试种不成功，都得成困难户。但这个头，他们带定了！

当年10月，17个新式冬暖大棚在三元朱村建了起来，17名党员像照料孩子一样没白没黑粘在棚里。12月24日，第一批越冬黄瓜上市，开秤每公斤20元。入夏算账，棚均收入2.7万元。三元朱沸腾了，群众眼热了，第二年没用动员，一下子上了181个，户均1个多。

王乐义从未停下创新的脚步：1992年，无公害大棚蔬菜大面积试种成功，开全国先河；此后不断引进新品种，种大棚果树、花卉，搞无土栽培……去年，王乐义又与来自美国、以色列等八个国家的农业专家和科研机构达成协议，投资3000多万元建设“寿光国际农业科技培训中心”，农民不出国门就能学到国际先进技术，取得发达国家认可的技术证书。

“为推广大棚，王乐义遭的罪一点不比发明大棚少。”

马金涛，寿光市委常委、秘书长，曾任三元朱村所在的孙家集镇镇长。

1992年，从孙家集调到五台镇当书记的马金涛，心急火燎地请王乐义来帮着推广大棚，连续两天开了四场千人大会，讲得王乐义嗓子直冒烟。1995年，革命圣地延安要求派技术员，王乐义刚到就发起了高烧。吊瓶挂到凌晨一点多，早上吃点药他就上了讲台，一口气讲到过晌。讲完要走，却怎么也站不起来了。

1978年，王乐义因患癌症做了直肠切除手术，从此腰间挂了个粪便袋。为推广大棚四处奔波，他默默承受着身体的痛苦和不便。

王乐义同样也经历过心灵的煎熬。当初对外推广大棚技术，他不是没犹豫过。第一茬黄瓜刚下来，就有人找上门："老少爷们儿可要指望它挣大钱了，你得把技术捂住！"

就在这时，当时的县委书记王伯祥也来找王乐义："我想让你把技术推广出去，一丁点儿不留，你看怎么样？"王乐义吸了口凉气，没吱声。送走王伯祥，王乐义辗转反侧："我是三元朱的村支书不假，但我还是个共产党员，党的宗旨不就是为大多数人谋利益吗？"他拿定主意：向全县推广！

1990年，寿光县成立冬暖式大棚推广领导小组，王乐义任技术总指导，挨乡挨村跑，当年建起5130个大棚。从此一发不可收，他跑遍全省，走进全国15个省市区。村里的上百名技术员则像种子一样，撒往20多个省份。

1993年起，王乐义用3年时间在新疆各民族同胞中推广大棚菜，结束了那里一年8个月靠外地供菜的历史。王乐义的三弟王乐泉1995年担任新疆维吾尔自治区党委书记，新疆的百姓都说："这回可是小书记帮了大书记的忙！"

"你问我最盼乐义啥？我最盼着他快点退休，我们好一块儿在家吃顿安生饭。"

如果不是亲耳听到，真不敢相信，妻子梁文荣对王乐义就这么点要求。

王乐义一年有三四个月在外传技术，回到村里也是忙得团团转，家里的活指望不上他。身为"大棚书记"的妻子，梁文荣却没能亲手种过一个棚，因为乐义没工夫，她一个人忙不过来。

自打王乐义当上村支书，家里人就和"好事儿"绝了缘。1979年，王乐义把公社"戴帽"分给大女儿月荣的招工指标让给了别人，16岁的女儿想不开喝了农药，没能救过来。到如今，王乐义已是64岁的老人，提起这，眼眶仍不由一红，自言自语道："只能怪孩子不懂事啊。"

其实，在王乐义的熏陶下，孩子们早就“懂事”了。老三下岗两年，卖了两年包子，没向当爹的张嘴要求安排个工作。女儿王茜、媳妇月桂都跟着娘在家种过地、育过苗。

“以最低标准追求生活欲望，以最高标准搞好工作。

共产党员如何永葆先进性，王乐义是面镜子。”

寿光市委书记徐振溪对王乐义如是评价。

王乐义在村里当了20多年家，三元朱从集体积累2800元的穷窝子，变成了年人均收入9000多元、集体积累180多万元的小康村。但王乐义自己并没有发财。

这些年来，王乐义领过的奖金不知有多少笔，但花在家人身上的只一次。那是1990年，王乐义领了400元奖金，正准备交给集体，从不开口的老伴梁文荣发了话：“先别捐了，我想买个三轮车，从家到地里三里多地呢。”那辆三轮，梁文荣一直骑到现在。

注册“乐义”牌商标后，来找王乐义合资合作的人很多，目前已甄选了6家。他立了条规矩：分红归村集体，个人一分不要。

走在三元朱村里，乡亲们对王乐义的亲热劲儿让人眼热。85岁的王耀明老人扯着自己身上的衣服说：“这是老人节时乐义给做的，村里老人都有，还发钱发蛋糕呢！有了乐义，俺们活不够啊！”

告别三元朱时，王乐义告诉记者，他现在最大的心事，就是怎么完成好总书记的嘱托：把大棚蔬菜种植技术传授给更多的农民，把教育抓好。如今这事已有了眉目：由他牵头的鲁光农业科技培训中心即将在新疆、贵州等地开办，西部农民不用大老远跑过来，就能学到先进、实用的蔬菜种植技术了。

（2005年6月30日《大众日报》）

二、事件通讯写作

1．事件通讯的含义

所谓事件通讯，就是详细报道社会上发生的、有普遍教育意义的、典型的新闻事件。这种通讯重在记述和再现新闻事件发生、发展的相对完整的过程，显示事件的内在逻辑和社会意义。

事件通讯以事件为中心，它既可以反映现实生活中重大、振奋人心的典型事件和突出事件；也可以从某一新闻事件中截取一个或若干个片断，进行细致详尽的描述，揭示事件的深刻含义；还可以是对若干事件的综述。

2. 事件通讯报道对象的主要类型

事件通讯报道的内容主要可分为以下几种类型：

（1）突发性事件。指突然发生，造成或者可能造成严重社会危害，需要采取应急处置措施予以应对的自然灾害、事故灾难、公共卫生事件和社会安全事件。

对于一些重大突发事件，多数媒体总是先发消息抢先报道，将灾难的大致情况和损害程度抢先告诉读者，以满足受众尽快获知详情的心理需求。

（2）在社会上产生较大影响的预知事件。这些事件一般是意义重大且事前预知的，比如重要会议、重大体育赛事、成功发射卫星等。具体的事件如1997年香港回归、2008年北京奥运会、青藏铁路建设等。

（3）反映社会精神风貌的小故事。有些新闻事件，事儿虽不大，但却能小中见大，比如民工到希望工程办公室捐款资助失学儿童、远离繁华的城市去农村支教的教师、在矿难中舍己为人的“英雄”等。通过展示这类故事的发生、发展和矛盾解决的过程，褒扬社会中的人类美德，传递精神文明，针砭时弊、抨击邪恶，有利于扶正祛邪、净化社会风气，发挥新闻引导舆论作用。

3. 事件通讯的写作要求

事件通讯的写作，要准确写出某一事件发生的缘由、开端、发展、高潮和结果的全过程，让读者了解事件的来龙去脉。在写作中，要处理好写人与叙事的关系，即以叙事为主，以写人为辅，写人为写事服务。事件通讯的结构较为灵活，可以顺叙，也可以倒叙，还可以运用插叙和补叙。在表达方式上，为了增强文章的形象性和生动性，除了用叙述手法之外，还可以综合运用描写、议论等手法。除此之外，还要做到以下几点：

（1）重在记事，以人说事。事件通讯的写作重点是记事，其主题主要是围绕这一主线展开的。当然，写事离不开与事件有关的人，事件通讯中写人是为了以人说事，人是为事服务的。

（2）事件完整，主线清晰。事件通讯是报道新闻事件发展过程的通讯，以写事为主。每个事件的经过，总有一个环环相扣的情节链条和因果链条，这是记者在事件通讯中必须首要展示的线索。因此，要求记者相对完整地再现新闻事件发生、发展的过程，以及其前因后果、来龙去脉，也就是要把事情如实地反映出来，并且要主线清晰，贯穿全篇。

（3）抓住重点，突出关键。事件通讯的写作要善于突出重点，着力写好事件中一个或几个关键场景与情节，把事件的主干和最精彩部分突出出来。这样才能说明主题，给人留下深刻的印象。

（4）以小见大，内涵深刻。新闻事件有大有小，重大新闻事件因其内涵深刻，成为取材的首选。然而实际生活中，中小新闻事件的数量更多一些。中小事件有无报道价值的关键在于事件本身能否以小见大，透视出值得弘扬的时代思想与精神。

4．事件通讯写作范例

《相思正是吐黄时》首发在1987年11月12日《人民日报》海外版上，写此文时，作者连锦添24岁。该文被评为1987年“全国好新闻作品”通讯组一等奖。

相思正是吐黄时

到过闽粤沿海的人，一定迷恋那里的绿。多年前我在厦门大学读书，常常越过山坡到海里逐浪。对面朦朦胧胧的小岛是大担。海面像个硕大音箱，风顺时，国民党的广播麻麻地传过来。路边有一丛丛青翠的树，树叶实如鸭舌，光洁如洗，烈日里常在它的疏影下纳凉，或采几簇顶在头上，却一直没留意它的芳名。年前回母校，才听朋友见告：那是台湾相思。

我在香港也见到过很多这样的树。它靠海生长，嫩黄的叶子高高地翘起，在山坡上临风袅娜。西北风吹到南国的时候，才见它吐出一串串的小黄花。一位台籍青年朋友告诉我，它原是台湾之特有。多少年前，东风为媒，把台湾相思树种吹越海峡到了闽南沿海，从此落地生根，随风繁殖。闽台民间在战火离乱的年月，常常托物寄情，互相寄送，誓言相思，生死不忘。

当北国瑞雪初降的时候，香港秋风秋雨。从台海海峡彼岸传来讯号：台湾开放民众赴大陆探亲，将有成群结队的台胞，经香港走上回故乡之路。整整两天，我坐在尖沙咀中旅社的台胞接待室，认识了一副副陌生而又似曾相识的面孔，希望从这些风雨兼程的归乡客身上发现点什么。

38×365=？

某天夜幕初落，我遇见一位匆匆从启德机场赶来的老人。透过陌生的眼神，我发现他的瞳孔仍像燃烧着一堆火。当他巍巍颤颤的手指取出证件时，我的眼睛一亮：那因多少次折叠而磨损的信纸里，竟然夹着一束相思树叶！

那暌别40年的相思泪，也曾滴落在这枯黄的树叶上么？

没有人统计过台湾有多少原籍大陆的退伍军人。手头有个资料说：33年来台湾已发出75万张“授田证”给退伍的“荣民”。这数十万人中，部分因老病死，健在的仍占多数。这几年，好些人冒着坐牢的危险，辗转万里回故乡探亲。在岛内，有人穿上写着“想家”大字的衬衣沿街诉说，有人银幕日游大陆河山泪雨涟涟，有人在难以排解的思乡思亲中自尽。

38年的风雨沧桑，天若有情天亦老！往昔少艾，如今垂垂老矣！在香港中旅社这间小小的屋子里，我遇见的乡亲是回乡心情最迫切的一群。

他，张先生，这个湘西吊脚楼出来的人，长得壮壮实实。18岁被抓兵时，母亲正在病中。他一去台湾38载，从军中汰退，没有谋生技能，在小厂里打杂工，在高雄街头为人擦皮鞋，能赚几个台币？至今仍是响当当的光棍汉。想成家吗？年轻的时候没钱，年老了，哪个女子敢把终身托给这样的老兵？

张先生对我说：“就算我自己被嫁到台湾去，一嫁就是38年，这回是回娘家。”我赶紧对他说：“你回娘的家。”

或许久居高雄孤冷的逆旅楼头，独对残灯太久太久，他的眼神闪过一丛暖意，我的话竟引来他声泪俱下的叙述。

小时候家里很穷。他命里不好。在家乡的农舍里，母亲紧抱着眼眶溃烂的婴儿，整夜啼哭令她不安。看不起医生，邻人告诉她用盐水或许能治好。母亲不忍心用家里仅有的粗布去擦拭孩子嫩弱的皮肤，就用舌尖一分分舔治婴儿的眼眶。孩子终于睁开了明亮的双眼，母亲张着久被盐水与浓血腐蚀而溃疡的口腔，咿呀着一个个向邻居倾吐着自己的喜悦！这情景，也就成了漂泊游子永久的记忆。

泪水从他苍老的眼眶里渗出来。我不忍心再问下去。中国的母亲，伟大的母性！可知你们各自怎样度过这么多年月？38个中秋夜，张先生都在自己简陋的居所备上小菜独酌，桌面上为母亲留下一双空碗和筷子，对皎皎空中孤月轮，一寸相思一寸灰！

他自言识字不多，从衣袋里摸出一支笔，伸开粗糙的左手歪歪斜斜写出个式子让我看：

38×365＝?

朋友，你可知道这个式子的含义？在张先生的内心深处，家，从来就是渺不可及的幻想，如今，一下子变得近在咫尺了。

两位出家人

前来办手续的台湾同胞，表情各异，各想各的心事。有的早已跟亲人商量好重逢的日子，有的要回去看望正做手术的儿子，但彼此牵动的是同一根情弦：赶快回家！

没想到在这里遇见一位身披袈裟的僧人。他50多岁的年纪，一口粗重的东北口音，穿一双布巾鞋，在这衣香鬓影的人群中很引人注目。

他不苟言笑。一番对答，我始知他法号慧真，是台湾一家寺庙的和尚。他也曾是阿兵哥，后来过人空门，一心念经，不问世事，台湾要开放大陆探亲了，寺里住持决定派人协助，慧真主动要求到香港来，协助那些平时极少出寺门的“难兄难弟”，为他们带带路，跑跑腿。他熟门熟路，已是这里的常客了。

不久又进来一位年轻僧人，风尘仆仆。一开口，才知是个尼姑。她帮助一位老人办手续，一僧一尼两个出家人随便交谈起来，彼此询问是台湾哪个庙的。原来他们互不相识，为了“普度众生”，竟在香港不期而遇。

尼姑的健谈出乎我意料。一问，知她是台湾大学的毕业生。出家十几年了。她那个庙在台湾是个大庙，有1000多出家人，全世界好几个地方有分庙，平常联络用的是电传机。

我正想问她台湾何以出家人这么多，却听她侃侃说道："我们出家人也不愿当井底蛙。大陆寺庙和佛学院的情况我们知道很多，师兄弟有去过峨眉山和厦门南普陀的。大陆那么多名山大川、天下名刹，叫我们好羡慕。我们中学第一节地理课，老师就叫我们填大陆地图，可是大陆是什么样子呢？至今不清楚。"

何不去亲眼看看？她说等帮完99个人归乡，一定去。

看来，出家人也并非不食人间烟火。也许，他们每人都有人生的重大变故和伤心旧事，但并非万念俱灰。两岸亲人隔绝几十年，这亘古未遇的尘世悲剧，感动得连庙里和尚尼姑都下山来！

梦中大陆

50多岁的方先生带着他的年轻妻子一进门槛，我首先留意到他那头白的头发。他，山西人，妻子是台湾出生。从装束看，颇有点像"夫妻双双把家还"。

"我现在还无亲可探，我来只是想打听一下，能否找到失散40年的叔叔。"

他是个商人，这几年生意虽好，却有一桩未了的心愿：找叔叔，这是他在大陆唯一的亲人。当周围人一个个为找到失散亲人雀跃时，方先生心里益发焦虑。

"请问没有找到叔叔前，你会到大陆观光吗？"

"我完全有条件去，但是找到亲人前我不会去。光到故乡旅游有什么意思？我要探亲。"

他的妻子每日都跟着他。她，喝台湾的泉水长大，从来不知道遥远的大陆是什么样子。当她决定嫁给一个举目无亲的外省人时，父母曾经反对。她祖上是从漳州去台，但丈夫的源头在哪里？那一脉相承的归宗观念已是根深蒂固。随着儿女的出生，她担心下一代要断了根，台湾人看重的族谱，不知要如何书写。

他父母早逝。唯一的资料是老家山西临汾城外东门，叔叔曾任国民党军医，1949年南京一别，各奔东西。

我建议他给当地政府写信询问，并答应为他在内地报刊登一个启事。他欣慰了。

两岸都是家

九龙机场的候机室里，天天挤满匆匆赶路的人。有的飞内地，有的回台湾，38年物事变化，感受因人而异。

王先生的一段心路历程：

“像我这样年龄的人，还能看到白发皤然的老母是幸运，今生今世不能够留下来奉养她，又不能接走她，流一场眼泪再回台湾也心甘！”

“回到家乡，每天都有很多人来问候，30多年不见，大家好像是一下子老了几十岁。临走时那个难忘的夜晚，兄弟们聊天到三点。躺在床上怎么也睡不着。约莫过了一个钟头，起床上洗手间，经过厨房时听到里头有动静，一靠近声音就没有了。再回睡房似乎又听到了响声。迷迷糊糊睡着了，第二天起来才发现，桌上有一盘热腾腾的饺子。原来我妹妹和弟姐们为了让我吃得饱饱的上路，好不容易等我们弟兄们上床后，才偷偷到厨房里剁馅、包饺子，一直忙到天亮。一边儿赶着弄，一边担心吵醒我，怕我知道了会阻止她们。近40年的乡愁换回这些细心的动作，已经够了。”

于微深处发现的真情，真是千金难买！在张先生的心中，则产生一种超越一切的力量：“在这有生之年，只要我的腿还跑得动，我要不停地来去，因为海峡两岸都是我的家，假如跑断了腿是我此生的命运，我也认了，也总比做一辈子孤魂野鬼好些！”

当我随几位归乡客过罗湖到深圳去时，列车奔驰在风景如画的九龙半岛上，我又看见了那一丛丛临风婀娜的相思树。台湾相思，多美的名字！一张张新认识的面孔和熟悉的相思树，在我脑中交相在印。地球上的植物当初衍生繁殖时，本无名字，人类把自己悲欢离合的故事赋予它，才使草木有情。斜风细雨打在它的树杆枝叶上，我想起了一个古老而又年轻的字眼——亲情。亲情是什么呢？当你们在一起的时候，它是欢乐；当你们分离的时候，它是辗转，是梦，是泪，是杜鹃啼血！它是“多么熟悉的声音”，它“从来不需要想起”，但“永远也不会忘记”！

远方的亲人，你听到了么？

三、工作通讯写作

1. 工作通讯的含义

工作通讯是以记“工作”为主，主要报道不同领域、各行各业工作中的新情况、新办法、新经验、新问题、新矛盾或者新趋势的通讯。侧重于提出问题、分析问题、解决问题。它通过总结经验，探讨问题，从思想认识上给人以启发和诱导。

工作通讯直接记叙和分析当前实际工作中取得的经验、成绩或存在的问题，从中提出一些带有规律性的结论去指导实践，从而推动实际问题的解决。

工作通讯在我国的新闻报道活动中一直占有重要地位，在不同的历史时期，工作通讯都发挥着重要的指导作用。

2. 工作通讯的报道内容

工作通讯报道的内容大致包括以下几方面：

（1）展示各项工作中的成功经验，发现和提炼启迪人的新思想、新观念。采写工作通讯要力争通过反映一个单位、一个地区或一个行业、一个领域工作中所取得的成功经验，对其他地区或有关单位起到启发、借鉴、引导、示范的作用。

（2）反映工作中的问题和教训，揭示这些问题和教训中带有普遍意义的内涵，以引起社会的注意，推进社会工作的顺利进行。其报道的内容更侧重于揭露问题，展开批评。

（3）剖析工作中的难点问题，探讨对策与解决的办法。一般是针对涉及全局性、有普遍意义的问题提出解决的办法。

3. 工作通讯的写作要求

（1）要抓住主题。工作通讯的质量，首先取决于是否抓住了当前工作中具有普遍意义的新经验，是否发现了工作中迫切需要解决的“热点”。所以要注意选择那些社会影响大的问题，选择那些人民群众普遍关心的问题，把着眼点放在推动工作的开展上。

（2）要找出解决问题的出路和办法。抓住问题，还要善于分析问题，找出解决问题的办法。在工作通讯中，无论报道的内容是暴露工作问题，还是成功经验，在报道中都要找出解决问题的出路和办法。事实上，对成功经验的肯定，本身就是为同类的单位或企业指出可资借鉴的方法。

（3）要用事实说话。要选择典型事实，突出重点问题，多角度、多方面地选取材料，从而更好地证明观点；否则，所谓的经验、结论就只能是空中楼阁了。例如，《人民日报》1996年8月13日发表了《感受文明——再访石家庄出租车》的工作通讯，其中有这样一个具体事例：

司机陈文杰那天遇到三个“广东仔”，坐车后未付钱便扬长而去。陈文杰心想：今天倒霉，又遇上“砸罐”（意为乘车不付钱）的了。他习惯地扫了一眼，后座上乘客遗留下一部“大哥大”。“我们真对不起你！”三个乘车人拿到失物后，愧疚地掏出一沓钞票要重谢，陈说：“我只要计价器上的数，绝不多收一分。”

通过生动的事实，记者总结并传递出石家庄出租车行业如何实现文明服务，而且以示范效应点亮了整个“窗口行业”的经验。

（4）生动活泼可读性强。工作通讯不仅反映事物本身，而且还能表达记者对事物的判断或评论性意见，帮助读者认识所报道的事物。然而在分析原因、提出问题时，不可避免地会出现一些条条框框的东西而使内容显得枯燥，所以在写作时要力求变化、生动活泼。

4. 工作通讯的写作范例

贫困户背不动豪华广场　建“花瓶”工程于心何安?

新华网合肥2003年8月26日电（新华社“新华视点”记者 周立民） 中央三令五申严禁建设沽名钓誉、劳民伤财的“形象工程”，安徽省五河县却要建设一个大型文化休闲广场。拆迁户大多是下岗职工、无业人员和吃低保的城市贫民。最近他们纷纷向记者哭诉，担心被县里强拆后无家可归。

县城要建大广场

五河县城呈“井”字形，四条主干道的中心，除民居、商店和办公楼外，有一个体育场。这是这个“全国体育先进县”县城里唯一的运动场所。足球场、篮球场、溜冰场等一应俱全，尽管设施老化、建筑简易，但并不妨碍它成为居民们晨练、晚休的聚集地。

6月26日，体育场门口的一则公告使居民施左昌如坠冰谷。这则五河县政府《关于注销青年圩综合开发范围内土地使用权证书的通告》写道：县政府研究决定，注销青年圩综合开发范围内方兆义等户土地使用权证书。施左昌家的房子也在注销之列。他说：“按照《安徽省城市房屋拆迁管理办法》，拆迁人补偿安置被拆迁人后，被拆迁人把被拆迁的房地产权证交给拆迁人，由拆迁人移送负责房产权登记的管理部门予以注销，县里还没和我们谈过补偿、安置，土地使用权证还在我们手里，怎么能一纸公告就注销了呢？”从这一天开始，他就和邻居们多方反映、四处奔走。

这一切，源于五河县的一项重大“形象工程”建设计划。五河县委决定今年实施青年圩文化休闲广场项目，拆迁体育场及周边191户居民、25家单位，占地约5.6公顷，计划投资7000多万元。项目简介上写着，这是“为民办实事工程，是县城的标志性形象工程”“为体现规划高起点，邀请全国一流设计单位上海同济大学规划设计院编制规划”“广场构图主要由莲花喷泉和下沉式广场两处主要景观构成”“建成后将成为皖北地区乃至安徽省内县级城市中最大规模的商务中心和品位最高的中心广场”。

拆迁户提出质疑

今年3月份，县里和外省一家房地产开发公司签订协议，由这家房地产商开发5.6公顷土地，付给县里土地转让费2900万元，如果开发商在这里建一家三星级或三星级以上酒店，县里将返还200万元出让金。据县建设局局长刘昕介绍，县里计划拿700万元左右建喷泉、沉降式广场等设施，500万元征用城关村的100亩土地建新体育场的一期工程。这个新体育场总投资2000万元左右，除这500万外，其余资金县里还拿不出来。

拆迁户们对这项工程的质疑，除了认为程序违规等具体问题外，更多的是在责问：“国家不允许再建大型城市广场这样的形象工程，五河县怎么还在顶风上”？县里一位领导是这样回答的：国家是不允许用财政的钱建广场，而我们这个项目财政没拿钱，用的是“经营土地”的收益，我看过文件，是说禁止建“沽名钓誉、劳民伤财”的形象工程，并不是说所有的形象工程都不允许建。

拆迁户们则对这种说法提出质疑：卖地收入难道不是政府的钱吗？动辄“最大”“最高品位”，不是沽名钓誉是什么？至于有没有“劳民伤财”，到拆迁户家里看一看，和他们聊一聊就清楚了。

贫困户雪上加霜

五河县领导认为，他们制定的拆迁补偿标准是比较高的，住户平均每平方米达到510元。而众多拆迁户却认为县里的补偿标准很低，因为这一区域是五河县城的黄金地段，由于房屋差距较大，拆迁户们拿到的补偿高的在10万元以上，低的只有几千元。而拿低补偿的，恰恰绝大多数都是承受能力极低的贫困户。据了解，拆迁户中大多数人是下岗或没有固定工作的，其中部分人每月只能拿30元的低保金。

小圩区原区委书记张道隆对记者说：“我想不通的是，老百姓生活都没头绪，你改造旧城给谁看？按这补偿标准，多数老百姓是买不起房子的。”县物价局原局长李景春说，五河县商品房均价在每平方米800元左右，开发商们在知道县里要大规模拆迁之后，又纷纷提价，租房的也提高了租金。

居民韩秀英含泪告诉记者：“我每月退休金80块钱；老伴80岁，参加过淮海战役、抗美援朝，退休金一个月300多元。前几天单位领导一天几遍逼我们签协议，暗示如果不签退休金就没法保证。签字第二天就有人来拆房，我快叫他们逼疯了。儿子、媳妇4口人都下岗吃低保，拿这补的4万多块钱以后怎么过日子啊！”

患有二级肢残的郑献水说："我失业快3年了，没吃上低保，一家三口靠老婆打工每月挣的200块钱过日子，小孩还要上学。我请拆迁办的人帮我租房子，他们找的是一间破得不成样子、眼看也要拆迁的房子，里面住的人还不愿意让。"

64岁的陈淮英、65岁的卜永和、86岁的凌巳娟……居民有的已经签了协议，有的还在"顶着"，但对即将面临的拆迁，他们都怀着深深的惶恐。他们几乎每家都有好几个人下岗、吃低保。在他们的心里，根本不奢望"住得好"，"住得下"就满足了。

干部们的委屈与困惑

五河县财政非常困难，大量工厂倒闭、停产，农业多次受灾，今年淮河水灾造成全县直接经济损失达15亿元。县委宣传部一位工作人员告诉记者，全县乡镇普遍欠发工资，有一段时间县委宣传部靠一位部领导从家里拿了一万多块钱垫办公经费才维持运转。在这种情况下，县里为什么还要耗资建广场？

据主管这项工程的县领导介绍，青年圩广场是五河县的中心地带、黄金地段，但环境非常差，老百姓娱乐休闲也没什么好地方，非改造不可，而且附近有一个商贸城，需要周边环境配套才能提升品位、聚集人气。他认为，这样"经营城市""经营土地"，还可以带动二、三产业发展，成为五河新的经济增长点，外商要建商贸城、商业步行街和商品房，如果商业发展起来了，有些商品就可以在本地加工。

这些良好的设想在实施中遇到的困难显然出乎他的意料，尽管县里也有为困难户建经济适用房、提供廉租房的计划。他告诉记者，为这个项目他前后大哭了三次，"有时连自杀的念头都有"。他不无委屈、困惑地问记者："我们确实想为群众做点事、为五河县发展使把劲，可群众怎么就不理解？"

记者同县里一些离退休老干部进行座谈。退休干部居文礼说，别说中央早就下文不许再建豪华城市广场这样的"形象工程"，从五河的县情来看也脱离了实际，群众承受不起。退休老人张家銮老泪纵横："如果县里再不牢记立党为公、执政为民，维护好群众的合法权益，就会有恶性群体性事件的发生。"县民政局原局长曹殿钊认为，对这些拆迁户一定要妥善安排好，让群众作难了，干部受“委屈”就免不了。

四、风貌通讯写作

1. 风貌通讯的含义

风貌通讯，还可以称为“旅行通讯”“概貌通讯”。它是以采访者旅行见闻的视角反映一个地方的社会面貌、风土人情的通讯。它呈现给读者的是某地的新变化、新气象、新面貌，能开阔读者的视野，振奋读者的精神。

风貌通讯在表达方式上，往往运用具体事例来叙述和描写一个地区、一个单位、一个方面、一个点的风貌变化，展现时代的进步和人的思想境界的变化。一般采取“巡礼”“纪行”“散记”等形式来向读者介绍。

风貌通讯伴随着采访者的足迹，以通俗的语言，融纪实、写景、言情、说理于一体，记录了在一定历史条件下广泛的社会现象和时代风俗。这类通讯透露着浓厚的时代气息，因而也具有强烈的历史画面感。

2. 风貌通讯的分类

风貌通讯的选材比较广泛，如果按内容划分，可分为以下三种类型：

（1）综合报道某个地区、某条战线的今昔变化和新的建设成就。这类题材在风貌通讯中占有相当大的比例。它主要反映一个地区、一个行业、一个单位、一项工程的发展、变化，从侧面反映社会主义现代化的新气象。

（2）报道某地的风土人情，人的精神面貌。各地迥然有别的风土人情，往往是读者最感兴趣的题材。通过对它们的报道，读者能了解各地的风俗、礼节、习惯等。

（3）报道历史文化遗产，以景写情，睹物思人。重游中外历史文化遗产的诞生地，使人领略文化韵味，可以拓展视野、增长知识、陶冶情操。

3. 风貌通讯的特点

风貌通讯的特点主要有以下三点：

（1）风貌通讯涉及面广。风貌通讯既有侧重自然风貌的，如自然风光，也有侧重社会风貌的，如社会生活、道德面貌等。

（2）环境为主。风貌通讯的核心就是环境，即不是表现社会环境就是表现自然环境，不是表现宏观的背景就是表现具体的场所。

（3）形式多样。风貌通讯可以采用不同的名目，如见闻、侧记、巡礼、航讯、印象记、速写等。写法和体式也是多种多样的，写景、状物、记人、叙事，散文体、日记体、书简体，无不适用。

4．风貌通讯的写作方法

（1）抓住特点，突出见闻。风貌通讯的取材特征就是活材料多，有特点的见闻多，所以记者要将这些材料分清主次，抓住每个事物的特征，融进自己的感受、印象，渗透时代气息。

（2）传播科学文化知识。风貌通讯的一个重大功能就是传播科学文化知识，它往往会涉及许多天文地理、历史典故、文化教育、科学技术等方面的知识，这也是吸引读者的魅力来源之一。

（3）描写抒情讲究文采。风貌通讯比起别的通讯体裁，要求有更多的文学性。主要通过描写、抒情的方法来实现。描写主要是写景状物，要把景色、事物写活。抒情则是缘景生情、借景抒情，努力做到情景交融。

（4）运用对比、烘托的手法，满足读者求知求新的心理需求。风貌通讯重在反映报道对象的新面貌、新变化，只有着力写好“变”，才能使读者从事物的新变化中得到新的感受和知识，要反映出变化，离不开对比、烘托的手法。

5．风貌通讯写作范例

走近平型关

本报记者 阎晓明　日落时分，我翻越古长城的要隘平型关，进入晋东北灵丘县的白崖台乡地界。58年前的仲秋，八路军115师血战日军的平型关战役就是在这片山梁上进行的。

从白崖台乡政府出来，天已渐露夜色。转过一道弯，吉普车直插入一条深沟，白崖台乡乡长王建明说：“这就是桥沟，115师就埋伏在沟东。”他把身子探出窗外，指着蒙蒙夜色中的一座小山包说：“当时的总指挥部就设在那里。那边是老爷庙，咱们伤亡最多的地方。”桥沟是一条由灵丘方向通往平型关口的峡谷。沟底最窄处不到5米，两边峭壁陡立，从崖头到沟底，深达数十米，最深处达100多米，人行沟中只能看到一线窄窄的蓝天。从这条古道越过平型关就是一马平川，省府太原便一览无余了。当年，日本侵略军正是打着由此直取太原，从而占领整个华北的如意算盘。

战斗在1937年9月25日早晨打响。前一天晚上，在瓢泼大雨中，八路军115师埋伏在桥沟的东侧山崖上。次日，嚣张至极的日军坂垣征四郎第5师团第21旅团两个联队和辎重车辆，耀武扬威向沟内开来。战斗从早晨7点开始，下午3点结束，歼灭日军1000多人，缴获大量武器、物资。八路军600多将士也牺牲在桥沟里。平型关大捷是自卢沟桥事变以来中国军队对日作战的第一次胜利，打破了日军“不可战胜”的神话，极大地鼓舞了全国人民的抗日斗志。

距乡政府两公里左右，有一座孤零零的楼房——平型关战役纪念馆。

纪念馆是从1969年开始用两年时间建成的，当时有一个排的女战士在做讲解员。只是开馆不到3个月就关闭了。如今，纪念馆前除竖立着平型关战役和腰站战役两块纪念碑外，其余的地方都被守门老人堆了柴草或种了庄稼。偌大的纪念馆大厅内，空空荡荡，只有一尊毛主席的巨幅石膏像耸立在入口处。如今，馆门口挂着“山西省青少年革命传统教育基地”的牌子，这恐怕是对平型关战役纪念馆最新的说法了。

应我的要求，乡长带我来到白崖台村。正值中午时分，村南路口的墙根下围坐着一溜歇闲的老人。“谁见过桥沟打仗，给记者说说。”乡长扯着嗓子问。人们笑了，随即推出一位叫张守富的老人。老张76岁，当年曾帮助八路军掩埋过烈士的遗体。老人回忆说，战斗结束后，沟里和山上都是尸体。八路军都是十七八岁的孩子，又瘦又小，大家边埋边流泪。正说着，有一位叫李刚的老人接上了话。他清楚地记得打仗那天是阴历八月二十一，战斗结束后，日军的尸体也是村里埋的。热心的乡亲们又找来了当年的粮秣委员曾起河。

在打坏多少汽车问题上老人们争执起来，有说100辆有说82辆的。可见那次战斗在老人们心灵上留下多深的印象！老人们说，打那以后，他们就参加了村里的民兵，老张是爆破组，老曾是抗日村政府的粮秣委员。望着沉浸在回忆中的老人，我想起了当年流行在边区的一首抗日民歌：“槐树开花碎纷纷，当兵要当八路军，有吃有穿最光荣。半夜叫门不开门，不知道是八路军还是日本人。八路军来了烧开水，日本人来了埋地雷……”“那时对干部没意见吧？”乡长笑着问。“有什么意见？尽跟上共产党沾光呢。”张守富说。“现在呢?”“现在也没意见，顿顿大米白面，活了一辈子数现在安稳。”

我想起了两天来人们不止一次给我讲述的一件事。1989年仲秋，日本首任驻华使馆武官携女儿、女婿来到平型关。人们清楚地记得，那天下着雨，天气与当年平型关战役时非常相似，道路十分泥泞，武官率女儿、女婿弃车徒步走上桥沟对面的山梁，在风雨中伫立良久，满脸的凝重。不知武官和他的家人知不知道，他们脚下这片土地上，日本侵略军占领的7年中，就发生22起惨案，有记录的有3986人惨死在日军的屠刀下，600多人至今下落不明。几万个家庭，至今仍背负着战争的伤痛；知不知道在这样一个山村，这样一些善良的人们对战争与和平的朴素而深刻的认识……

离开白崖台时又是落日时分。古老的平型关高高站在巍峨的五台山和恒山之上，在夕阳的余晖中讲述着战争的昨天，俯视着和平的今天……记住昨天是为了今天。

（1995年7月10日《人民日报》）

第四章
新闻专访、新闻特写的写作与范例

第一节 新闻专访的写作

一、专访的含义

所谓专访，是指在特定的新闻背景下，就某些特定内容进行专门访问的纪实性报道。具体就是记者针对特定的人物、事件或问题，事先选定采访对象，经现场采访后，根据谈话记录整理而成的一种新闻报道形式。

二、专访文体的特征

专访作为一种独立的新闻样式，既区别于消息，又区别于一般意义上的通讯，也不同于新闻特写。

1. 专访强调的是“访”，是由访问脱胎而成的一种文体

与其他新闻文体相比，专访更注重采访手段，它所进行的是一种特殊的访问，或称正式访问。也就是说记者事先怀着一个比较明确的、专门的采访目的去现场，并且多数采访都预先准备好了既定方案或计划。在正式访问开始之前，记者已经完成了文体认定，即明确自己要写出一篇专访。

2. 专访强调的是“专”，访专人，谈专题

主要表现在三个方面：

一是“专”在采访对象上，它是专门对事先经过选择的“人”进行采访的，即便有的专访是“记事”“记言”，也是通过对访问“特定的人”来完成的。

二是“专”在内容上，即突出专题性，回答“特定的问题”；突出某一些侧面信息，这些侧面信息是记者根据报道自身以及读者的需要专门选择的。

三是“专”在独家的角度上，采访的人和所报道的内容要有做专题的新闻背景或者特定的新闻价值，而且最好是独家新闻价值。

3．专访的内容是访问活动的实录

实录包括正式访问时的话题、氛围、现场、记者与被采访者的交流等，它的主要内容应该以被访者的原谈话为主，穿插进去现场情况和背景材料。专访更着力于营造一种记者、被访问者、读者三方同在的时空效果，实现读者与被采访者的“近距离交流”。

4．专访的结构以问答体为主

专访是访问活动的实录，因此，问答体是其主要的形式。也有些专访根据报道效果的需要处理为隐性问答的散文体。

5．叙述角度是记者直接出场，主要以第一人称写作

在专访中，记者处于主角的地位，是不可缺少的一个要素。他以见证人的身份把读者带入现场，代表读者向被访问者提问，起着控制采访过程的作用。

三、专访的结构

新闻专访由标题和正文两部分组成。

1．标题

专访的标题，一般是由正题和副题组成的双标题。正标题揭示主题思想，副标题说明采访对象。副标题的前面常冠以“访”或“记”字样，如《壮志凌云——访数学家华罗庚》。有些专访的标题只有正题而不设副题，如《××专访》。

2．正文

正文包括开头、主体和结尾三个部分。

（1）开头。专访需要安排一个开头，自然而然地引出访谈的内容来。一个漂亮而得体的开头可以立即抓住读者的注意力，引起读者的阅读兴趣。

专访开头常见的形式有以下几种：

①从概括介绍采访对象开始。

②从介绍采访对象的某一突出成就开始。

③由一个读者普遍关心的事件或问题开始。

④由交代访问意图和目的开始。

⑤由直接引用被采访人某句精彩的话语开始。

⑥由描绘采访现场（包括被采访人）开始。

（2）主体。这部分是专访的核心内容，是专访体现新闻价值的关键所在。它立足于采访过程，以表现主题、突出主题为宗旨，展开内容。专访主体的写作要注意对采访对象的语言作一些必要的选择和谨慎的加工，此外，还要再现场景，以增强专访的真实感。

（3）结尾。精彩的结尾可以对主题起到升华、深化的作用，给读者留下无限的回味和深层次的思考。专访的结尾有多种形式，大体可归结为：通过作者的总结、深化或提炼被采访者的观点结尾；以一个难忘的小镜头结尾；以采访对象的希望和要求结尾；以作者的抒情和评论结尾；等等。

四、专访的写作要求

记者在写新闻专访时，应注意以下几点要求：

1. 强调新闻性

专访是一种新闻报道形式，所以新闻的特征如真实性、时效性等对专访同样适用。专访有时单独出现，但也经常配合消息，紧随消息之后出现，有时专访本身就是新闻。

2. 访前准备要充分

专访前要对被访人有所了解，以缩短双方的距离；要列出详细的采访提纲，以减少盲目和失误；做好笔记或录音。

3. 要有针对性

专访不是漫无目的地想访谁就访谁，它是特定的有针对性的访问，有专门的背景、专门的问题和专门的被访对象。

4. 注重纪实性

专访就是把谈话内容重点地、有选择地记述下来，纪实是专访主要的表现手法，背景材料、事迹材料以及作者的抒情和议论是为了补充纪实内容而穿插进来的，所以应尽可能少些。

5．写出现场感

专访，既要置身其中，又要兼顾其外。在一对一问答的同时，不仅要停留于说话内容上，还要适当留意被访人的神态举止和周边的环境气氛等。特别是对于一些生活味儿较浓的专访，写出的东西更是要给读者以身临其境的感觉。

6．写作形式自由灵活

专访重视现场描绘，给人以真实感，所以表现手法上比一般新闻通讯更自由，可以像写消息那样简洁、明快地表述，也可以借用散文的笔法，将叙事、议论、描写、抒情融为一体，也可以采用对话的形式进行专题记叙。

五、专访的注意事项

写作新闻专访时，应注意的问题主要包括以下几个方面：

1．精心选择人物，并做好采访前的准备工作

专访是通过对访问“特定的人”来完成的访问，所以其成败的关键在于人物的选择是否恰当。对象确定后，为了尽快找到双方思想感情的沟通桥梁，或是能够造成一个轻松融洽的访问气氛，记者要在专访前有明确的采访目的，尽可能快地收集必要的资料，同时还要周密地拟定一个采访计划及谈话提纲。

2．要处理好人称变换的关系

变换人称时，要注意衔接过渡，不要因为人称的变换使读者分不清哪些话是采访者说的，哪些话是被采访者说的。

3．要带着浓厚的情感来写

写作时，作者只有带着感情，才能笔下带情，写出的文章也才能流露出真情，才能收到感人的效果。所以，作者一定要带着感情进行新闻写作。

4．准确把握时机和场合

恰当的时机与场合有利于引导被采访者进入角色，打开他的话匣子，有时恰当的时机和场合还能使被采访者触景生情，活跃思维，讲出感情、讲出有个性色彩的语言来。

第二节 新闻特写的写作

一、新闻特写的含义

新闻特写是从消息和通讯之间衍生出来的一种报道形式，它是以描写为主要表现手法，截取新闻事实中最能反映其特点或本质的“片段”“剖面”或细节，并对其做形象化的再现与处理的一种新闻体裁。

特写与消息的共同点是，简要和迅速地报道新闻事实。但新闻特写又区别于消息，消息主要是报道新闻事件的全过程，而特写以描写为主要手段，主要抓住新闻事件中富有特征的片段，浓笔展开。简单地说，消息是以简洁和让事实说明问题取胜，而特写则以描绘新闻事件中有形象感的镜头取胜。

特写与通讯的共同点是都重视运用形象思维和更多的文学手法，生动形象地报道新闻事实。二者的区别在于特写比通讯更强调时效性、新闻性。特写比通讯的内容容量要小些，在报道同一件新闻事实时，通讯一般向读者展示其纵断面，来龙去脉比较完整；而特写只截取某些横断面，不一定需要完整的情节。

在各种题材的报道中，特写都是常见的新闻体裁，它作为一支新闻报道的“轻骑兵”，充分发挥了机动灵活的特点，又以其生动、形象的文字感染着读者。

二、新闻特写的文体特征

1．镜头感

特写，在一定程度上借鉴了摄影或者电影中特写镜头的表现方法，所以在文体结构和形态上表现出了一种文字镜头的美。

（1）巧妙地截取。新闻特写注重角度的切入，相对于一个完整的新闻事实，它截取的是新闻事实中最富有特征和表现力的片段和场面，形成一种集中、强烈的“焦点”式言说效应，以此反映整体，折射全貌，透视问题的本质。

（2）适当地“放大”。新闻特写是真正从大处着眼、小处着手的写作，它要把截取的新闻事实立体化地表现出来，对其局部放大、细化，给人以立体感和画面感的形象性。

2．透视感

特写比其他新闻文体更强调“以小见大”的传播效果，它通过把新闻事实“镜头化”，给人以深刻印象和强烈感染。特写所截取的新闻事实应该具备透视全局性或者本质性内容的功能。因此，特写对选材的要求很高，要找到典型的、新闻价值高的横断面，有较强的内在张力的新闻事实，才能写好特写。

3．现场感

新闻特写是作者现场的报道，作者必须是新闻事实或被采访人的现场目击者。此外，现场感的另一个特点是要通过文字再现记者在现场目击的事实，真切再现现场的气氛和场面，以引起读者强烈的心灵震撼。

三、新闻特写中细节描写的方法

在新闻特写中进行细节描写，概括地说有以下几种方法：

1．对新闻人物的语言进行细节描写，可以揭示人物的内心情感

语言是思想的直接显示。用比较细腻的笔触把新闻人物感人肺腑的话语表达出来，刻画新闻人物，有时比用其他形式更能直接地揭示新闻人物的精神风貌。所以，新闻写作者要善于根据报道主题的需要，恰当地选取新闻人物的语言进行描述。

2．对新闻现场的气氛或景物进行细描，从而揭示新闻事件的本质和新闻人物的心灵

这是新闻写作中常用的方法。新闻事件的发生离不开周围的环境，新闻人物的活动更离不开新闻现场。把现场气氛和景物写活了，新闻人物也就自然活起来了。

3．对新闻人物的动作进行细描，借以刻画人物的形象和心理特征

对人物有特点的动作进行细节描写，可以更好地渲染气氛、打动人心、突出特点。

四、新闻特写的写作要求

新闻特写的写作要求，概括来说就是：落笔集中，突出一点；浓淡相宜，真切再现；幽默风趣，耐人寻味。

1．落笔集中，突出一点

新闻特写无论写人还是写事，都不能事无巨细，兼容并包，而是必须抓住能反映事物特征的最有价值的片段、场面，集中描绘。

2．浓淡相宜，真切再现

新闻特写的视觉感、现场感都很强，要再现记者在现场目击的新闻事实，就离不开描绘。细描往往能“再现”和“放大”事物。细描就是对于有典型意义的、细致而生动的情节浓墨重泼，写深写透。新闻特写的描绘运用要求细描与白描相得益彰，浓淡相宜。

3．幽默风趣，耐人寻味

新闻特写在语言和表现手法上比较讲究文采，力求生动、幽默、风趣、含蓄、深刻。这就要求记者要有深刻敏锐的观察力和极强的表现力，以发现细节特征，捕捉生动形象的“特写镜头”，从而实现特写意图。

第三节 新闻专访、新闻特写的写作范例

一、人物专访

1. 人物专访的含义

人物专访是在对一个“特定人物”进行访问以后，根据其谈话内容和基本观点整理而成的一种新闻报告文体。

对于人物专访来说，能否准确地选择被采访者，对采写成败有着决定性意义。与人物消息或者人物通讯相比，人物专访更强调被采访者的新闻性或者现实针对性，因此，所选择的报道对象通常是当前受众所关注的新闻人物，或是新闻事件、热点问题中的关键人物，或是受众感兴趣的、有某种特定新闻背景的人物。

对于这样的“新闻人物”，读者迫切想了解其本人。这种报道以“访”为主，即以叙述被访人的看法、意见为主，以“作者”为辅，即围绕被访者对某个特定问题的看法，写对方在这方面的经历和见闻。

2. 人物专访的结构

（1）标题。一般为单标题。其表达方式有提问式、观点式、概括式。除此之外还有一种比较有特色的标题，即直接引用被采访人的原话。

（2）开头。人物专访的开头一般是通过一个设问、一段简述或者由事件引出人们对被采访人的兴趣，进而过渡到采访的具体内容上。

（3）正文。即采访时的主要谈话内容，将采访者的思想、观点、态度和语

言展现出来。

（4）结尾。结尾可有多种处理方式，如通过作者的总结，深化或提炼被采访者的观点；用现场的一个小细节结尾；或者将无法解决的问题提出，留给读者思考。

3. 人物专访的写作要求

人物专访的写作要求如下：

（1）要交代清楚访问对象和访问原因。

（2）要注重描写出人物的语言，给人以访问的真实感。

（3）对被访问者的描述要有重点。

（4）要抓住特点，刻画出人物的精神面貌。

（5）在结尾处，可写一点作者的感受或对被访者的祝愿和希望。

4. 人物专访写作的注意事项

人物专访属于记叙文范围，是一种类似于报告文学的新闻形式。由于这种文体在写法上比较生动、形象，因此很受读者的喜爱。对记者来说，写好人物专访需要注意以下几点：

（1）在确定专访对象时，必须熟悉访问对象的大体经历和主要成就。由于对采访对象有了些了解，在交谈时也就有了话题，便于新闻工作者提出问题，写作时也有助于文章的充实。

（2）要注意突出采访重点，勾画出访问对象的举止、神态和性格特点。

（3）要善于发掘专访对象生活中那些有趣的故事或独特的兴趣爱好，以便从多方面展现人物丰富的精神面貌和内心世界。

（4）在人物专访中，内容一定要真实，引述采访对象对某一问题的看法时，必须是原意，作者不能随意改动或主观发挥。

5. 人物专访的写作范例

范徐丽泰：香港回归是人生里程碑

范徐丽泰，香港特区立法会主席。1945年生于上海，1949年随家迁居香港。1967年毕业于香港大学理学院，获理学学士学位。1971年获香港大学人事管理文凭。1973年获香港大学社会科学硕士学位。从1997年1月至今，历任香港特别行政区临时立法会主席，第一届、第二届、第三届立法会主席，第九届和第十届香港特区全国人大代表。

开篇语

再过20多天，就是香港回归祖国10周年的纪念日。

从今天开始，我们开辟《香港回归10年——名人专访特别报道》专版，对话这些名满天下的人物——这里的每一张脸孔，都曾为香港的命运全心投入；这里的每一个名字，都把与香港有关的人生经营得光彩夺目。然而他们的心底有一份共同的深情——10年前的那个大日子，是他们生命中最重要的里程碑。

今年七一前夕，本报特派记者通过多方努力，在香港、广东、北京，甚至遥远的英国寻访到一批与这段重大历史密切相关的重量级人物。他们在香港回归以来的岁月里，对香港起着举足轻重的作用，饱含荡气回肠的深情。

1997年7月1日，是历史长河中一个辉煌瞬间。10年前，我们荡涤屈辱，扬眉吐气；10年后，这颗东方之珠用什么来迎接全世界的关注目光？是璀璨，还是黯淡？最真实的答案在他们眼中，在他们与记者的直面对话里。

10年前，香港人范徐丽泰高票当选香港临时立法会主席和港区全国人大代表。10年来，她一边主持着香港的立法会会议，一边穿梭于北京的两会现场。这名由港英政府一手选拔出来的香港女高官，感受着内地和香港迥然不同的政治制度，见证了大陆法系和普通法系在香港“碰头”实践的奇迹，从容游走于内地和香港政坛之间。

范徐丽泰在香港政坛上大放异彩，是20世纪80年代被港英政府委任为立法局议员时，不畏英美的阻挠坚决遣返越南船民。鲜为人知的是，她当年在美国耶鲁大学的一个演讲上，就已看到香港回归的前景，并为此有过一场精彩的唇枪舌剑。而20世纪90年代初在香港回归历史上引人注目的“一退一进”，却让她饱尝了政坛上的酸甜苦辣。

关于回归：

和彭定康道不同不相为谋

记者：20世纪80年代，美英等西方国家曾要求香港接受越南难民，并不断批评香港。你当时为维护香港利益以一个女议员的身份站出来，挨了不少骂。

范徐丽泰：当时我在耶鲁大学演讲，现场200多人在听，只有3个人支持我，一个是我先生，一个是香港政府驻纽约官员，还有一位是女儿在香港读书的女士。我演讲完后，现场的200人都沉默了，没人能找出漏洞，最后一个越南人站起来反对。我就跟他说，我们香港回归祖国，我是完全有信心的，祖国是会对我们好的。

记者：1992年，曾由前港督尤德一手提拔从政的你，却因香港回归问题与当时的港督彭定康争吵，并当场同时辞掉行政局和立法局议员的职务。为什么这样选择？

范徐丽泰：1992年10月，彭定康抛出新的政制方案，说行政局议员不需要我再做，我就同时辞掉立法局议员。当时我和我先生的想法一致：我和彭定康在很多问题上有分歧，道不同不相为谋，辞职还可以回家休息一下。

记者：辞职后，1993年你却重返政坛，毅然加入预备工作委员会。是出于什么考虑？

范徐丽泰：辞职以后，我以为自己不会再干政治了，当时还找了一份工作。中央计划成立预备工作委员会时问我干不干，我和先生商量，结论是如果我干，一定会挨批。很多香港人认为，我改变立场，一定是为名利。从这方面来看，我最好不干，明哲保身。但先生问我，不接受会不会后悔？我说一定会后悔。因为彭定康和中国闹得很不愉快，将来特别行政区成立一定有很多麻烦，平稳过渡并不容易。如果香港不能平稳过渡，谁受罪？英国人一走了之，就是香港市民受罪。香港在真正需要我的时候，我却躲在一旁，我会觉得自己很对不起香港人，所以决定接受。

关于10年：

移民的香港人都回来了

回归后，范徐丽泰在香港政坛上大显身手，10年里三度当选香港立法会主席。这名曾经在香港理工大学低调工作的教师，逐渐成为香港政界数一数二的名人。在见证香港政坛20多年的风风雨雨后，她也在回归的10年里收获了最为欣喜的工作成果——大多数香港市民的认可。

记者：回归10年，对你来说意味着什么？

范徐丽泰：这十年对我来说，是不断锻炼的10年，有很多新的挑战。在我的政治生涯里，有两个里程碑。一个是1997年7月1日零时宣誓就职，我能够参与这一历史性的时刻，是一个非常难得的机会。第二个里程碑是2004年秋天，我参加了香港岛的分区直选，这是一个新的尝试。最高兴是市民对我很认同。当时预想拿到3至5万票，后来竟拿到了6万票。为什么会这样？我想，应该是这么多年来他们看到我做主席不偏不倚，觉得我值得相信，这是对我工作的最大肯定，那一刻我特别开心。

记者：你怎样评价回归10年来，香港和内地的关系？

范徐丽泰：我做立法会主席，不能有什么意见。但我可以给你讲一个事实。年纪大点的人都知道，在1997年之前，香港市民都很担心回归后，自由度、生活方式会不会受到影响，有很多人还移民出国。现在呢，移民的人都回来了。香港十年里走过经济的低谷，现在正在慢慢恢复。

关于人生：

评上NO.1好老婆很奇怪

一名香港女高官，一名在政坛叱咤风云的女强人，却同时荣膺“第一好老婆”的称号，这种矛盾被奇妙地统一在“根本没时间做家务”的范徐丽泰身上。2004年是她悲喜交加的一年，就在她成功连任立法会主席后，相濡以沫多年的丈夫却因肝癌去世。那一周的立法会常规会议上，范太一袭黑衣平静如常。

记者：作为一名女性政治人物，2006年年底，你却被全香港的市民评为“NO.1好老婆”，你在家里会做家务吗？

范徐丽泰：被选上，我真的觉得很奇怪，事实上我的先生在2004年就已经离世了。也许大家觉得他在世时我们感情好，也许是因为我曾经捐过一个肾给自己的女儿。在家里，丈夫对我很包容；除了子女，他就是我最重要的人了。说到家务，其实我一点也没有做家务的自觉性。（笑）我和婆婆一起住，家务都是她管的。她已经85岁了，但是她很能干。

记者：如果可以退下来享受人生，你最想做什么？

范徐丽泰：我很喜欢旅行，特别是自己驾车旅行，我小时候的志愿是做个货车司机。今年春节我还和婆婆、小姑三个人开车去海南岛玩了10天，8个小时我和小姑每人开4个小时。路上有人认出我，认出来也没有什么大不了，合个影。

记者手记：

范太印象

坐在我们面前的范太，嗓门很大，声音洪亮，流利而抑扬顿挫的普通话让人诧异又敬佩。作为一名政界女高官，她喜欢穿着深色西装，但也不忘优雅，一枚亮晶晶的蜻蜓胸针缀在胸前。

她非常注重自己的公众形象。采访时端坐着，左手轻轻地搭在右手手背上，一块白色的胶布从手指缝隙间露了出来。“手肿了，这是纾解痛楚的。”她一边解释着，一边迅速又悄然地撕下胶布，塞在沙发角落里，不让其在镜头前露出来。

早就听闻她快人快语，意想不到的是如此干脆利落，而且不回避任何话题。她的语速很快，对问题的领悟力惊人的强，多年在立法会上唇枪舌剑的经验让其思路逻辑异常清晰，我们在笔记本上记录下来的话语几乎可以直接成文。印象更深的是她的严谨，说到当年一位人权组织成员批评她的英文单词“pathetic”想不出准确的中文表达，立刻找来辞典，现场和记者一起翻看，并自嘲“冷血”。

如果说在与这位政界名人对话之前，我还觉得她的从政经历多少有点传奇的话；见面之后我完全打破了所有疑惑——只因她说，不喜欢被称为“女强人”，“‘强人’就‘强人’，为什么要加个‘女’字？”

（2007年6月5日《广州日报》特派香港记者岳瑞贤、李颖）

二、事件专访

1. 事件专访的含义

事件专访是指为了记述某些新闻事件的特殊意义、内幕情况或者澄清事实真相而做的专题访问。它主要是通过采访这些事件的参与者、目击者、知情者来“复原”与“剖析”新闻事件。这样的专访虽然也是通过对人的采访来完成，但与人物专访不同，在事件专访中，新闻事件处于中心位置，人物是配角。它旨在通过被采访者之口来报道事件，让人们更多理解事件真相，或从中得到教育与启示。此类专访常常是连续报道、深入报道的一种形式。

2．事件专访的写作要求

事件专访的关键在于选好被采访者。选择的标准是：越是与你所要报道的事件关系密切的人，越有可能成为比较理想的事件专访的对象。通过人来反映事件，事件专访要能通过采访者，介绍事件产生的原因，揭示事件的意义、存在的价值或经验教训等，从而通过对事件的专访达到解决问题或突出事件的效果。

3．事件专访的写作范例

专访李义东：互联网端将成中超主流，两大目标推动体奥前行

2015年3月，体奥动力一举拿下“中国之队”的媒体版权，这家公司与其董事长李义东跃入公众视线；半年之后，再度拿下中超5年版权的体奥动力成为中国体育赛事媒体版权领域内最热议的一家公司。在接受禹唐体育的专访时，体奥动力董事长李义东先生向我们详细地解读了中国职业联赛的价值，并介绍了体奥动力今年的两大发展目标。

中超未来的主流平台在互联网端

今年2月，乐视体育以2年27亿元的价格购得中超新媒体版权，与体奥动力共同经营2018/2019/2020三个赛季的中超版权，并将中超全面带入了收费时代。乐视体育玩付费观看已经不是什么新鲜事儿，正如其首席运营官于航所说，付费观看比赛的方式在中国体育产业的未来一定是必经之路，目前整个中国互联网市场对付费本身、对付费习惯也并没有障碍，乐视体育只是率先迈出了这一步。之所以选择与乐视体育合作，体奥动力也是看中了其敢于以挑战者的姿态面对市场。“在我看来，乐视体育是中国体育产业方面企图心最强，也最有紧迫感的互联网公司。有的企业可能已经达到了一定的规模，所以它的策略会倾向于稳健和保守。而乐视体育一直是以挑战者的姿态出现。当大家都对80亿这个价值体系没看明白的时候，肯定需要这么一个相对勇敢、比较无畏的合作方与我们共同面对。”李义东先生对禹唐说道。

在李义东看来，联赛的未来在年轻一代，而未来播放体育联赛的主流平台也会在互联网端、在移动端。“将来微信可能都是看中超联赛转播的一个极其重要的手段，这或许比现在的传统电视台‘播什么你看什么’的模式会更有用户体验，包括收费模式也只有在这种情况下才能逐步确立起来。”李义东先生对禹唐说道，“中国应该会跳过收费电视这一阶段，直接进入到新媒体平台（包括手机）。我们一直在研讨，比如说20元钱打一个包，一个月随便看，包括中超、田径、中国之队等，这也是一种收费模式。现在90后、00后有一定的付费观看习惯，在这方面我可以看得长远一些。就好像，你在五年前能想象到如今的中国电影票房已经快超过北美了吗？我认为体育也没有什么例外，只是你如果没有这个前瞻性和预见性，就会永远在别人后面邯郸学步。”

天空体育转播中超是中国体育标志性事件

近日，欧洲著名的足球转播商之一——英国天空体育电台正式宣布买下英国地区中超联赛独家转播权益，合同期为3年。按照计划，第20轮的直播赛事分别为7月30日上海绿地申花VS江苏苏宁和7月31日广州富力VS上海上港。随着天空体育台加入中超海外转播大家庭，中超联赛截至目前已经在世界53个国家和地区得到覆盖，其中不乏巴西、法国、比利时等足球强国以及美国、加拿大等华人数量众多的国家。

李义东先生在接受采访时表示，“天空体育转播中超联赛，这会是中国体育、中超转播史标志性的事件。这也是我们国家软实力的一个体现。”天空体育作为英国最大的付费卫星电视频道，拥有欧冠、英超、西甲、德甲、意甲、法甲、荷甲、美国职业足球大联盟等多项赛事版权，中超成功进入其国际版图，同时也是天空体育斩获的亚洲第一个足球联赛版权。

目前天空体育在英国国内的订阅用户达到300万人，中超每轮两场比赛的直播势必也会覆盖到其中的深度足球迷。对于体奥动力而言，一方面这是对其中超联赛在信号制作、转播效果等方面的认可，另一方面他们也能通过与天空体育的合作，获取英国足球联赛转播节目的制作经验。

当前几天日本的J联赛宣布与英国数字体育服务商Perform Group签署10年2100亿元（约合130亿人民币）时，人们还在议论体奥动力购买的中超版权费用高于J联赛。还有前段日子盛传的体奥动力借壳上市事件也使体奥动力受到了不少的非议。但是对于体奥动力来说，他们实行的“巨额资本投入+创新转播分配”策略现在看起来是值得认可的，尤其是当天空体育这样的国际权威媒体宣布买下中超联赛版权之后。但李义东也指出，“联赛是联赛，联赛属于产业，产业千万不要和国家队扯在一起，我们现在只要拿出国家荣誉就振振有词，就可以肢解我们整个产业了，这其实是不对的。”

李义东先生表示，目前中超联赛的大数据开发尚未得到较好的运用，“大数据的开发一方面是给俱乐部、球员做科学指导与规划所用；另一方面，不出意外的话，今年下半年或者明年一季度将很有可能会发行中超彩票，那中超数据的商业应用和开发就变成了迫在眉睫的事情，大家要来面对或者花很大的心思把它开发好。”

两大重点：走上资本市场与CBA竞标

随着盈方中国与CBA商务合作协议将于2017年到期，CBA将迎来新一轮的激烈竞标。很多人预测合同金额将比盈方中国2012年签的天价合同翻出一倍不止，李义东也十分看好CBA的未来，曾预言CBA的版权价格至少是NBA的2倍。

体奥动力对CBA有着异乎寻常的热情。在2000年羊城报业临时退出后，CBA联赛几近陷入停摆的局面。当时的体奥动力（的前身）就已介入CBA联赛，将整个联赛从原来的一个赛季150场转播，提升到了1900多场接近2000场次的转播，这也为篮协带来了摩托罗拉等赞助商。而从2001赛季起，体奥动力已经做足了12个赛季（至2012年）的CBA联赛。

对于体奥动力而言，拿下CBA的版权也成为其今年最重要的事情之一。“对于想要玩中国体育产业的玩家，如果没有CBA也没有中超，几乎就可以说OUT了。因为中超，体奥动力把其他玩家逼着只有一条路，只有去抢CBA，这种情况下的CBA联赛才会出现一个可能。也许我觉得CBA会出现跟中超接近的一个价格，甚至现在有人说100亿的价格，如果你想上这个台子玩这个筹码，你就必须买，哪怕它很贵。”李义东说到。

但这也并不意味着体奥动力非CBA不可。今年以来，体奥动力进军职业拳击、街舞领域，并与日本漫画《足球小将》作者高桥阳一合作，投资3D电影《足球队长》。李义东先生介绍说，“体奥动力的基因本身是以做赛事版权为主的，所以从中国之队、中超、足协杯、东亚四强赛、世界杯，都是以足球版权的、赛事版权的运营制作为主。在巩固这些优势项目的同时，我们还要去投资一些未来方向性的一些东西，包括我们慢慢会涉及赛事的管理、商业营销推广等。这样就可以把体奥动力整个公司的产业概念做得更加丰满了。”

虽然此前A股上市公司阳光股份的一纸公告，宣告了体奥动力借壳上市计划暂时受挫，但体奥动力并不会就此放弃上市融资的道路。李义东对禹唐表示说，“在体育版权领域里，体奥动力现在可以说是独角兽公司，至少在中国没有人跟我们一起抗衡。体奥动力的估值也已经很高了，但资本市场会给你更明确、更直观的一些显示。因为你做融资也好，私募、公募也好，资本市场给你的估值还是基于专业考量的，我们也希望能够经受一些市场眼光的挑剔。”

（界面新闻）

三、问题专访

1. 问题专访的含义

问题专访是一种出现频率较高的专访，它是记者根据人们在社会生活和工作中所共同关心和迫切需要解决的问题而做的专题采访。在采访时，往往还需要请有关人士进行答疑解惑。这类采访落墨的重点不是写人，而是记言，记录与传达被采访者的见解、意见、观点、主张等。

问题专访在理论深度上一般比人物专访和事件专访更深入，采访对象通常是某一领域的专家学者，这些专家学者所发表的意见通常具有一定的学术性、权威性。问题专访的显示针对性最强，它能够及时为读者释疑解惑，为决策者提供意见，还能起到传播知识、引导舆论的作用。

2. 问题专访的写作要求

问题专访在选择被采访者时，所选之人必须是某个方面的“权威人士”，是在某些问题上有发言权的代表人物。

问题专访的最佳组合是“名人+权威观点”或者“名人+最新观点”。由名人阐述一些对某问题很有见地的观点，不仅针对性强，而且分量重。

3. 问题专访的写作范例

专访欧阳淞：迎接建党90周年 党史工作大有作为

（——访中共中央党史研究室主任）

（《中国社会科学报》2011年5月26日） 正确认识和对待党的历史，至少要坚持三点原则：首先，要坚持党的实事求是的思想路线；其次，要遵循客观公正的原则；再次，要准确把握党的历史发展的主题和主线、主流和本质。在强调这三点基本认识的基础上，需要重点思考两个问题：一是如何看待党的成绩，二是如何看待党的失误。

中国共产党的90年，是领导和依靠人民克服一切艰难险阻，不断谱写中华民族自强不息、顽强奋进壮丽史诗的90年，是领导和依靠人民在中华民族伟大复兴道路上实现社会巨变并取得辉煌成就的90年。注重总结党的历史，不断从党的历史中汲取开拓前进的智慧和力量，是新形势下推动党和国家事业不断发展的迫切需要。

中共中央党史研究室既是党中央的党史研究部门，也是中央主管党史业务的工作部门，担负着以史鉴今、资政育人的重要职责。值此建党90周年之际，围绕建党90周年的相关纪念活动以及党史工作的现状和未来发展等问题，本报记者采访了中共中央党史研究室主任欧阳淞。

抓住党史工作发展的大好机遇

《中国社会科学报》：2010年，在党中央下发《中共中央关于加强和改进新形势下党史工作的意见》（以下简称《意见》）、召开全国党史工作会议之后，全国党史工作面临新的大好发展机遇。请您介绍一下过去一年里，中央党史研究室主要做了哪些方面的工作？

欧阳淞：2010年是党史工作发展史上一个十分重要的年份。以胡锦涛同志为总书记的党中央高度重视党史工作，对加强和改进新形势下党史工作做出重大决策。6月，党中央颁发了第一个关于党史工作的中央文件。7月，党中央召开了历史上第一次全国党史工作会议，胡锦涛总书记和李长春、习近平、贺国强等中央领导同志亲切会见与会代表并同大家合影留念；习近平、贺国强等中央领导同志出席会议；习近平同志代表党中央在会上发表重要讲话，深刻阐述加强和改进新形势下党史工作的重要意义，对进一步做好党史工作做出了全面部署，提出了新任务新要求。党中央的重大决策部署，为做好当前和今后一个时期的党史工作进一步指明了方向，注入了强大动力。党史工作由此站在了一个新的历史起点上。在党中央和中央领导同志的高度重视和亲切关怀下，一个学习贯彻《意见》和全国党史工作会议精神的热潮在全国迅速掀起。

近一年来，我室按照中央领导同志的重要指示精神，把学习贯彻中央精神作为当前和今后一个时期的第一位任务进行了认真筹划，做出了分三步实施的工作安排。一是协调中央有关部门、各省区市这两个层面抓好传达学习和贯彻落实。我们通过发函、召开协调会、到各地参加省级党史工作会议等方式，积极主动地推动中央有关部门、各省区市党委认真抓好学习贯彻工作。中央有关部门、各省区市党委（党组）都十分重视《意见》和全国党史工作会议精神的贯彻落实，采取有效措施切实加强和改进党史工作。全国有30个省区市及新疆生产建设兵团党委分别召开党史工作会议，制定了贯彻落实《意见》的实施意见。我们通过向中央呈报综合报告和编发内部专刊，及时反映各地各部门学习贯彻的情况。二是着力抓好落实党史以史鉴今、资政育人根本任务的工作，召开全国党史部门党史资政工作、党史育人工作两个专题研讨会，深入研讨加强和改进党史资政、党史育人工作，作出部署安排，推动党史部门在资政、育人方面有所作为。三是精心谋划、认真准备迎接建党90周年和开展党史学习教育这两项重点工作。

在过去的近一年中，在党中央的坚强领导下，我们认真贯彻落实《意见》和全国党史工作会议精神，抓住机遇、乘势而上，圆满完成了各项重点任务，较好地履行了中央赋予的工作职责。主要工作有：正式出版《中国共产党历史》第二卷，修订重印第一卷；启动《中国共产党的九十年》的编写工作；积极推动开展党史学习教育；编制新的五年工作规划；启动中国共产党专门史、编年史的编写工作；基本完成全国革命遗址普查工作；全面推进党史资料征编、党史纪念活动等其他党史工作，等等。在中央领导同志的亲切关怀下，在中央有关部门的大力支持下，机关各方面建设进一步加强。我们在全室副局级以上干部中开展的“讲党性、重品行、作表率”活动，在全室干部职工中开展的“我为党史工作做贡献”创先争优主题实践活动取得明显成效，全室干部职工工作的主动性和积极性进一步增强。

总之，中央颁发有关党史工作的文件，召开全国党史工作会议精神，为开创党史工作新局面提供了大好机遇。通过初步贯彻落实中央精神，中央有关部门、地方各级党委和全国党史部门做好新形势下党史工作的责任感和使命感进一步增强，指导思想、工作思路和主要任务进一步明确，全国党史工作已经出现了蓬勃发展的可喜局面。我们将继续深入贯彻落实中央精神，从新的历史起点出发，抓住难得的历史性机遇，为党史事业大发展大繁荣做出新的贡献。

迎接建党90周年的工作

《中国社会科学报》：据了解，为迎接建党90周年，中央党史研究室及早谋划，进行了充分准备。请问，中央党史研究室主要开展了哪些工作和活动？

欧阳淞：为迎接建党90周年，去年以来，我室部署了十几项工作。其中重点抓了两方面工作：一是做好开展党史学习教育的准备工作和服务工作；二是做好庆祝中国共产党成立90周年涉党史的有关工作。

第一，重点抓好开展党史学习教育的工作。2009年召开的党的十七届四中全会提出了学习党的历史的任务，强调建设学习型党组织要重点学习三方面内容：一是马克思主义理论，二是党的路线方针政策和国家法律法规，三是党的历史。2010年中央颁发的《意见》和全国党史工作会议，都强调要以领导干部和青少年为重点对象，认真抓好党史学习教育。为完成好这项任务，经中央领导同志同意，我们会同中央有关部门主要做了三项工作：一是会同中组部、中宣部下发了《关于认真组织学习宣传〈中国共产党历史〉第二卷的通知》，要求组织广大干部、党员认真学习，并把《党史》二卷作为县（处）级以上党员领导干部学习党史的基本教材，纳入各级党委中心组学习计划，作为培训领导干部的重要内容。二是会同中组部、中宣部、中央文献研究室、教育部、共青团中央印发《关于在党员、干部、群众和青少年中开展中共党史学习教育的通知》，对在党内和社会上开展党史学习教育做出具体安排。三是会同人民日报社、教育部、共青团中央、光明日报社等单位开展党史知识竞赛活动，以推动更多的人参与到党史学习中来。目前，党内和社会上已掀起学习党史的热潮，为迎接建党90周年营造了良好的氛围。

我们还发挥自身优势，努力做好为开展党史学习教育提供教材服务的工作。针对干部、党员及青少年不同对象的特点，分别组织编写了不同层次的党史读本。主要有：供中高级干部学习用的《中国共产党历史》第一卷、第二卷；供广大党员干部学习用的《中国共产党简史》，该书出版于建党80周年之际，是经中央审订的一本简明党史读本，这次主要是进行修订续写，目前正在进行之中；供基层党员和要求入党的积极分子学习用的《党的历史知识简明读本》，主要介绍有关党的历史的基础知识，即将出版；与教育部、共青团中央组织编写的供广大青少年学习用的《青少年学习中共党史丛书》，适应青少年的阅读特点，简明扼要介绍党的历史，已出版发行。

第二，重点抓好纪念建党90周年涉党史的有关工作。主要有：按照中央统一部署，参加与中组部、中宣部等部门联合举办的纪念建党90周年理论研讨会的相关筹备工作；编写《中国共产党历史大事记》，提供新华社播发和中央主要报刊刊载；与中国中共党史学会、中国中共党史人物研究会联合举办全国党史系统纪念建党90周年学术研讨会；“七一”前开通由中央党史研究室主办的“中国共产党历史网”；与中宣部等部门合作摄制影视片《旗帜》《光辉》《苦难辉煌》等；与中央外宣办在互联网上设置“党史上的今天”栏目，等等。

目前，纪念建党90周年的各项工作正按计划有序推进。我们将以资政育人的重要成果展现党的伟大历程、宝贵经验、光荣传统和优良作风，坚持用党的伟大成就激励人、用党的优良传统教育人、用党的成功经验启迪人、用党的历史教训警示人，以实际行动迎接和庆祝中国共产党成立90周年。

四、科学专访

1. 科学专访的含义

科学专访通常也需要对人进行访问，只不过它的目的是以传播科学知识为主，根据采访对象的介绍，向读者介绍有关某一学科，或者某一技术的基本知识和应用前景等。

2. 科学专访的写作范例

最大的挑战是改变生活方式

——世卫组织专家戈伊卡·罗格里克博士谈糖尿病预防

（新华社日内瓦2008年11月12日电 记者刘国远、杨伶） 世界卫生组织的资料显示，全球糖尿病患者人数呈迅速增长之势，因糖尿病及其并发症死亡的人数也不断增多，特别是在中低收入国家。如何抵抗糖尿病这个日益凶顽的“杀手”呢？对此，世界卫生组织的糖尿病专家戈伊卡·罗格里克博士指出，迫切需要改变不健康的生活方式。

在位于日内瓦的世卫组织总部罗格里克博士的办公室门前，记者看到一张预防糖尿病的宣传海报，海报上的一个胖女孩乐呵呵地迎面而来。罗格里克在接受新华社记者采访时说，肥胖和长期不运动是导致糖尿病，特别是常见的Ⅱ型糖尿病的最主要因素。“因此，当我们谈论糖尿病初级预防的时候，我们主要谈论的是防止肥胖和鼓励运动。对那些已超重或出现肥胖迹象的人来说，重要的是恢复健康体重，这需要通过保持健康饮食和有规律的运动来实现。”

罗格里克说，在当前生活节奏普遍加快，社会和工作压力增强以及生存空间紧张，环境污染等各方面问题突出的情况下，改变不良生活方式已成为个人、社会和政府部门共同面临的难题，特别是在经济迅速发展、城市化进程不断加快的新兴市场国家。

罗格里克指出，现实生活中，由于生活和工作压力，越来越多的人感到没有时间精心选购食品或制作健康的饭菜，而是依赖高热量的快餐或经过很多加工的食品。为迎合这种需要，市场上有很多这类食品。

对于坚持运动，罗格里克说，并不是说要人们每天跑一次马拉松或进行其他高强度运动，只要长期坚持适量运动就对身体有益，并能达到防病效果。如每天半小时左右的快步走。而在许多国家，特别是发展中国家，由于居民区和街道车满为患，空气污染严重等各种原因使得人们缺少运动的环境和途径，以致把生活乐趣放在看电视或吃吃喝喝上。

罗格里克认为，应对糖尿病和其他慢性病仅靠让民众具有防病知识和意识还远远不够。政府部门和有关决策者也要为人们改变不良生活习惯创造条件，如在城市中多建公园和绿地；在市中心限制车辆行驶，划定步行区；保留街道的自行车道；增加办公区的活动空间和工作人员的活动时间等。此外，农业和食品生产系统也应参与进来，以保证供应新鲜和安全的食品。

罗格里克强调，改变不良生活方式是防止糖尿病和其他慢性病的关键，也是最大的挑战。这需要个人、社会和政府部门协同努力。在经济和社会快速发展的过程中，政府部门可能会面临一个发展和规划的侧重点问题，但无论如何，民众的健康不容忽视。

五、人物特写

1. 人物特写的含义

人物特写以人物为特写对象，要求绘声绘色地再现人物的某种行为、行动或者性格，并透视其思想境界；或者是通过对人物活动的展示，了解人物活动的社会环境，以此来解释人物行为的时代依据，从而折射出整个时代的特征。

人物特写既不是人物消息，也不是人物通讯，有些类似于文学作品中的人物素描，它在语言描绘上，比人物通讯更加凝练，同时“画面感”与“动感”也更强烈。

2. 人物特写的写作范例

梦碎雅典

（新华社雅典1997年8月3日电　记者杨明、马小林）奥蒂又输了，这次依然输给了“坏运气”

这位37岁的牙买加老将具备夺取世界女子百米冠军的实力已达17年之久，但好运却[illegible]临到她的头上。当奥蒂今晚闪着泪花走出第六届世界田径锦标赛赛场时，她追求了一生的梦想化作了一场噩梦。

奥蒂已经赢得过一次百米冠军。可以说，没有任何一个女子田径选手能在

37岁“高龄”依然在世界赛场上奔跑；也没有任何一个世界名将比奥蒂遭遇更多的莫名其妙的不幸。

这次大赛前，她以10秒96的成绩排名今年世界第三。美国的奥运冠军德弗斯和世界冠军托伦斯因故不能参加本届的百米赛，这给了奥蒂一次绝好、也是最后一次竞争世界“短跑女皇”的机会。

经过三轮出色的表现，奥蒂最终站到了决赛起跑路线前，观众送给她的激励掌声超过了所有其他选手。她太珍惜这次机会了，这将是她人生最关键的一次搏击，就像剑手要毕其功力于一击。

奥蒂蹲下了，全场静默着。发令员举起手臂。反常的两声枪响表明有人抢跑。所有人跑出后都停下来，唯独奥蒂没有听出是犯规的枪声。这对于比赛经验最丰富的她来说，真是不可思议。

起跑通常不好的奥蒂这次“启动”完美之极。她像旋风般掠过跑道，人们惊呆了。夜色中，孤独的奥蒂如黑色的闪电射向终点，转瞬之间，她已经跑过80米！

在全场的惊呼声中奥蒂停下来，她意识到发生了“可怕”的事情。此时，全场再次静默得反常。在这片静默之中，奥蒂转身，面无表情地朝起点慢慢地一步一步走着……

奥蒂，为什么总是不幸的奥蒂！人们想起在1993年的世界锦标赛百米决赛中，奥蒂和美国的德弗斯几乎同时撞线，成绩均为10秒82。但是，国际田联通过录像将金牌判给了对手。站在银牌领奖台上，奥蒂的那双泪眼给世界留下了难忘的印象。

历史居然惊人地再一次重演！1996年奥运会百米决赛上，奥蒂又一次在同样的情形下输给了德弗斯，又一次成为无可奈何的“伴娘”，让世界唏嘘不已。

去年底，奥蒂曾经决定退役。捧着一大堆银牌和铜牌，心怀不甘的她宣布改当时装设计师。当时，世界上所有的体育爱好者都将深深的敬意，献给这位不是世界百米冠军的“女皇”。

现在，奥蒂那两条修长的腿沉重地走着，分明是一步一个坎坷，一步一个艰辛，那条跑道浓缩了她20多年的运动生涯和一个未能如愿的梦。数万观众以静默表示着他们的深深的同情。

出乎所有人的意料，奥蒂没有沮丧，没有发脾气。她的脸上是坚毅的神情。

起点前，奥蒂再一次蹲下，再一次使出毕生的气力去拼搏，但结局是大家可以预料的（仅获第七名）。

奥蒂以永不向厄运低头的勇气证明了什么是奥林匹克精神。她的世界百米冠军梦虽然没有实现，但在世人的心中，奥蒂何尝不英雄！

六、事件特写

1. 事件特写的含义

事件特写是以报道和刻画典型事件为内容的特写。它要求再现重大事件中的关键性场面，或者事件中最有特色的、最典型的、最激动人心的一个片段。要求通过典型事件表现出崇高精神、良好风气。

2. 事件特写的写作范例

360元抖出窗外之后

在云南蒙自县蒙自饭店三楼临街的306号房间里，一天，从四川出差来的李正辉、张正强正忙着清理东西。李正辉看到背包里有些茶叶末和碎烟丝，就将背包往窗口外抖。（编者：此举不文明）装在背包夹层里的360元钱被抖了出来，一张张人民币，随风向下飘去。

“钱！”李正辉和楼下过路的行人几乎同时叫起来。顿时，川流不息的行人乱开了：有的弯下腰，有的跳起来伸手抓，都在抢钱！

“你们不要抢，这是我的钱！”李正辉半个身体伸到窗外，大声喊叫。但街上的人仍旧只顾抢钱。“完了！”李正辉的心凉了半截。他的同伴张正强拔腿就往楼下跑。

当张正强气喘吁吁跑到街上时，捡钱的人一下子围了过来，纷纷把钱往他手里塞。一位卖红薯的老大爷边递钱边说：“数一数，看够不够？”一位摆小摊的老大妈指着饭店楼下的货棚说：“那上边还有钱！”一个解放军战士让一个小男孩踩着自己的肩膀，爬上货棚把钱拾了回来。

张正强立即捧着众人捡来的钱跑回屋里，和李正辉一起清点。“啊，360元分文不少！”当他俩准备向人们致谢时，街上的行人川流不息，再也找不到谁是帮他们捡钱的人。

（1983年3月22日《人民日报》）

七、场面特写

1. 场面特写的含义

场面特写重在摄取新闻事件中最典型、最感人的场面，通过对场面的特色、规模、气氛等进行再现，完成对整个事件或社会风貌的把握。这种特写是通过截取某一个或者一些关键性或者典型性的场景而完成的。与其他报道形式相比，特写在场景的再现上有着不可替代的优势，能够很好地产生画面般的可视感。

2. 场面特写的写作范例

赤子心　赤子情

——朱镕基总理中外记者招待会侧记

“我将恪尽职守，奋力拼搏，以不辜负人民对我的信任。”今天下午，朱镕基一番慷慨激昂的话语，赢得了600多名中外记者的热烈掌声。人们再次强烈感受到这位共和国总理的赤子情怀。

朱镕基接着又深情地道出心声：“我只希望在我卸任以后，全国人民能说一句，他是一个清官，不是贪官，我就很满意了。如果他们再慷慨一点，说朱镕基还是办了一点实事，我就谢天谢地了。”话音未落，大厅里又一次响起如潮的掌声。

这是今天朱镕基总理记者招待会上，感人至深的一幕。

人民大会堂三楼大厅青竹翠绿，鲜花绽放，座无虚席。两年前的3月，也是在这个大厅，刚刚当选为共和国总理的朱镕基面对中外记者，庄严宣誓：“不管前面是地雷阵还是万丈深渊，我都将勇往直前，义无反顾，鞠躬尽瘁，死而后已。”

从那以后的两年间，亚洲金融危机冲击，百年不遇的洪水灾害，特别是去年国际形势剧烈动荡，国内三场政治斗争的严峻考验……面对错综复杂的国内外形势，党中央、国务院审时度势，把握大局，开拓进取，破解难题，取得了政治、经济、外交领域的一个又一个重大胜利。就在刚刚闭幕的九届全国人大三次会议上，2713位人大代表对朱镕基所作的政府工作报告投下神圣的赞成票，代表全国人民对本届政府的工作表示出高度的赞扬和充分的信任。下午4时30分，中外记者用热烈的掌声，迎接刚刚从闭幕大会会场走来的朱镕基总理，闪光灯如闪电交织辉映。身着深蓝色西装的朱镕基总理向大家拱手致意。

在1小时40分钟的记者招待会中，朱镕基自信坦诚，激情洋溢，先后回答了16位记者的提问。由于台湾领导人变更在即，两岸关系成为关注焦点，涉及台湾问题的就有6个。朱镕基总理神色凝重，严正地指出："谁要是搞台湾独立，你就没有好下场！"话语掷地有声，震撼人心。

他深情地说："回想当年，中国是何等的贫穷积弱，但是，我们还是喊出了'起来，不愿做奴隶的人们'，并且为此进行了前赴后继的英勇斗争。""救亡的歌曲，现在我还记得清清楚楚，每逢唱这些救亡歌曲的时候，我的眼泪就要流出来，我就充满了要为祖国慷慨赴死的豪情。"

这时，全场的人们都看到他眼里的泪光。全场人的心，都在和他的心一起怦然跳动。

"今天中国人民已经站起来了，我们能够允许自古就属中国领土的台湾从祖国分裂出去吗？绝对不能！"话音刚落，总理的拳头重重地砸在桌上。

这是全中国人民的坚定意志，海内外中华儿女的共同心声。爱国主义的热情，维护祖国统一的信念，使人们心潮激荡。

记者招待会高潮迭起，扣人心弦。对一个个问题的答问，关乎国家改革发展大业，关乎21世纪中华民族走向全面振兴，关乎维护世界和平，也向全世界传递着许多重要的信息。

招待会结束后，俄罗斯劳动报记者普里瓦洛夫感慨地说："有这样一位爱国爱民的总理，中国政府一定会在新的世纪开创更加伟大的事业。"

（新华社北京2000年3月15日电）

八、专题特写

1. 专题特写的含义

专题特写主要是指写一个问题或一种社会现象。专题特写中，作为对象的某一事件、问题、事件中的某个方面等，要通过细腻的笔法，对它们进行集中描述，从而表现出特写的良好效果。专题特写常带有现场目击的意味，从而使描写显得更加生动和形象。

2. 专题特写的写作范例

军训教官：用汗水浇灌明日之花

（先锋新闻网8月31日 记者刘阳） 他们和我们一样都是先锋的学生；他们又和我们不一样，他们是教官连中训练新生的教官。

从2010年暑期开始，先锋的校园里时常活跃着一张张可爱的面孔，他们身着绿色的军装，脖子上戴着口哨，他们响亮的口令回响在校园的上空，顿时他们又成为先锋校园里一道亮丽的风景线，他们为这个初秋增添了一份生机和活力，他们就是担任今年2010级军训任务的军训教官。今天就让我们来与我们可爱可敬的教官中的一员来一次亲密接触，与她一同分享这次担任教官的心路历程。

一、可爱又不失严肃

她个子不高，今年才20岁，她是来自先锋软件学院2009级的学生。训练时，她毫不懈怠，严肃认真；休息时，她还像个孩子，开玩笑，玩游戏，和同学们打成一片。训练时，同学们叫她教官；休息时，同学叫她周燕姐姐。她就是这次教官连中一连的教官——周燕。

因为这次2009级的学生担任教官是“新手”，他们心里的压力确实很大。当记者问到暑假一个月的集训对这次当教官是不是有很大的帮助时，她说道：“集训确实是为自己增加了很多军训的经验，甚至可以说在学院一个学期都学不到这么多。集训时，看到带我们的连长，看他们是怎么带我们的，把他们好的方法用到这次的军训中，同时自己也一直在慢慢地琢磨一些方法。”她还告诉记者，2010级新生是未来的花朵，希望用自己的汗水来浇灌明日之花，她还希望新同学们不要把军训看作是折磨人的一件事，军训是大家锻炼自身气质、性格、耐力的一次难得的机会。

二、集训中收获感动

讲到这次首次带兵令她感触最深的一件事是什么时，她的神情有淡淡的伤感。“虽然我是第一次带兵，没有经验，但是在训练过程中我和大家能互相谅解，互相帮助。”她接着说：“有一次训练过程中，我们教官连的一位同学犯了错误，因为军姿没有站好，被连长批评而且还受罚，后来看到平时和我们一起的教官一个人在受罚时，我们全连的教官都站了出来和他一起受罚，这件事情很让我感动。大家在一起就像是一家人一样，总之，在这一个多月的军训过程中我们之间都建立了很深的友谊。”

三、我心目中的教官连

当记者让她评价自己在的这个教官连集体时，她感慨地说：“教官连这个大家庭让我感受到很多的温暖，收获了很多的感动，在那里我们就像个大家庭。而且我们教官连在学校的成绩也很明显，作为教官连中的一员还是挺自豪的。”

第五章
事件新闻、非事件新闻的写作与范例

第一节 事件新闻的写作

一、事件新闻的含义

事件新闻是以一个独立的新闻事件为核心而展开的报道，它在时态上是突发性或跃进性的。事件新闻十分强调新闻的时效性，要求迅速地反映出新闻事件的发生、发展状况。事件新闻包括大量的动态消息、现场特写（新闻素描）等。

消息是报道事件的首选体裁，事件是消息不可缺少的组成部分。消息具有广泛的适应性，在真实、准确的原则下，消息可以用概括的手法记述各类新闻事件。消息简短、平实、迅速的特点，也为它报道事件创造了条件。

二、事件在新闻报道中的重要性

人类自有传播活动起，事件就是传播者猎取的目标。事件在新闻报道中有着极其重要的作用，主要表现在：事件都有其原始的戏剧性，对读者都有吸引力；事件本身就不同程度地具有典型性的特征，有典型示范、典型示警的作用；事件本身具有明显的变动性特征，容易引起读者关注。

三、事件新闻的内容

事件新闻的内容包括以下几个方面。

（1）社会政治、经济局势的突变：政局更迭、政治动乱、政府人事或政策变动、经济危机等。

（2）重大交通事故或其他意外事故：空难、沉船、撞车、翻车等。

（3）暴发性流行病瘟疫、肝炎、禽流感等。

（4）重大自然灾害：地震、海啸、洪涝、旱灾、火灾、龙卷风、泥石流等。

（5）重大刑事案件：抢劫、投毒、绑架等。

（6）其他对社会各界有较大影响的新发现或新成就：考古新发现、发射卫星、登月探险以及自然界新出现的奇观、人们打破历史纪录的某种行为等。

四、报道事件需注意的问题

1. 交代清楚事实

事件性消息，是以事件为主的新闻报道，报道事件的内容是事件性新闻的重点。因此，清楚明了地记事，是事件性新闻的第一要求。需要注意的是，记者在交代事实时，新闻要素要齐全，要将事实的具体内容、事件的来龙去脉交代具体，不要忽略了某些必须交代的细微部分。

2. 不要做表面文章

事件新闻的采访与写作，容易被眼前纷乱的事情所迷惑，从而影响新闻报道的深度。因此要求记者能够透过事件的表面看到其深层的含义，用准确的语言将事件的意义、自己的发现告知读者，并预测事件未来的影响。

3. 见事见人

读者关注事件，与对人的关注是分不开的，因为事件是由人来演绎的。记者所采写的事件性新闻不应该忽略人的因素，要避免只有事件没有人物。事件性新闻在写人时要以人的命运为焦点报道事件；要反映人在事件中的活动、心态，以丰富事件性新闻的内涵；要关照事件结果对人可能产生的影响。

4. 慎重报道恶性事件

恶性事件在事件性新闻中所占的比重很大，报道恶性事件的新闻拥有广泛的读者，容易成为媒体的“卖点”。但是这类报道极易涉及当事人的名誉权、隐私权等，如果稍不注意，就会造成不良影响，为此，在报道时要注意关注事件成因、注意保护当事人的名誉权和隐私权，不要煽情和无意中传播作案手段、泄露破案方法。

第二节 非事件新闻的写作

一、非事件新闻的含义

非事件新闻是对一段时间或若干空间范围内发生的诸多事实、情况、问题的综合反映，揭示带有分析性、启发性的总体情况，并引申出相应的倾向性经验。

非事件新闻的时态往往是渐进性的，对时态的要求较为宽松，但也要求记者尽力找寻和体现新闻根据，积极利用新闻发布的契机。非事件新闻包括深度报道、典型报道、经验性消息、述评性消息等。

二、事件新闻与非事件新闻的区别

事件新闻者反映的是一个“点”，非事件性新闻反映的是一个“面”。

从时间上来说，事件性新闻的时间跨度不大，即使是一些时间稍长的连续报道题材，其时间的起始和终止也都可辨别。而非事件性新闻的时间跨度往往较大，并且多数情况下其起始时间与终止时间没有明确区分的标志。

从空间上来说，事件性新闻在空间上是一个点，涉及的范围不大。而非事件性新闻所涉及的空间较广，是对一个大面积情况的反映。

三、非事件新闻的特点

非事件新闻的特点如下：

1．综合、归纳多个事件或事实

非事件性新闻综合归纳了多个事件或事实，在各种事实的比较之间，说明和解释新闻性变动的实况和意义。

2．抓住渐变中的规律

非事件新闻不仅仅是记录突发事件，它更注重事物渐变过程中对某些规律性内容的揭示。因此，非事件新闻一般都具有一定的分析、研究色彩，通常需要有一定的思想或理论深度。

3．具有新闻性

非事件新闻属于新闻的一种，所以也要求具有新闻性，并且所报道的内容要新鲜、有针对性，还要是广大读者应知、未知而又渴望知道的。

4．揭示实质

非事件新闻是一种透视性的新闻报道，它不是简单地罗列现象，而是要通过纵横对比、层层剖析、由表及里的方法，揭示出事物的实质或新闻背后的新闻。因此要求记者具有较强的政治理论素养与新闻洞察力。

5．发表要选择报道时机

非事件新闻的报道时机总是与当前形势下人们关注的“热点”问题有关，所以非事件新闻能否发表，要看当时当地的时机是否成熟。

四、非事件新闻的特殊价值

非事件新闻有其特殊的魅力及特殊的传播价值，具体如下：

1．非事件新闻有助于发挥媒体的“主体意识”

所谓“主体意识”，是要求记者不但要对事件进行分析，还要主动采写尚未构成事件的社会问题。非事件性新闻促使采访者和媒体主动寻找报道题材，自己决定“以什么为新闻”。

2．非事件新闻以消息体裁报道非事件性事物，可进一步拓宽新闻的报道面

随着受教育程度的提高，人们更加关心所生活的世界，其“信息欲”也更为强烈，他们希望媒体可以提供更为丰富的信息，而非事件性消息报道的内容具有无限多样性，能更广泛、更深入地反映事实。

3．非事件新闻可为媒体采制独家新闻创造条件

大量的非事件性报道，由于许多是出于“点子”、出于“策划”（建立在尊重事实和调查研究基础上的策划），便于智取，所以成为媒体推陈出新、超越对手的有力武器。

4．一些非事件新闻具有“读物”的性质，有欣赏价值和“抚慰”作用

“读物”的主要特色是趣味性和情趣。一部分富有人情味、知识性、趣味性的非事件新闻，可以给读者带来精神上的愉悦，是读者很好的精神食粮。

五、非事件新闻的写作要求

非事件新闻，其写作要求如下：

1．提出问题，回答问题

非事件新闻往往带有主动出击的特点。在大多数非事件新闻中，记者是为了反映某种情况或问题才进行报道的。有些报道虽然利用了有关部门的调查统计资料，但就其调查行动本身而言，也是带有鲜明的“问题意识”的。

2．将散在的事件、现象加以量化和集中

非事件新闻在写作上，要将散在的事件、现象加以概括和集中。总体量化便是集中的一个有效手段。即将个别事件的外壳剥去，以抽象的全局性数字，反映某些社会问题或现象的总体态势。

3．将变化性、问题性、新闻性鲜明地揭示出来

非事件性新闻所报道的一些社会或自然界的现象、问题，通常呈渐变状态，所以不像新闻事件尤其是突发性事件那样，容易引起人们的注意。因此，在写作时，要求记者通过对材料的选择和运用，将变化性、问题性、新闻性明显地揭示出来，摆在读者面前，从而便于读者的理解。

4．以点带面

点，是指个别的、典型的事例；面，是指全局情况。忽视点，会削弱消息的说服力和感染力；没有面，就难以反映总的态势。非事件性新闻选取的点可以将同类事物共有的特点集于一身，加以放大，就会让读者获得实实在在的认识和感知。

第三节 事件新闻、非事件新闻的写作范例

一、事件新闻

不法分子收购原奶时添加三聚氰胺

（新华网石家庄9月12日电） 记者12日从河北省石家庄市政府获悉，经调查了解初步认定，石家庄三鹿集团股份有限公司所生产的婴幼儿“问题奶粉”是不法分子在原奶收购过程中添加了三聚氰胺所致。

三聚氰胺是一种化工原料，作为添加剂，可以使原奶在掺入清水后仍然符合收购标准，所以被不法分子用来增加交奶量以获利。

截至9月12日早晨7点，石家庄警方已经传唤了78名嫌疑人员。目前此案正在进一步调查审理中。

2008年3月以来，三鹿集团先后接到消费者反映，有婴幼儿食用三鹿婴幼儿奶粉后，出现尿液变色或尿液中有颗粒现象。6月中旬以后，三鹿集团又陆续接到婴幼儿患肾结石等病状去医院治疗的信息。

三鹿集团经过多层次、多批次的检验，在8月初查出了奶粉中含有三聚氰胺物质。石家庄市委、市政府立即召开紧急会议，要求立即收回全部可疑产品，对产品进行全面检测，确保新上市产品批批合格，绝不能再含有三聚氰胺成分，同时各有关部门展开调查工作，确定事件性质。

截至9月10日，三鹿集团封存问题奶粉2176吨，收回奶粉8210吨，大约还有

700吨奶粉正在通过各种方式收回。同时，8月5日后上市的产品批批自检合格，均不含三聚氰胺。

石家庄市副市长赵新朝说，石家庄市已对下一步工作措施进行了紧急部署，将不惜一切代价救治相关患者，坚决召回遗留在市场上的全部问题奶粉，把对消费者的损害降到最低程度；对三聚氰胺造成的食源性疾病的问题进行调查取证，为打击违法犯罪分子和召回处理等工作提供可靠的法律依据；举一反三，在全市范围内开展食品生产安全整治活动。

（2008年9月12日新华网）

二、非事件新闻

我国吸烟人口呈低龄化
二十五种疾病与吸烟有关

（本报讯　记者白剑峰）从日前召开的中国吸烟与健康协会成立10周年庆祝会上获悉：我国吸烟人口呈低龄化，青少年吸烟率上升，吸烟人数达5000万。专家呼吁：让青少年远离烟草危害。

我国是世界烟草生产和消费大国，现有吸烟者3.2亿，占世界吸烟总人数的1/4。据全国第三次吸烟行为流行病学调查，15岁以上人群总吸烟率为37.62%，和1984年相比，开始吸烟者年龄提前了3岁，吸烟者日均吸烟量增加了2支。其中，青少年吸烟率上升明显。

医学研究表明，肺癌、心脑血管病、冠心病等25种危及生命和健康的疾病，都与吸烟有关，通过戒烟可以预防或降低这些疾病的患病危险性。目前，全世界每年死于与吸烟有关疾病的人数达350万，如不采取行动，到2030年，每年死于与吸烟有关疾病的人数将增至1000万。另据全国疾病监测系统报告，近年来，我国肺癌死亡每年以4.5%的速度上升。中国医学科学院和中国预防医学科学院的专家指出，如不改变目前的吸烟现状，到下世纪中叶，中国将每年有300万人死于吸烟。

（2000年4月11日《人民日报》）

第六章
现场短新闻、会议新闻的写作与范例

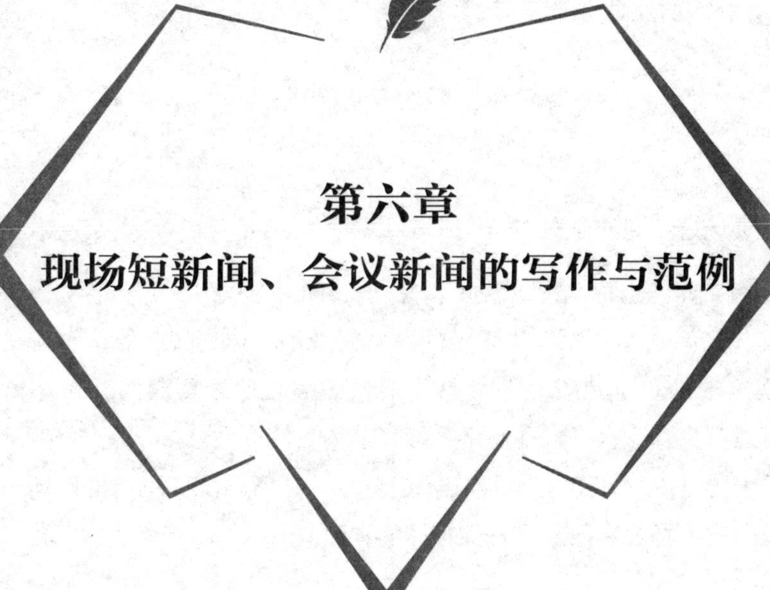

第一节 现场短新闻的写作

一、现场短新闻的含义

现场短新闻，也称“视觉新闻”“目击新闻”“现场速写”“特写”等，它是记者或其他新闻工作者深入新闻事件发生的现场，运用视听等多种采访手段，捕捉事实变动的一个片段，并以具体形象的描述使之再现的、短小精悍的新闻。它可以是消息，也可以是通讯、特写等体裁。

当今社会中，人们普遍认同新闻信息量大，新闻反应迅速的媒体。因此，短小、及时的现场短新闻颇得各类媒体的青睐。

二、现场短新闻的基本要素

从现场短新闻的含义中不难看出，现场短新闻具备三个基本的要素。

1. 现场感强

现场感强是现场短新闻最具特点的个性。它要求新闻作品使人读后有种身临其境的感觉，如见其人，如闻其声。这就要求在表述上具有以下几个特点：

（1）可读性。通过可读性吸引读者眼球和心灵，已成为媒介从业人员的共识。现场短新闻接近生活，再现生活，读者群更广泛，所以，现场短新闻记者的文风要做到明快活泼，写作上要力求新颖，具有鲜明的时代感。

（2）可视性。现场短新闻的新闻工作者深入新闻事件发生的现场，采写制作新闻，因此要写出能为突出主题服务的现场氛围、活动等，要善于挑选有意义且富有形象表现力的视觉材料，让人有身临其境的感觉。

（3）可听性。现场短新闻要再现特定场景和特定形象，离不开人物的语言和现场各种音响的衬托。它们均有助于受众如闻其声。

（4）可感性。现场短新闻是记者亲临现场，以耳闻目睹的事实迅速采写成的短小精悍的报道，所以必须写出特定的现场氛围，这就要求新闻工作者具有敏锐的观察能力，在新闻事发现场善于捕捉精彩镜头、典型场面，并给予形象描写。

2．短小精悍

短小精悍是现场短新闻的又一个重要特点。现场短新闻的短，是用精练的语言传播容量大、价值高的重要信息，做到短而不浅、短而不空、短而不淡、短而不俗。全国首届现场短新闻评奖要求对现场短新闻的“短”做了量的规范，即：“要求参赛作品短而精；报纸文字限制在1000字以内；广播时间限制在5分钟以内；电视时间限制在3分钟以内。”

3．具有较高新闻价值和宣传价值

现场短新闻应该选择人们普遍关心而且渴望知道的信息，是人们现实生活中迫切需要解决的问题。这就需要记者增强对新鲜事物的敏锐反应。同时，还要考虑事实本身所蕴含的深刻的思想性及传播后的社会效果，以及与之相适应的表现形式，即构思新颖、文采优美。

三、现场短新闻的特点

1．现场感

现场感是指能让人有身临其境、如见其人、如闻其声的感觉，展现给人们一幅动感强烈的画面，从而增强新闻的真实性与可信性。

2．形象感

现场短新闻尤其是特写类现场短新闻，要在作品中再现现场的人、物、景、情、氛围等可触可感的形象。这就要求记者描摹耳闻目睹的状况，即用感官来“写”新闻。

3．动态感

现场短新闻属于动态性报道，所再现的是事件发生、发展、变化中的一系列动态形象。记者通过细致的观察和描写带给读者第一线的现场感受，令读者读后回味无穷。

4. 鲜活感

现场短新闻所报道的是新事件，是记者亲临新闻事发现场对刚发生的事实的现场报道。记者的采访和新闻发生、发展基本同步，有较强的时效性。在广播、电视新闻里，它还可以是对正在发生的事实的报道。

四、现场短新闻的分类

根据表达方式的不同，现场短新闻可以分为动态式现场短新闻和特写式现场短新闻。

1. 动态式现场短新闻

动态式现场短新闻属于动态消息中的一种。它篇幅短小，采用叙述的表达方法，报告主要的新闻事实，是发自新闻现场的目击式报道，现场感很强。

2. 特写式现场短新闻

特写式现场短新闻是新闻特写中的一种，但又和一般的特写有所区别，它是发自新闻现场的特写式消息，因此必须是现场目击式采访。它采用描写和叙述的表达方法，不仅报告主要的新闻事实，还描摹新闻事实的动态形象。

五、现场短新闻的写作要求

1. 抓住新闻发生、发展的动态

能够捕捉并再现现场动态，对写好现场短新闻至关重要。因为动态最具传神写照作用，所以在写作现场短新闻时，要再现现场的事和人，着力再现事和人的动态。

2. 深入现场，进行多感官采访

现场短新闻的记者就是事件发生发展的目击者，甚至是参与者，必须要亲临新闻现场，运用多种感官全方位地感受现场的人物、环境、事件，感受现场的动态、色彩、声音、情感、气味等，才能将活生生的场面呈现出来，才能使受众如身临其境。

3．点化场景

现场短新闻再现的主要是现场发生的新闻事实，但同时也要再现新闻发生的场景。再现场景，要选择能够反映新闻事实本质特征意义的、能烘托现场气氛的典型场景，以简笔勾勒便能再现新闻现场的环境。

4．捕捉细节

现场短新闻要求记者亲临采访现场，但并不是到了现场就能够采写出高质量的现场短新闻，只有善于选择典型的细节，才能更好地再现现场事实和场景。典型细节的获得靠细致的观察，必须细看、细听，同时，观察和思考要紧密结合，在写作手法上，要善于融进记者的真挚感情，绘声绘色地描述出来。

六、现场短新闻存在的问题

现场短新闻是来自新闻发生地的现场报道，而不是事后采访写成的追记式报道。它是记者耳闻目睹、亲身所体验到的种种感受，获得第一手材料写成的报道。目前，采写现场短新闻主要存在两个问题：

（1）对现场短新闻概念的理解存在偏差。有许多所谓的现场短新闻有现场无新闻，或者是新闻要素不具备，或者新闻无价值；还有的新闻无现场，即或以现场为由头，或以描写式导语开个头后，后面却看不到现场的影子；还有的新闻既无现场又无新闻。

（2）一味追求大题材而没有对其深刻挖掘。现场短新闻的价值在于是否深刻挖掘新闻事件背后所表达的意义，而不在于题材是否重大。现场新闻更适合以小见大的表现手法。任何事物都有一定的适用范围，所以不是所有的新闻事实都适合运用这种形式，因此，新闻在采写的时候要考虑题材、内容是否适合写成现场短新闻的形式，不能滥用。

第二节 会议新闻的写作

一、会议新闻的含义

会议新闻，是指报道各种政治性、专业性会议为报道题材的新闻体裁。通常情况下，可以把会议新闻理解为报道会议的新闻。

在及时传达党和政府的方针政策以及发动人民群众积极参加社会主义物质文明与精神文明建设的事业中，会议新闻起着不容忽视的作用。

二、会议新闻的分类

1. 工作会议新闻

工作会议新闻包括各个机构、社会团体在研究重大问题和主要工作时而召开的全会、常委会、代表会、现场会、规划会、例会，还包括各级各部门召开的年终总结表彰大会、庆功会等。这类新闻要突出会议的主要精神，包括重大举措、重大人事变动、重要思路、新成果、新经验等。

2. 新闻发布会的新闻

各行各业的新闻发布人为了对本地区、本单位、本系统等的新动态、新成果、新经验进行介绍，以及对重大活动、重大事件进行解释，往往会召开新闻发布会或记者招待会。那么，报道这种新闻发布会的新闻就是新闻发布会的新闻。

3. 集会新闻

集会新闻包括文艺晚会、纪念会、报告会、团拜会、追悼会、声讨会等新闻。这些会议的内容各不相同，但写法大致相同，即它们往往采取单向信息的传播形式，报道会议的主要内容，让受众更好地了解会议内容。

三、会议新闻的采写要求

1．摸清会议宗旨，亲临现场采访

记者接到任务时，要设法通过会议的主办单位，了解会议的宗旨和议程，在此基础上要尽可能占有会议的各类文字资料。通过对这些资料的认真分析和研究，弄清会议的目的和意义，初步列出新闻线索，拟订采访方案。然后要亲临现场采访，因为记者到现场采访能捕捉到会议或会场的细节，从而使新闻生动形象。

2．跳出会议程序，着眼新闻事实

对会议报道，受众一般不太关心会议的程序，而只是对会议的内容感兴趣，因此记者在报道会议新闻时必须以事实为主干，以会议为背景，也就是要抓住新闻事实做突出处理，会议本身只是作背景或新闻根据予以衬托。

3．坚持报道原则，讲究机动灵活

决定会议是否报道的关键在于会议中有没有新闻，这些新闻有没有价值。通常情况下，会议新闻的报道原则是少发、简发甚至不发，不能大会大报、小会小报、每会必报。此外，在报道时还要讲究策略。对于重大会议，可以采取化整为零的手法，把会议所讨论的内容与做出的决议概括出来，然后逐一发文。对于扯皮的单位和部门，记者要敢于坚持原则，勇于担负责任，“先斩后奏”。

四、会议新闻写作注意事项

表面上看来，会议新闻是最好写的新闻稿件，因为其格式固定、大量采用领导讲话、大段摘抄文件等会议材料，加上会议出席人士即是一篇完整的会议新闻，而事实上，写好会议新闻也并非一件容易的事情。

1．忌长

报纸不能变成会报、会刊，所以篇幅不宜过长。简短的会议消息才是读者所喜欢的写作方法。

2．忌空

作为会议，难免要讲“道理”，就会显得有些“空”，但是，会议消息不能显“空”，不能写成一大堆空洞的理论文章，它必须要写新闻的“事实”。

3．忌细

对新闻事实进行概要的交代，是消息写作方法的基本要求，不能事无巨细、有闻必录、面面俱全，否则重点就会不突出，让读者看不明白。另外，对新闻素材一定要有所选择，注意新闻素材的典型性。

第三节 现场短新闻、会议新闻的写作范例

一、现场短新闻

（一）特写式现场短新闻

“飞天”凌空

——跳水姑娘吕伟夺魁记

作者：樊云芳　夏浩然

她站在10米高台的前沿，沉静自若，风度优雅，白云似在她的头顶飘浮，飞鸟掠过她的身旁。这是达卡多拉游泳场的8000名观众一齐翘首而望，屏声敛息的一刹那。

轻舒双臂，向上高举，只见吕伟轻轻一蹬，就向空中飞去。有一瞬间，她那修长美妙的身体犹如被空气托住了，衬着蓝天和白云，酷似敦煌壁画中凌空翔舞的“飞天”。

紧接着，是向前翻腾一周半，同时伴随着旋风般的空中转体三周，动作疾如流星，又潇洒自如，一秒七的时间对她似乎特别慷慨，让她从容不迫地展示身体优美的线条：从前伸的手指，一直延续到绷直的足尖。

还没等观众从眼花缭乱中反应过来，她已经又展开身体，笔直得像轻盈的箭，“哧”地插进碧波之中，几股白色的气泡拥抱了这位自天而降的仙女，四面飞花悄然不惊。

“妙！妙极了！”站在我们旁边的一名外国记者跳了起来，这时，整个游泳场都沸腾了，如梦初醒的观众用震耳欲聋的掌声和欢呼声，来向他们喜爱的运动员表达澎湃的激情。

吕伟精彩的表演，将游泳场的气氛推向了高潮。她的这个动作5136，从裁判手里得到了9.5分。

这位年方16岁的中国姑娘，赢得了金牌。

她的娇小苗条的女伴、17岁的周继红，也以接近的分数赢得了银牌。

当一个印度观众了解到这两个姑娘是中国跳水集训队中最年轻的新秀时惊讶不已。他说：“了不起，你们中国的人才太多了！”

（选自1982年11月25日《光明日报》）

（二）动态式现场短新闻

别了，“不列颠尼亚”

新华社香港1997年7月1日电（记者周婷 杨兴）在香港飘扬了一百五十多年的英国米字旗最后一次在这里降落后，接载查尔斯王子和离任港督彭定康回国的英国皇家游轮“不列颠尼亚”号驶离维多利亚港湾——这是英国撤离香港的最后时刻。

英国的告别仪式是30日下午在港岛半山上的港督府拉开序幕的。在蒙蒙细雨中，末任港督告别了这个曾居住了二十五任港督的庭院。

4点30分，面色凝重的彭定康注视着港督旗帜在“日落余音”的号角声中降下旗杆。根据传统，每一位港督离任时，都举行降旗仪式。但这一次不同：永远都不会再有港督旗帜从这里升起了。4时40分，代表英国女王统治了香港五年的彭定康登上带有皇家标记的黑色“劳斯莱斯”，最后一次离开了港督府。

掩映在绿树丛中的港督府于1885年建成，在以后的近一个半世纪中，包括彭定康在内的许多港督曾对其进行过大规模改建、扩建和装修。随着末代港督的离去，这座古典风格的白色建筑成为历史的陈迹。

晚6时15分，象征英国管治结束的告别仪式在距离驻港英军总部不远的添马舰军营东面举行。停泊在港湾中的皇家游轮“不列颠尼亚”号和临近大厦上悬挂的巨幅紫荆花图案，恰好构成这个“日落仪式”的背景。

此时，雨越下越大。查尔斯王子在雨中宣读英国女王赠言说：“英国国旗就要降下，中国国旗将飘扬于香港上空。一百五十多年的英国管治即将告终。”

7点45分，广场上灯火渐暗，开始了当天港岛上的第二次降旗仪式。一百五十六年前，一个叫爱德华·贝尔彻的英国舰长带领士兵占领了港岛，在这里升起了英国国旗；今天，另一名英国海军士兵在“威尔士亲王”军营旁的这个地方降下了米字旗。

当然，最为世人瞩目的是子夜时分中英香港交接仪式上的易帜。在1997年6月30日的最后一分钟，米字旗在香港最后一次降下，英国对香港长达一个半世纪的统治宣告终结。

在新的一天来临的第一分钟，五星红旗伴着《义勇军进行曲》冉冉升起，中国从此恢复对香港行使主权。与此同时，五星红旗在英军添马舰营区升起，两分钟前，“威尔士亲王”军营移交给中国人民解放军，解放军开始接管香港防务。

零点40分，刚刚参加了交接仪式的查尔斯王子和第28任港督彭定康登上“不列颠尼亚”号的甲板。在英国军舰“漆咸”号及悬挂中国国旗和香港特别行政区区旗的香港水警汽艇护卫下，将于1997年年底退役的“不列颠尼亚”号很快消失在南海的夜幕中。

从1841年1月26日英国远征军第一次将米字旗插上海岛，至1997年7月1日五星红旗在香港升起，一共过去了156年5个月零4天。大英帝国从海上来，又从海上去。

二、会议新闻

（一）工作会议新闻

唐山38个会合而为一　省下1000万

唐山改进作风从会风开始，市委书记赵勇会上讲话仅3分钟

本报唐山电（记者刘超、王军伍、张汇）“把38个专题会议合并召开，是改进作风的一个创新，改进作风的一个重要内容就是开短会，讲短话，讲真话，讲实话。”昨日上午，河北省委常委、唐山市委书记赵勇在全市“转作风、抓落实、促发展”工作会议上，预先安排的30分钟讲话仅讲了3句话，时间仅为3分钟，为各级领导干部带了个好头。而8位市领导最长不超过20分钟的限时讲话，更是深刻贯彻了改变作风的这一创新举措。

30分钟讲话缩至3句话

昨日上午，唐山市“转作风、抓落实、促发展”工作会议在市政府会议室召开，与以往不同的是，此次会议是集38个专题会议于一体的大会。会上，周仲明等8位市领导分别对2009年的工作进行了部署，每人的讲话最长不超过20分钟。之后，河北省委常委、唐山市委书记赵勇讲话，其原定30分钟的讲话意外地缩为3句话，用时仅3分钟。而原定220分钟的会议，也只用了不到170分钟的时间便圆满完成。

据了解，按照唐山市委、市政府的要求，今年3月至6月、8月至11月，将不再召开全市性的工作会议。

38个会合并　节省1000万

“多会并一会”能给唐山领导干部作风转变带来什么？记者就此采访了唐山市委秘书长刘建国。“每年年初时，各种工作会议非常多，有的会议要开到5月甚至6月底，致使部署工作不够及时。”刘建国说，省委干部作风建设年活动部署之后，唐山市迅速行动起来，为了打造效率唐山，按照省委常委、唐山市

委书记赵勇的要求，改进作风从会风开始。“我们感到，这既是改进作风的一个实际举措，同时也是会议模式的一个创新。”

随后，刘建国为记者算了一笔时间账和经济账。“今天将38个全市性的工作会议合并在一起召开，单从时间上计算，就可以节省25天的时间。同时还可以减轻财政负担，此次会议，采用电视电话会议召开，可以解除7200名县乡干部到市里开会的劳顿，也可以节约会议经费1000万元以上。”

对于唐山这种新的会议形式，与会的广大干部纷纷表示赞许。唐山市路北区委常委、副区长杨明贵说：“每年春季，一大部分时间被开会牵扯，这次会议后，唐山上半年不再召开全市性的工作会议，我们有了更多的时间和精力到基层、到一线去做事。”

（2009年2月28日《燕赵都市报》）

（二）新闻发布会的新闻

新疆召开劳动模范和先进工作者表彰大会新闻发布会

天山网讯（记者　赵军） 9月26日，新疆维吾尔自治区劳动模范和先进工作者表彰大会新闻发布会召开。自治区副主席丈尔肯·吐尼亚孜介绍了表彰大会有关情况，并就下一步宣传工作做出安排。

9月30日上午，2010年自治区劳动模范和先进工作者表彰大会将在新疆人民会堂召开，目前各项筹备工作基本就绪。本次表彰大会对于深化“热爱伟大祖国　建设美好家园”主题教育，营造劳动光荣、知识崇高、人才宝贵、创造伟大的社会氛围；对于充分发挥劳动模范和先进工作者的模范表率作用，为我区经济社会又好又快发展提供强大的精神动力；对于继续解放思想、坚持改革开放、推动科学发展、促进社会和谐，进一步激励和鼓舞全区各族人民为实现新疆跨越式发展和长治久安而努力奋斗，都具有十分重要的意义。

自治区党委、政府历来高度重视劳动模范和先进工作者的选树工作。7月下旬以来，经层层推荐、逐级评审、社会公示、筹委会审定，自治区政府决定授予496人自治区劳动模范和先进工作者荣誉称号，其中劳动模范327名，先进工作者169名，分别占总数的65.93%和34.07%。

本届劳模和先进工作者构成较以往各届更加多元化，分布在各领域和各行业，兼顾城乡、企业、事业单位和党政机关。女性和少数民族均超过分配比例，企业一线职工、农民以及领导干部和企业负责人占有一定比例，私营企业负责人也有一定数量，体现出分布广泛、类别齐全、代表性强的特点。

据了解，从9月20日开始，自治区总工会组织开展了“劳模进校园”“劳模进企业”“劳模进社区”活动，自治区各大新闻媒体从9月25日起开辟“劳模风采”栏目，重点宣传一批劳动模范和先进工作者的典型事迹，为表彰大会召开营造了良好的社会氛围。

（2010年9月26日 天山网）

第七章
经济新闻、法制新闻的写作与范例

第一节 经济新闻的写作

一、经济新闻的含义

经济新闻与经济活动紧密相关，它是以人类社会最新的经济关系、经济活动和最新的自然经济现象及其发展趋势信息为报道内容的新闻体裁。

目前，我国经济新闻的传播网络已经基本形成，经济类报刊大批涌现且个性鲜明，经济新闻在各种新闻报道中的比重日益增大，数量和质量也明显提高。

二、经济新闻的特点

经济新闻在写作上不同于社会新闻、教育新闻、娱乐新闻，它具有自身的某些特点，具体如下：

1．政策性

经济新闻往往是为了配合党和政府在一个时期内的经济政策进行宣传和解释工作的，因此本身带有很强的政策性。一些报道经济工作动态、经济战线新人新事的经济新闻，虽然不等同于党和政府的政策、文件，但也渗透着政策精神，并体现着政策的要旨。比如，关于农民子女免费义务教育、新型农村合作医疗、社会保障网络、取消农业税等一系列问题的报道，处处体现出了国家对“三农”问题的重视，以及政策调整上的深入与变化。因此，这就要求经济新闻记者和编辑在写作时要理解透彻国家的经济政策，并正确地反映这些经济政策。

2．服务性

现在，经济新闻更重视服务性，许多经济新闻直接或间接地为读者进行服务。比如，有的报纸开辟了“市场服务”“生活服务”“消费者之声”之类的专栏，多侧面、多角度地反映并服务人们的生产、生活。这些丰富生动的经济信息，不仅是企业参与经济竞争的重要参照，也是引导群众生产消费，反映群众呼声的重要渠道。

在现代经济生活中，经济新闻中的许多宏观信息已经成为决策者的重要参考资料，一些微观信息已经或正在帮助企业经营者摆脱困境。

3．业务性

经济新闻要传播经济工作中的新情况、新经验、新政策，就会涉及一些专业性的报道内容，比如，经济评论《回答紧缩银根是否过度了》就涉及金融学、经济学以及国家金融政策等多方面的知识。因此，业务性强是经济新闻所具有的另一个突出特点。

因此，经济新闻记者编辑要认真学习经济业务知识，熟悉所报道经济工作的基本过程、专业术语等，将知识融会贯通，把枯燥难懂的专业术语用通俗易懂的语言深入浅出地报道出来，以达到宣传方针、政策、引导受众、促进经济发展的职能。

4．保密性

经济新闻所报道的内容都属于经济信息，有些经济信息由于直接关系到国家进出口计划、新技术、新工艺等，有的还涉及国家经济部门的一些情况、数字、动态，不到一定的时候不宜公开报道。尤其是当今，各国各地区经济往来频繁，有的外国人会利用这一机会窃取我国经济情报，因此在经济新闻全球化、国际化的今天，要注意保密，做到内外有别，重大问题在报道前一定要请示有关主管部门。

这种保密性适用于以下方面：我国或我方的进口计划；我国与外商的成交价格；外销产品的质量问题；我国出口商品库存情况等。比如，我国或我方的进口计划一经制定就要坚决执行，否则，计划一旦泄露，外商就可能会借机抬价，使我方蒙受损失。同样，如果外商了解了我国出口商品的库存积压情况，也可能借机降价，使我国在外贸中处于不利地位。又比如，有的国家或外商与我国较友好，所以在出售给我国商品时价格相对较低，而在出售给他国时价格会抬高些，如果把成交价格泄漏出去，就会使对方难堪。正是由于经济新闻具有相对保密性，所以，每一个记者在进行报道时都要格外慎重和警惕。

5．开放性

随着20世纪80年代世界经济一体化进程的加快，各国各地区的经济联系日益增强，中国以前那种自给自足的生产，近乎全封闭的经济环境完全被打破了。它树立全球视野，经济报道内容融入了更多的世界性，做到经济信息传播全球化。

三、经济新闻的分类

经济新闻按报道内容来分，可分为以下几种：

1．政策性经济新闻

指反映重大政治思想，党的路线、方针和基本政策精神的经济新闻，具有强烈的政治倾向性、政策性和指导性。

2．信息性经济新闻

指信息量大并具体对经济工作直接有用的新闻。

3．人物性经济新闻

通过对某些人物的报道反映经济活动或推动某项经济工作改革。

4．自然经济现象新闻、经济趣闻

指报道与经济活动有关的自然现象的新闻，包括天气与海洋情况报告、暴风雨、地震、火灾等自然灾害以及有价值的经济趣闻。

四、经济新闻的功能

在指导经济建设和人民群众的日常经济生活中，经济新闻发挥着重要的、不可替代的作用。经济新闻的功能主要表现在以下几个方面：

1．传递经济信息

1984年9月邓小平同志为《经济参考报》题词："开发信息资源，服务四化建设”，揭示了经济新闻在传递经济信息、促进“四化”建设方面所具有的重要功能。经济新闻的一个重要功能就是传递经济信息，这些信息是经济发展与社会进步的重要资源，是国家、企业参与世界竞争的“眼睛”，进行决策的“基础”。

2．传播经济知识

经济新闻在传播经济知识方面的功能很明显。从广义上说，所有经济知识都是经济新闻所传播的知识；从狭义上说，经济新闻所传播的知识主要包括以下两个方面：

（1）与经济活动相关的历史知识、法律知识、科技知识、地理知识和其他知识。这些知识一般作为背景性材料出现在经济新闻中，以便对所涉及的新闻事实进行说明和解释。这些知识涉及面广，内容丰富，启人心智，开人耳目。

（2）关于从事经济活动的业务知识，如经济政策与法规知识、商品知识、工农业生产知识、经济管理知识等。

3．指导经济生活

改革开放以来，我国的经济建设飞速发展，人民的消费观念迅速变化，消费水平不断提高，这与经济新闻的引导作用密不可分。经济新闻对经济生活的指导，主要表现在促进经济生产、商品流通和引导群众日常消费等方面。

4．传达经济政令

经济政令是国家关于经济工作的部署、政策和法令。这些部署、政策和法令是我国经济工作的指导方针，经济新闻担负着自上而下地及时传达、贯彻党和政府关于经济工作的政策法令的任务。

5．监督经济行为

经济新闻既可以传播大量经济信息，又可以对经济活动中的改革思想、道德新闻、竞争机制进行监督，还可以披露经济工作中的失误，反映人民群众对各项经济决策的意见与建议。经济新闻对经济行为的监督是舆论监督在经济报道领域中的具体体现。这种监督对搞好经济决策和各项具体的经济工作、揭露经济工作中的失误行为和少数贪污腐败者的违法犯罪行为是十分必要的。

五、经济新闻的写作技法

1．选好角度，写出新意

经济新闻由于受所谓的“工作指导性”的制约，习惯从工作角度来写，致使稿件内容面向干部和专业人员的较多，而面向多层次的读者的较少。对于经济新闻来说，有“工作角度”和“新闻角度”之分，其中“新闻角度”应该是第一位的。二者的分界是要看能否引起普遍共同的兴趣。

2．贴近生活，增强可读性

经济新闻的可读性主要表现在内容是否贴近读者的生活。要想使经济新闻的内容具有引导力和震撼力，在采写经济新闻时，要寻求、选择与读者在利益上的“共同点”和“结合点”，善于选取那些为多层次读者共同感兴趣的材料，跳出技术性、专业性的框框，寻求与读者关系的最佳接近点落笔。

3．写出具体的人和事

只有把人写出来，把事写出来，把人的活动写出来，经济新闻才能“活”起来，才会让读者读来饶有趣味，而又让人深受启发。

4．深入现场，写出视觉效果

写出视觉效果，就是要运用生动的画面，选取典型的细节材料，使读者对事物可闻、可见、可触、可感，引起读者对经济新闻的兴趣。

5．表达形式多种多样，把经济新闻写得生动形象

同样的新闻内容采用不同的表现形式，宣传效果也会大不相同，所以记者要提高自己的写作技巧，要学会通过巧妙的形式来增加经济新闻的生命力，吸引广泛的读者。具体可从以下几点入手：

（1）对专业性较强的专业术语进行“翻译”。专业术语的业务性很强，对外行人来说，很难正确理解其含义，因此，在写经济新闻时要注意通俗的表达专业术语的含义，以帮助读者理解新闻内容。

（2）语言通俗生活化。通俗生活化的语言既富有生活气息，又形象生动，使读者愿意去读。

（3）写作角度新颖。在有限的篇幅内表现一个宏大的主题，角度的选取尤

为重要。角度新颖的经济新闻能够吸引读者的眼球，勾起读者的阅读兴趣。

6．巧用数字语言

经济新闻的写作一般离不开数字，数字准确、醒目、直观，用得恰当，能够很好地体现事实。有时候，一个或几个鲜明的数字就可以代替一大篇道理，产生奇特的感染力。需要注意的是，在经济新闻中要巧用活用数字，才能让人更好地理解所用数字的意义，同时也能使数字起到传神、生辉的作用。

7．边缘交叉，多视角反映经济现象

随着经济改革的深入发展，边缘新闻的数量越来越多。边缘新闻是指兼顾两个或两个以上报道角度的新闻，比如经济与教育的联系、经济与社会的联系、科技与生产的联系等。边缘新闻可以扩大报道面，不落俗套，增加新闻的信息量和吸引力。

8．掌握知识，写出经济报道的深度

目前，许多记者已经不满足于就事论事地报道经济现象和经济问题，开始探索经济现象、经济事件背后的规律性和理论性，即分析、解释、评论经济新闻的内容，依托大量的背景材料和知识，力求从更深层次、更大范围内反映经济现象或者经济事件。这就需要记者有更敏锐的眼光，同时也要掌握大量的经济理论知识和经济常识。

第二节 法制新闻的写作

一、法制新闻的含义

法制新闻是与法制有关的、对新近发生或发现的事实的报道。在内容上涉及广泛，既包括立法、司法、执法等方面，也包括守法、违法等方面；既涉及公安、检察、法院等机构，也涉及所有单位和所有社会成员。

法制新闻是社会新闻的一个重要组成部分，通过法制新闻，人们可以更好地了解当前社会的现状、特征、发展动态等。

二、法制新闻的特点

1．较强的政策性、严肃性

法制新闻报道的主要任务是宣传依法治国的基本方略，增强公民的法制意识。对各级执法部门严厉打击危害社会治安的各种刑事犯罪和各种邪恶势力的报道决定了法制新闻报道的政策性。通过报道一些案件，宣传国家的政策法规，对读者进行普法、守法教育，以此来彰显法律的尊严，是法制新闻报道最突出的特点。

2．事实的确切性

真实是新闻的生命，法制新闻报道也不例外。法律是严谨、细致的，如果所报道的事实与真实状况差之毫厘，性质就可能发生根本的变化。因此，法制新闻在写作中必须做到所用事实有据可查，并且要多次核实，确保准确无误。

3．题材的全面性、宽泛性

法制新闻报道涉及人们生活的各个领域，题材非常宽泛。我国颁布的全国性的法律，诸如土地、森林、海洋、环境、消费者权益保障等方面都有涉及。除各项全国性的法律外，还有各部门制定的条例及各省市制定的地方性法规，对这些法律法规的宣传报道也是法制新闻报道的一个重要方面。这些法制新闻总是紧紧围绕党和国家法制建设这个主题，尽显“法”的特色。

4．写作手法灵活多样

新闻写作的各种方式方法，如消息、通讯、特写、专访、调查报告等都适用于法制新闻报道。除此之外，记者还可以在此基础上有所创新，使法制新闻能深入人心，具有可读性。

三、法制新闻的写作要求

法制新闻的写作离不开法制记者的深入采访与调查，从事法制报道的记者要写出高质量的法制报道，具体要做到以下几点：

1．用深入本质的事实说话，用规范社会的法理说话

法制新闻，无论是以法庭外的信息为主，还是以庭审的现场材料为主，都属于难度最大、要求最严格的报道。由于法律的复杂性，而且记者的个人倾向、审判的法律原则都会给记者带来犯错误的危险，因此记者用事实说话，也包括记者深入调查研究，找到第一手资料，从而避免报道失真。

2．选准角度，深入挖掘

同样的新闻，采用不同的关注角度，同样的新闻素材，选取不同的表达方式，产生的社会效果也有很大不同。法制报道也存在角度选择的问题，它不仅要准确报道事件，还要揭示新闻事件背后的现象，阐明读者关心的、涉及深层次的社会矛盾。

3．充分运用背景材料和解释

在法制报道中，运用背景材料主要有两种方式：一是运用背景材料，串联过去和现在；二是利用背景新闻和相关链接的方式配合主要报道，起补充、深

化的作用。要写出通俗易懂的报道，必须了解某个案件的背景材料，以及此案件和其他案件有什么关系，这样有助于从多个角度、全方位地报道某一事例，拓展法制报道的内容。

4．严格遵循法律程序，掌握最佳报道时机

为了避免出现“媒介审判”或“报刊”裁决的现在，法制记者要精通法律程序，掌握报道的最佳时机。媒介要对社会负责、对公众负责，既要报道事件的真相，第一时间把案情的最新进展准确告知读者，又要使报道的节奏与正常的诉讼程序同步，报道时一切说法都要以公、检、法等权威执法机关发布的消息为准。

5．写作形式上要不拘一格，不断创新

法制新闻没有固定的报道模式，新闻写作的形式法制新闻一般都适应。但在具体的报道中，记者可以根据事件的不同特点，在写作手法、形式上不断创新，力求达到内容与形式的完美统一。

四、法制新闻客观报道的表现手法

法制报道中的客观报道手法表现在以下三个方面：

1．注意交代新闻来源

新闻来源即新闻事实的出处，由新闻事实的参加者、目击者和知情者构成。作为新闻事实的报道者，所报道的事实除本人现场目击的以外，一般都是靠新闻来源提供。在新闻报道中提供新闻来源，不仅可以增强新闻报道的真实性与可信性，而且使报道中带结论性的话出处明确，在遇到新闻诉讼时，可以使报道者避免许多不必要的麻烦。

2．为了具体展开诉讼过程，如实报道各方面的意见，不能只介绍某一方的看法

为了取得较好的传播效果，在报道中要注意报道原告方、被告方、律师、法官等各方的意见，让读者去评判事实，这样可以显示记者不偏向任何一方的客观立场。

3．用词要平和，不宜使用过分强烈的褒义词或贬义词

例如在介绍某犯罪嫌疑人时，要避免使用“气急败坏”“气势汹汹”等明显带有感情倾向的词语，而要用语中性、不偏不倚。

4．在报道中少发或不发议论，让事实表达出记者的倾向性

议论既是对要报道的事实所作的评论，也是作者倾向性的反映。有时，适当地议论在新闻写作中是必要的，但在使用议论时要慎重。法制报道中，更需要慎重，尤其在某个案件尚未终结的情况下，不应使用议论，只宜忠实地报道新闻事实。

五、法制新闻报道应注意的问题

1．广交朋友，开辟新闻源

法制报道的记者要触及生活的各个方面，就要和各种各样的人打交道，借助各种力量的帮助，开辟新闻来源，因此广泛交友，建立并逐渐扩大自己的人脉圈，对一个从事法制报道的记者来说非常重要。

2．要站在讲政治的高度写法制报道

法制报道要想做到把握主流，既配合中央的工作宣传重点，又能够推动实际工作，解决现实问题，就需要记者要懂法、懂政治，站在全局的高度把握整个报道，还要深入基层，弄清事件的真相。法制记者要讲政治，要具有敏锐的眼光和清醒的头脑。

3．置身“被告”，写批评性的法制报道

法制报道不可避免会有一些批评性的报道，这就要求记者要扎扎实实进行采访，事前把问题看得重些。否则，稍有不慎，就会招致反批评，轻则道歉，重则要求纠正、挽回影响，赔偿经济损失，更严重的还要诉诸法律。

4．法制报道要促使法制建设不断完善

推动法制建设的进程是法制报道的一个重要任务，因此法制报道不仅要报道一些违法、违规案件，还要督促新法律的制定和现有法律的修改，使各个领域都能够有法可依，以“法”来规范自己的行为，达到“以法治国”的目的。

第三节 经济新闻、法制新闻的写作范例

一、经济新闻

低价药价格管控松绑　OTC药企直接受益

发改委表示价格改革是为了鼓励低价药品的生产供应，不会导致药品价格上涨

（记者 黄志伟） 低价药品清单终于揭开了面纱。昨日（5月8日），国家发改委正式印发《关于改进低价药品价格管理有关问题的通知》（下称《通知》），明确改进低价药品价格管理方式，在控制日均费用的前提下，放开最高零售价，鼓励低价药品生产供应。

国家发改委价格司副巡视员郭剑英表示，放开低价药品的价格管控不会导致药品价格上涨，原因是低价药品大多是生产企业众多、竞争比较激烈的药品，放开最高零售限价，市场实际交易价格不会出现普涨现象。

中国医药企业管理协会会长于明德对《每日经济新闻》记者表示，对于列入低价药品清单中的药品，由于不再招标，而是直接挂网采购，企业将迎来利好。其中，以非处方药（OTC）为主的上市公司将迎来直接利好，最高零售价松绑后，企业可根据生产成本、市场情况等自主调整价格，提高利润率；而拥有独家品种的天士力等处方药为主的药企仍持观望态度。

取消低价药最高零售价

发改委表示，改革低价药品价格管理政策主要是为了鼓励低价药品的生产供应。《通知》明确，低价药品日均费用标准为西药不超过3元，中成药不超过5元，共涉及其定价范围内530个品种中的1154个剂型。对于低价药物，国家将取消最高零售价限定。

对于此标准的确定，郭剑英称，此价格主要综合考虑了药品生产成本、市场供应情况和社会承受能力等原因确定的。考虑到近年来中药材价格上涨厉害，以及中药材在中药成本中所占比例较高等现实问题，给予中药稍高的价格划分。

郭剑英表示，对于低价药采取动态管理，只要满足此价格标准的均可进入低价药品清单。对因成本、价格或用法用量发生变化导致具体品种日均费用发生变动的，要及时进入或退出低价药品清单。同时，日均费用价格标准未来也可能会根据实际情况发生变化。

《通知》还要求，在今年7月1日以前，各省（区、市）的价格主管部门应在2014年7月1日前向社会公布本级定价范围内的低价药品清单。“经过几个月的研究我们发现，导致低价药消失的原因比较复杂，可能最终表现在价格上。仅从价格一方面解决很难真正达到目标，因此会同多部门出台了这一清单。”郭剑英昨日在媒体通气会上表示。

不会导致看病更贵

由于“以药补医”机制和一些药企在招标中恶性竞争等问题，许多低价经典老药医院不愿意用，造成需求萎缩，而需求减少更使药企不愿意生产。一些低价药供应不足乃至断供成为常态。

郭剑英表示，放开低价药品的价格管控不会导致药品价格上涨。低价药品报销标准比较高，基本不会增加患者负担。低价药品和高价药品之间大都存在一定替代关系，合理调整低价药品价格，有利于调动企业生产供应低价药品的积极性，减少高价药品使用，有利于医药费用下降。

郭剑英表示，希望此次低价药清单出台达到三个目的，即“有得用”、“用得好”和“用好的”。《通知》要求相关价格主管部门积极配合有关部门完善低价药品的价格采购办法，推进医保付费方式的改革，调动医疗机构、医生和患者合理优先使用低价药品的积极性。

新华社报道称，华润双鹤每年销售的治疗高血压药物降压0号高达11亿片，患者每天只需服用一片（1元）。按照新政策，这家公司理论上可以将降压0号价格涨到每片3元，即使每片涨1毛钱，收入也相当可观。然而，华润双鹤副总裁陈仙霞并不认为有多少上涨空间：目前市场上治疗高血压的药物种类很多，公司生产的降压药不是不可替代药品，有的药物甚至比降压0号还便宜。她甚至担心现行政策能否顺利落实，希望有关部门出台配套措施。

OTC药企将直接受益

于明德表示，进入低价药目录的品种不再政府统一招标而是直接挂网采购，这就是尊重市场的表现，将给企业带来实质性利好。

今年4月份，卫计委、发改委等8部委联合下发《关于印发做好常用低价药品供应保障工作意见的通知》，对纳入低价药品清单的药品实行以省（区、市）为单位的集中采购。省级药品集中采购机构将具备相应资质条件的生产企业直接挂网，由医疗机构网上采购交易。

对于取消低价药最高限价，非处方药企业首先发出欢呼。江中药业的OTC事业部负责人对《每日经济新闻》记者的表示，取消最高零售价限价后，品牌企业将迎来利好。江中药业的主营产品健胃消食片满足低价药的价格标准，但是并未在此次发改委的名单中出现，该负责人称他们将积极争取进入名单。

他解释称，最高零售价压缩了经销商、药店等渠道利润，终端反而处于不利地位。尤其是中成药成本压力明显。太子参是健胃消食片主要原材料，此前价格疯涨时企业只能亏损生产，取消最高零售价限制后，企业可以根据生产成本自主定价。

网上药店好药师网显示，江中健胃消食片规格为32片的价格为7.5元，按照每日最高剂量18片计算，日均服用价格为4.1元，有0.9元的提价空间。

处方药企受益不一

相对于非处方药企业的欢呼，处方药企前景并不那么乐观。“低价药品目录包括但不限于短缺药品目录。”发改委价格司处长宋大才补充道。

据介绍，此次公布的低价药清单大致占据整体药品份额的20%，进入清单的大多是生产企业众多、竞争激烈的药品，不过由于日均费用相对不高，天士力的复方丹参滴丸、中新药业的速效救心丸等独家品种也被纳入清单。

安邦咨询医药行业研究员刘忠堂表示，对于亏损的品种，取消限价和挂网采购，能够让企业有利润空间生产，但是对于其他品种，由于生产企业众多，为了保证中标，企业仍然会在价格上打拼。今年广东省实行了基本药物直接挂网采购，从效果来看仍然是以降价为主。如果要提高企业的积极性，还需要一系列配套政策出台。

在接受《每日经济新闻》记者采访时，天士力董秘刘俊峰表示，对于公司有积极作用，但是具体影响还需观察。于明德表示，独家品种有提价空间，但会受到一些因素限制。一是日均销售费用限制，如果企业盲目提价，将会被退出低价药目录；其次是支付和报销标准仍由政府确定，价格提高后，这两个标准未相应提高，患者是否愿意多付费仍是对企业的考验。

对比网上药店公布价格，记者发现，上市公司独家品种提价空间并不一样。以天士力独家品种复方丹参滴丸为例，健一网规格为180粒装产品售价为29.6元，按照一次10丸，一日三次的计算，可服用6天，平均日服用价格为4.9元，几乎没有提价空间。

在好药师网上，中新药业的独家品种清咽滴丸规格为100粒的产品价格为26元，按照最大剂量每次6粒每日三次计算，日服用价格为4.6元。同样是中新药业的独家品种速效救心丸提价空间相对较大，其日服用价格为3.3元，和发改委中成药日服用价格5元相比，有1.7元的提价空间。

（2014年5月9日《每日经济新闻》）

二、法制新闻

江西20名农机局长沦陷惠农补贴

记者 胡锦武

“惠农补贴补进了腐败分子和不法商人的腰包，说明相关职能部门在审核、监管等环节的松懈，制度的完善已刻不容缓。”江西省社科院农村经济研究所副所长尹小健认为。

大到手扶拖拉机、挖坑机，小到太阳能杀虫灯，纷纷钻政策空子，大肆套取农机补贴，造成国家农机补贴资金大量流失……去年以来，江西查办的农机领域腐败系列案件中，省市县三级共20名农机局长落马，让人震惊。

随着春耕备耕时节来临，农机购置进入高峰期。专家指出，近年惠农补贴资金时常曝出未用在刀刃上，骗补、腐败现象频出，加大监管、“补贴账”晒透晒细是当务之急。

惠农补贴成为“唐僧肉”

为促进提高农业机械化水平和农业生产效率，财政部、农业部于2004年共同启动实施了农机购置补贴政策。仅2013年，中央财政安排农机购置补贴资金就达217.5亿元。

据江西省农机局有关负责人介绍，江西农机购置补贴政策实行“自主购机、县级结算、补贴入卡、逐级监督”方式，2013年中央财政下拨江西的农机补贴资金为7.348亿元，今年下拨的上半年补贴资金为5.9亿元。

然而，中央下拨且逐年增加的庞大补贴资金，成了一些腐败官员和不法商人的觊觎目标。

据办案人员介绍，2007年7月至2012年11月，江西省农机局原局长王绍萍先后收受各地农机商等22人行贿的财物共计700余万元。作为回报，王绍萍为行贿人套取农机补贴大开“绿灯”，将不符合享受农机补贴条件的产品进入江西省农机购置补贴产品目录，造成国家农机补贴资金损失达2203万元。为此，王绍萍最终被法院以受贿罪、滥用职权罪两罪并罚，判处有期徒刑18年。

因农机补贴资金引发的腐败案，王绍萍并非特例。

今年1月，江西省人民检察院披露，去年省检察院组织查办的全省农机系统45名国家工作人员涉嫌滥用职权，致使大量农机购置补贴被套取窝串案，涉及省市县三级农机局长20人。

新余市检察机关也曾查办多起农机补贴领域腐败案。新余市人民检察院研究室副主任肖巍鹏表示，一些农机干部在收受贿赂后，或为厂商造假谋利，或指定本地质次价高厂商经销，或指定亲友、关系户经销，或空卖购机协议使行贿人倒卖获利，甚至有的还公开索贿，讨价还价争取高比例分成，共同演绎分食“唐僧肉”的“好戏”。

营造提成“分红”潜规则

记者调查发现，由于农机补贴过程中需多方参与的程序，不法农机具生产销售商往往打着“推广费”“服务费”“宣传费”“回扣”等幌子，大肆向部分农机干部贿赂，营造勾结“分红”的“潜规则”，达到从农机具供货、申请、销售到管理等诸多环节层层盘剥的目的。

……

阳光操作堵流失“黑洞”

“权力过分集中，‘我的地盘我做主’是诱发犯罪的首要原因。”肖巍鹏认为，随着国家各种支农惠农资金投入的增加，资金管理人员的权限也得到扩大，项目申请、审查、签订补贴协议、协调供货、上报补贴等多个环节，往往都是由少数几个甚至一人完成，而系统内监督又通常以报表或自查的形式进行，有名无实。

在农机领域系列腐败案中，“一把手”的权力甚至到了几乎失控的地步。王绍萍受贿案中，其对权力的干预肆无忌惮，行贿农机商的产品，大到手扶拖拉机、挖坑机，小到太阳能杀虫灯，纷纷违规享受国家补贴，造成国家农机补贴资金流失的巨大“黑洞”。

一些办案人员认为，把关不严、监督不力、权力过于集中是此类腐败案的共同特点，反映出补贴操作过程缺乏透明公开。

尹小健认为，应针对惠农政策性资金分配、使用、管理等环节存在的漏洞和制度缺陷，及时采取措施，建立科学的防范机制和追惩机制，确保补贴资金安全足额落实到农民手中。

抚州市检察院公诉处处长周广平认为，要科学配置权力，建立由财政部门、检察机关、社会力量共同发挥作用的立体监督体系，将权力运行的每一个部位、每一个环节都暴露在阳光下。

（2014年4月6日《法制日报》）

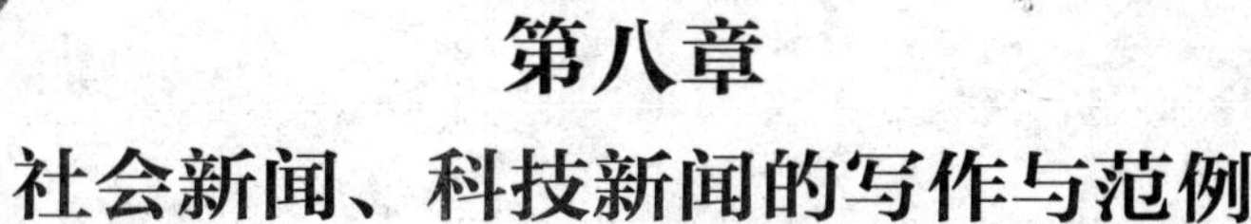

第八章 社会新闻、科技新闻的写作与范例

第一节 社会新闻的写作

一、社会新闻的含义

社会新闻是以社会生活、社会问题、社会事件等为主要内容的新闻报道，它与受众日常的生活、利益、兴趣密切相关。社会新闻侧重于报道社会上或自然界中与人们的生活密切相关、能够激起读者某种情感或富有情趣的新闻，它触及社会的各个阶层和各个方面，包括自然界中发生的各种奇特景观和异常现象。从而有助于受众更好地了解社会动态，知晓各地奇特的自然景观或风土人情等。

社会新闻的表现形式可以是消息、通讯、调查报告、读者来信、专访、特写、报告文学，也可以是深度报道和连续报道。

二、社会新闻的特点

社会新闻具备的主要特点有：

1. 社会性

社会新闻联系各行各业，是各种专业新闻的延伸和扩大。专业新闻各自有着自己的领域，社会新闻则越陌度阡，从全社会的角度来表现。例如，亲子关系是一种社会现象，围绕它常会出现引起社会同情或社会公愤的新闻：令人羡慕的三口之家，夫妻间的不和睦导致孩子从小就感觉不到家庭的温暖感；父女之间有悖于社会道德的行为……它们涉及伦理道德、法律、教育与教养等某一个方面或者某几个方面。同时，社会新闻与其他专业新闻在内容上有交叉性，例如，家长打孩子，引起群众公愤是社会新闻；打孩子致伤，触犯法律被拘捕则是法制新闻。

社会新闻的社会性还通过受众的广泛性体现出来。社会新闻不像经济新闻、体育新闻、教育新闻等要求受众具备专业知识，它不分男女老少，不分长幼尊卑，拥有着广泛的受众。

2. 知识性

这是社会新闻的特点之一，也是社会新闻的职能之一。受众看新闻、听新闻，既希望满足“新闻欲”，也要满足“知识欲”。而社会新闻传播的科学知识是十分广泛的，从经济、军事、教育，到家庭、卫生、气象，从新闻轶事到生活百态，可以说包罗万象。

3. 趣味性

社会新闻与社会生活无限接近，珍闻趣闻，与众不同的人和事，总是饶人趣味的，因而更容易受人关注。我们强调社会新闻的趣味性，并没有否定社会新闻的教化作用，而是“寓教于乐”，使受众在身心愉悦中受到教育。

4. 服务性

近几年，一些都市报、晚报的社会新闻版上，出现了一些服务性很强的报道，如，股市信息、通信网络、科技知识、政策咨询等。这类新闻带有信息性、解释性、告示性，更加贴近生活，服务受众。

5. 人情味

社会新闻贴近生活，人世沧桑、价值观念的更替、道德准则的变迁等，都会通过社会新闻的具体内容或隐含内容透露出来。尤其是人文关怀的新闻，表现为对弱势群体的关注，倡导人间真情的回归，具有浓厚的人情味，社会新闻也因此能得到受众的普遍关注与好评。

三、社会新闻的分类

一般情况下，社会新闻主要分为生活、道德、法制、伦理和风光五类。

（1）生活类。指反映新闻人物、社会人物的生活和活动，以及人们日常生活的新闻。

（2）道德类。主要指反映新的道德风尚的新闻。

（3）法制类。指反映与法制密切相关的社会事件的新闻。

（4）伦理类。指反映恋爱、婚姻、家庭方面的内容。

（5）风光类。指反映自然风光、风土人情以及自然界和生活中奇异现象的新闻。

四、社会新闻的作用

新闻最主要的作用是传递信息、满足受众的信息需求。具体来说，社会新闻的作用主要表现在以下几个方面：

1. 舆论引导作用

社会新闻报道内容广泛，对社会生活的各个方面和各个角落都有所触及，同时贴近受众生活，所以其舆论作用尤为重要。它的舆论引导作用是通过日常生活中的一件件具体的事件，以潜移默化的方式，使受众在看了报道之后有所思，有所悟，从中吸取教训，增强法制观念，培养高尚的道德情操。

2. 道德规范作用

反映新的社会道德风尚，比如家庭问题、邻里关系、社会风貌、新人新事等是社会新闻的重要内容之一。社会新闻以其带有的个人行为、个人境遇的色彩来打动人、感动人、影响人。读者从新闻中感受到某种道德观、价值观、人格倾向的影响，从而帮助自己树立正确的道德观。

3. 舆论监督作用

社会新闻作为贴近百姓生活的报道，在坚持正确的舆论导向的前提下，多有揭露性的批评报道。比如，对贪官污吏以权谋私、腐化堕落行为的公开曝光，对矿区安全事故的追踪报道等都会在社会上产生极大的反响，在报道的更深层面上给读者以启示。除此之外还有一些与百姓的衣食住行息息相关的民生方面的报道，比如，对百姓的住房、教育、就医等方面的不平事、难堪事、烦恼事的报道。舆论监督通过对具体问题的研究报道，督促某一件事或者某一项工作朝着正确的方向发展，帮助干部提高认识、吸取教训、改进工作，帮助群众澄清模糊认识，化解原有矛盾。

4．传递科学知识作用

社会新闻传播的科学知识范围广泛，人体生理、草木虫鱼、天文地理，几乎无所不有，使受众在阅读新闻的时候不断获得新知识。同时，我们在提倡正确、健康、有思想性的社会新闻时，必须反对在新闻中散布不健康的东西。所以，记者在采写新闻时要把知识性、趣味性和健康性结合起来，不能为了追求趣味性而把低级庸俗的、有损思想性的东西搬上版面。

5．大众娱乐作用

社会新闻多会报道一些社会上的奇闻逸事，这些报道轻松活泼，极具趣味性，它们能够抓住读者的阅读兴趣，让读者在轻松的阅读中受到教益。

五、社会新闻的采写要求

1．闻风而动，刻不容缓

许多社会新闻反映的是突发性的事件，如，一场火灾或一起车祸过后所引起的社会秩序变动等，这类事件事发突然，信息的传播也要迅速，记者若不闻风而动，去事发现场采访，新闻就会变成旧闻。社会新闻讲究时效性，所以任何新闻都要有一种“抢”的意识。

现代社会信息流通稍纵即逝，新闻竞争又非常激烈，所以这就要求记者必须反应敏捷，争分夺秒，快抓快发。

2．利用空闲，捕捉线索

要使社会新闻线索不断，可以充分利用“抓住8小时以外”的时间做文章。比如，上下班的路上、去菜市场买菜的途中、假期跟朋友去景点游玩等，这些时间都可以很好地利用起来。

3．广交朋友，建立热线

社会新闻题材广泛，且比较分散，这就需要记者动用各种方法，广泛建立自己的新闻线索网。首先，要广交朋友。记者应该在不同行业、部门、地区都能交上一些朋友，并将自己的联系方式告诉他们，这就等于在社会的各个角落安上了“探头”“耳目”，便于及时掌握社会动向和社会线索。其次，设立热线电话。现在，各媒体都纷纷设立热线电话来广泛征集新闻线索。如，《文汇报》的“天天热线”、《合肥晚报》的“新闻110”、《大河报》的“24小时随时倾听您的新鲜事、难办事、烦心事、跑腿事”的热线电话等。热线电话的设立会起到“顺风耳”“千里眼”的作用，使各媒体最大限度地掌握社会新闻的线索。

4. 研究社会，多思好奇

许多社会新闻虽然有突发性、偶然性的特点，但这种突发性、偶然性存在于必然性中。所以只要记者在平日对某些事物具有好奇心，经常把一些社会现象、社会问题多进行思考，比如，多在脑袋里思考比较容易出社会新闻的社会各个角落，如公园、车站、商店、农贸市场、医院等，想想它们有什么变化，想到之后，要实地考察。这样就能够把握社会新闻采写的主动权。

5. 讲究趣味，反对庸俗

社会新闻既不能忽略新奇性、趣味性，又不能削弱思想性、重要性，两者要兼而有之、不可偏废。社会新闻给读者的情趣必须是健康、高雅的，必须寓教育于趣味之中，要用有趣不俗的笔调写出社会生活中多姿多彩的人物、戏剧性的片段、妙趣横生的情节、幽默的细节和耐人寻味的场面，把人们共同的喜怒哀乐表现出来，并吸引读者、感染读者，取得引人入胜的效果。但需要注意的是，趣味性要健康幽默，要有趣而不庸俗。

6. 力求辩证，客观全面

我们分析一些社会新闻，在选材上往往不是很严谨，不讲究辩证。有时为了追求客观就丢掉全面，强调了这一点，就忘记了那一点，从而造成了顾此失彼的不良宣传效果。因此，新闻写作者要注意避免片面地追求新奇、趣味，而影响社会新闻的价值。

此外，在一些批评、揭露性题材的社会新闻中，材料的采集与选用上应当掌握范围，注意分寸，否则就容易产生副作用。

7. 注重导向，提升品位

自报纸等媒体出现至今，社会新闻与时政、经济、科技、文教、军事及国内外重大新闻一样，是丰富多彩、不可缺少的重要组成部分。任何一则社会新闻都不是一个孤立的事件，因此，媒体应当本着“社会新闻主流化运转”的认识，站在理性与建设性的立场上挖掘事件的性质，力求提升社会新闻的导向作用和价值品质。

六、社会新闻的写作技巧

1. 保证新闻性和真实性的统一

新闻性是指社会新闻要做到快、新。多数社会新闻是突然发生而事先无法预料的，所以需要记者迅速采访、及时发稿，否则优秀的新闻就会被别人抢先，就会在新闻竞争中被淘汰。社会新闻在“快”的同时，还要做到准确无误，否则顾此失彼，新闻的价值就会大打折扣。

2. 要有故事性，富于变化

社会新闻具有较强的故事性，往往以情节取胜。耐人寻味的故事情节，会使受众对报道产生浓厚的兴趣，所以，在社会新闻的写作时，应尽可能恰当地突出一两个事件中本身蕴含的戏剧性或含有幽默感的细节或情节，取得引人入胜的效果。同时，社会新闻要写得有起伏，有波澜，富有变化，这样才能吸引受众。

3. 背景衬托巧妙、及时

社会新闻要在对事实的报道中巧妙、及时地穿插背景材料，使其与报道的事实形成反衬、对比，注释相济，浑然一体。这样的报道主题深刻、内容充实，可读性强。

4. 寓思想性于知识性、趣味性中

一篇成功的社会新闻是寓思想性于知识性和趣味性之中的。其中的思想性是指能使受众增进知识、开阔眼界、陶冶情操、培养道德等有启发教育作用。

5. 连续报道

现在，读者阅读新闻，不仅需要了解发生的事件，更希望知道事件发生的原因、其结果的意义等。社会新闻往往需要一次或几次报道才能把事件发生的原因、经过、发展、结局说清楚。因为有些事件发生后往往需要等待观察、研究探讨或者任其发展乃至得出自然结果，才能向读者做出最后的报道。所以，一般重大社会新闻多采用连续报道的方法。

第二节 科技新闻的写作

一、科技新闻的含义

科技新闻是以科学技术研究与发展以及群众科普生活为内容的一种新闻体裁。它可以是科技成果及其推广应用，还可以是国家的科技政策，以及科技工作者的成就、科技界的活动等。这些科技事实只有经过报道、传播，才能够成为科技新闻。

二、科技新闻的特点

科技新闻具有以下特点：

1. 知识性

科技新闻大多具备三个要素：科技知识来源、科技知识元素和科技实验过程或应用。“知识性”贯穿始终。科技新闻宣传现代科技知识，以满足人们强烈的求知欲望。

2. 科学性

科技新闻中报道、传播的是科学内容，且是真实的，表述准确，有科学根据。同时在报道、传播科学事实时，要注意向广大读者普及科学知识。科学性是科技新闻区别于其他新闻文体的特征。

3. 通俗性

科技新闻报道的内容是科技领域发生的事实。许多科技问题专业化程度较高，深奥难懂，没有接触过的读者会感到陌生，难以理解，所以要求新闻工作者用通俗的语言表达深奥的专业化科技问题，用群众容易接受的喜闻乐见的形式传播科技领域的最新信息。

4．时宜性

科技新闻同样具备新闻的时效性特点，但又不能一概简单追究时效，而要考虑新闻发布的时机。因为多数科技成果要经过同行评议和权威鉴定、经过一定时间检验才能报道，还有一些科技成果因保密需要选择适宜的时机才能披露。这就是科技新闻的时宜性原则。选择恰当的发布时机，可以收到最佳效益。

三、科技新闻的分类

科技新闻的报道对象主要是与科技发展及其社会功效相关的事件，根据这些事件涉及的主题，可以将科技新闻分为以下几类：

1．科技成果类报道

科技成果是指人们在科学技术活动中通过复杂的智力劳动所得出的具有某种被公认的学术或经济价值的知识产品。科技成果的报道不能抽象地将成果的运作机理进行报道，而是要着重突出这些成果的价值，让受众了解为什么需要这样的成果以及这样的成果会产生怎样的作用。

2．科技政策类报道

科技政策是国家为实现一定历史时期的科技任务而规定的基本行动准则，是确定科技事业发展方向，指导整个科技事业的战略和策略原则，对科技活动的运行发挥着规范、保证、督促的作用。科技政策类报道的目的是宣传科技政策，强化公众对科学政策的认同感，同时也是为了营造实施科技政策舆论氛围，以督促科技政策的落实。

3．科技人物类报道

科技人物是指以科学技术研究为主要任务的工作者，既包括高校与科研机构的理论工作者，也包括工厂、农村生产生活中的实际工作者。对科技人物的报道，往往重在宣扬人物的事迹和精神。

四、科技新闻的作用

概括说来，科技新闻的作用表现在以下几个方面：

1. 普及科学知识，促进文明建设

科技新闻通过对各种科学现象的报道，以具体的事实宣传辩证唯物主义的世界观，可以促进社会的文明建设。比如，科技新闻对天体的演化、人类的起源、地震的发生等现象进行必要的报道和解释，可以突破群众的迷信思想，帮助人们学科学、用科学、相信科学，从而更好地服务于生活和生产建设。

2. 传递科技信息，推动生产发展

科技信息的开发、利用，是现代社会进步的重要动力。科技新闻能够迅速、广泛地传播科技信息，在社会发展中起着日益重要的作用。目前，衡量一个国家、一个社会的进步与发展速度，一个重要的标志便是信息的传播速度。

3. 报道科技活动，繁荣科学事业

现代科技发展的一个重要特征是学科的高度分化与高度综合。科技新闻报道科技活动，可以加强学科间的横向联系，广泛地进行内部交流，有利于科学事业的发展。

4. 宣传科技政策，建设科技队伍

科技新闻通过宣传国家的科技政策，可以使广大科技工作者明确方向。科技新闻还可以反映科技人员的要求和愿望，反映实践中的新问题，便于有关部门及时掌握情况，从而更好地修正与改善。

5. 传播科学思想，推动社会进步

科学不仅是一种知识体系和潜在的生产力，还是一种思想和文化。作为思想形态的科学，它能够对整个社会产生深刻的影响。在现代化建设的今天，科技新闻通过传播科学思想，可以增加人们对科学的了解，从而促进社会进步。

五、科技新闻的写作要求

科技新闻既要保证科学性、真实性，又要体现特色、价值，同时还要做到通俗易懂，生动引人，具体来说，要做到以下几点：

1. 知识、人物及事件三者统一

科技新闻不能孤立地介绍科学知识，必须借科技人物和科技事件的表达来实现知识的传达。科技新闻的报道也自然离不开科学技术的实践者，当然，事件更是必不可少的，它是科技新闻的核心要素。在科技新闻的题材中，人物、事件及知识本身就是三位一体的，因此将这三者统一起来也并非难事。

2. 表达的规范性和创造性

科技新闻的表达既要合“规矩”，又要掌握一定的“巧”术。合“规矩”是对新闻基本文体特征的尊重，“巧”则是作者的创造性发挥。没有“规矩”不行，而没有“巧”，文章就会缺乏活性。

3. 宣传科学，揭露伪科学

新闻工作者一定要有严谨、认真的工作态度，明辨是非，宣传科学，揭露伪科学。科技新闻的科学性与真实性有着密切的联系。有时候事件的真实性并不代表事件的科学性。因此当一个新的科技事件出现后，报道者首先要核实事件的客观性，然后抽象出事件的客观规律，只有两者同时成立，报道者才能真实记录。否则，其认识有悖于科学原理，那也只能算是虚假新闻。

六、科技新闻的写作技法

1. 用科学的事实说话

科学事实是显示自然规律的真理思维形式，由概念、原理和科学结构构成，突出自然事实的内在联系，在表达专业知识的语言上具有平直的朴素性和严密的逻辑性。科学事实是用自然界的定理、定律和实验结果说话，因此要用精炼、准确的语言再现事实，在对事实的叙述上要始终突出事实的客观性，使每个细节都有科学根据。

2. 精心提炼典型的人和事

大量科技事实千差万别，各有特点，突出事实个性是典型报道反映同类事物的一般要求。抓住典型的个性，显现最一般的共性，才是成功的典型。科技新闻典型化的本质是通过多个不同科技事实个性的报道，使受众了解科研事业发展的共同脉络。使受众了解其中最突出的事例，是典型报道的根本方向。

3．综合运用多种语言手段

科技新闻的写作，要按照顺序准确地展示科技事物的整体和全貌。时间、地点、人物、事件过程、发展和结局等几个环节要全面反映出来。

科技新闻的写作，还要对专业术语进行解释说明。在新闻中可以用说明语言对科技专有名词做出通俗介绍，使读者了解这些名词的含义，帮助读者更好地理解新闻内容。在对专业术语进行解释有两种方法：一种是插入解释句，即在专业术语出现之后，随之加以解释；另一种是独设解释段，即在术语出现不远的地方，独立设一个段落，写出解释内容，对术语做出详细的说明。

在科技新闻的写作中，也会经常使用描写性的语言，特别是再现自然界奇异的变化时，描写最能显示其个性，能够将科技事实表现得有声有色，具有很强的可读性。

第三节 社会新闻、科技新闻的写作范例

一、社会新闻

（一）生活类社会新闻

老人住北京井下20年：不孤独　井下有很多邻居

记者 郝羿

丽都公园北边，一处绿化带内分布的废弃地下管道成为一些外地来京人员的住所。67岁的老人全友芝（音）称，住在地下管道已近20年，每天靠捡瓶子维持生活。这期间，还有其他人也将地下管道寻做住处，最多的时候曾有10人住在此地。“被封了，我就再找其他地方住。”全友芝老人说，她自己的规划就是，凑够钱，给自己盖个小房子。

故事

两位拾荒老人

组成井下之家

昨日晚间9点左右，一名老年妇女朝着绿化带里的地下管道走来。看到路边聚集着很多人，老人稍有迟疑，停在远处。老人掀开地上的一个井盖，把手里拿着的一个空塑料瓶扔了进去。

“我回家啊。”北京青年报记者上前询问，老人告知就住在地下管道中。“我叫全友芝（音）”，据老人讲述，她来自河南商丘，今年67岁，没上过

学，不识字，来北京已经20年。

老人说，自己每天都出门拾荒，早上5点多起床，在附近餐馆买好馒头，喝点粥就出门去捡塑料瓶。老人称，这20年来，她每天如此。

“我常去三里屯。”老人称，每天自己都从丽都公园步行至三里屯等人多的地方，拾捡大家扔掉的塑料瓶，然后卖钱。夜里9点左右再步行回到住处。

……

夜里11点左右，丽都公园路边陆陆续续聚集了另外三名老人。全友芝老人告诉北青报记者，其中一位老年妇女同她一起住在地下，一名老年男子是其丈夫，但并不住在此地。“我是住在屋子里。”另一位怀抱着二胡的老人称。几位老人都来自河南商丘，来北京多年，主要靠拾荒为生。

……

井内面积不足3平方米

探访

丽都公园北门，道路两边的绿化带内满是枯萎的草根，十余个地下管道的井盖凸出地面。

“洗车的人就住在这口井中。”路侧停车场的一名工作人员告诉北京青年报记者，一位姓王的男子就住在这片路边绿化带西南边的一处地下管道内，平时给路过车辆洗车。井盖已经被打开，从井口往下去，管道内黢黑一片，井口透下的光照亮了井内一小块区域，铺在地上的被子和床单凌乱成团，一床凉席露出一角。

北青报记者进入这处住人的地下管道内。经过约2米长的垂直管道后，脚触到地面。管道空间呈长方体，长约2米，宽约1.5米，高度约为1.8米。

……

“我不想回家，没家”

讲述

“被封了，我就再找其他地方住。”老人全友芝坐在地下管道狭小的空间里，她告诉北青报记者，在地下管道内居住这些年，经历过多次换地儿。老人说，以前井盖被铁条焊死，她就自己买把小锯子锯开，再住进去。如果遇到下雨，就躲到附近有屋顶的建筑内，“我还有别的住处”。

据老人回忆，住在地下管道这些年，周围的管道内曾陆陆续续住过一些外地来北京的人。“一个哈尔滨的就住过这边两年。”老人称，最多的时候，有10人左右居住在此。

坐在地铺上，老人掏出昨日卖瓶子收获的钱，清点了一遍。然后又从斜挎在身上的黑包里拿出一个手电筒，“这是好心人买给我的，用来照明。”老人说，住在地下管道内，很多好心人帮助过她，给她买一些面包，从附近餐馆吃完饭的人，也会打包剩菜给她。

“我不想回家，没家。”老人说，家里还有两个儿子，都不管她，她没有房，老伴又常常和她吵架，甚至动手打她，回家并不快乐。老人说，来北京这些年，她记得自己回过4次家，最近一次回家是5年前，她的母亲去世。老人说，她现在就想存够钱，盖个房子，自己生活。

官方说法

废弃井不属热力集团

北京青年报记者从市热力集团获悉，该集团在将台路地区并无热力管线，因此那对老夫妇居住的废弃井并不属于热力集团。该集团相关负责人表示，该集团确实也有废弃的热力井，但对于废弃井都会进行封堵，确保不会有人进入。

对于进入热力井内居住，热力集团相关负责人指出，热力井内高热高湿，还分布着热力管道的不少阀门，居住在里面如果不留神很可能致使管道泄漏，热水流出，引发危险。另一方面，热力井毕竟是地下封闭空间，很可能会产生有毒气体，“我们下井查验，第一步要测的就是井内气体的浓度。住在里面，实在很危险。”该负责人说。

（2013年12月6日《北京青年报》）

（二）道德类社会新闻

凌晨的哥勇斗两持刀劫匪

作者：宣元户 汪洋

两名男青年通过网络QQ聊天结识后，为了快速发财，昨天凌晨，两人在省城持刀抢劫一名出租车司机。司机赤手空拳在车内与两名劫匪斗智斗勇，虽被刺几刀，但终究脱险。合肥市特警支队五大队民警接受害人报警后快速出击，一路搜索擒获一名犯罪嫌疑人。

记者接到读者热线报料后了解到，昨天凌晨2时40分许，省城的哥唐师傅驾驶出租车在二环路行驶时，路边站着的两个男青年招手示意停车。两人上车后称到淝河路。当车行驶至淝河路和屯溪路交叉口附近时，意外发生了。“师傅，先停一下车。”车刚停稳，坐在后排座位上的男青年突然冲上来一把抱住唐师傅的头，并用手捂住了唐师傅的嘴巴。“不许动，钱全交出来！”与此同时，坐在副驾驶位上的男青年从怀中掏出了一把匕首，抵住唐师傅的脖子。

迫于两人的威胁，唐师傅一边将几百元现金交到持刀男青年手里，一边想办法脱身。这时候，持刀的男子看到了放在挡位旁边的几十个一元硬币，随后弯腰去拿。一看机会来了，唐师傅猛然挣脱后面男子的控制，一把将持刀男子手里的钱夺了回去，随即打开驾驶室的门逃了出去，在此过程中，唐师傅的胳膊被刺了几刀。随后，两男青年打开车门分头逃跑，唐师傅掏出手机报了警。

几分钟后，合肥市特警支队五大队“特巡5号”巡控车赶到现场。根据唐师傅描述的情况，民警兵分两路，分别向巢湖路和铜陵路两个方向追去。带班中队长一人驾车沿路搜索一公里后，发现一男青年形迹可疑，随后下车猛追，将其抓获。后经唐师傅指认。该男青年正是两嫌疑人之一。在抓获现场附近，民警还搜获了作案用的匕首一把。

……

目前，辖区刑警队正在对此案作进一步处理，对于漏网之鱼也在追捕中。

（2007年7月2日《江淮晨报》）

（三）伦理类社会新闻

63岁母亲骑行4千里寻回离家出走儿子

记者：刘长征

今年4月初，63岁的王玉琴从郑州出发，骑自行车近1个月，到厦门寻找失联多年的儿子。

因为事业和生活的变故，她的儿子患上抑郁症离家出走，几年来杳无音讯，连父亲去世都不知道。仅凭一个鞋盒做线索，王玉琴竟然在茫茫人海中奇迹般地找到了儿子。

昨天中午，王玉琴家出现了少有的热闹场景。几位和她一起去过厦门的骑友围坐在饭桌前，一边吃菜一边称赞王玉琴的手艺，小屋里不时传出阵阵笑声。

“今天我们家真是比过年还热闹。”王玉琴感叹道，“要不是骑友们帮忙，我真不敢想象能找到儿子。”

儿子出走

事业不顺人抑郁　突然离家失音讯

63岁的王玉琴是郑州一位普通退休职工。2008年，她的儿子晓路（化名）突然辞去银行工作下海经商，但由于生意并不顺利，慢慢产生了心理落差，患上抑郁症。2010年8月，晓路突然离家出走，没了音讯。

1年多后，王玉琴的老伴突然被查出患了食道癌晚期，于2013年1月离世。在此期间，儿媳也与儿子办了离婚手续，原本热热闹闹的家里只剩下了王玉琴一人。

今年春节，王玉琴跟亲戚朋友说自己旅行去了，其实是一个人待在家里不愿出门。看着墙上老伴和自己的结婚照，王玉琴默默流泪：老伴临终前让她一定要找回儿子，可是儿子究竟在哪儿呢?

在父亲病重期间，晓路曾回家待过半年。见到父亲躺在病床上，想想家庭和事业的窘境，晓路留下一封信，再次离家。晓路在信中说，家庭的不幸都是自己造成的，他对不起父母，让父母不要再找他。

在家里的这段时间，晓路曾说自己在厦门一家鞋厂打工，还带回了鞋厂生产的皮鞋。王玉琴在鞋盒上看到一个叫华龙大厦的地址和电话号码，但几次联系，都没有结果。

决定寻子

一月骑行四千里　六旬老人赴厦门

王玉琴是郑州市老年骑协的成员。今年3月，得知郑州市老年骑协泰山队的队员准备骑车去厦门游玩，王玉琴萌发了去厦门找儿子的念头。

“我一个人去厦门人生地不熟，有骑友陪我，就算找不到，也权当散散心。”王玉琴的念头得到了泰山队队长牛兴旺、副队长铁银生的支持：“路上有我们照顾，到了厦门我们帮你找儿子！”

4月2日，王玉琴从郑州骑车出发。一行8人中，只有她一个女性。

王玉琴以前曾骑车去过延安，可这几年家中变故，已多年没有骑行，2000多公里的路程对她来说是个不小的考验。

这次骑行有20多天走的都是山路，有时一连十几公里都是上坡路，有时又是连续的下坡。王玉琴双腿又累又疼，实在骑不动的时候，她就大喊儿子的名字，再坚持蹬上几下，时间久了，臀部的皮肤都磨破了，需要队友帮忙扶着车把才能上下车。但寻找儿子的念头支持着她，每天坚持骑行在前往厦门的路上。

4月27日，王玉琴终于来到了厦门高崎火车站。看到“厦门”两个字的一瞬间，王玉琴全身的力气像被突然抽光似的，一步也骑不动了。

王玉琴说，当时一方面是感觉终于到目的地了，心里的那股劲一下子松了下来。另一方面，她担心凭着手头的线索，找不到儿子，再次掉入失望的深渊。

找回儿子

多人相助现奇迹　半天时间找到儿

4月28日一早，王玉琴在队长牛兴旺、副队长铁银生的陪同下来到华龙大厦，得知这里的确曾有过一个皮鞋企业，但早搬走了，没人知道它的去向。

在保安的建议下，他们又来到厦门日报社广告部，想在报纸上登寻人启事。听了王玉琴寻子的故事，两位厦门日报社的女同志也流下了眼泪，一位负责人建议去派出所找找试试。

抱着碰碰运气的心理，王玉琴三人又来到了派出所。民警将晓路的身份证号码输进电脑，突然发现，有人持这个号码正在上网。一行人乘坐警车来到网吧，果然在这里找到了正在上网的晓路。

听到有人喊自己的名字，晓路下意识地趴在桌上，双手盖住头部。直到王玉琴从身后抱住他的胳膊，他才回头惊讶地看到一脸风尘的妈妈。

“真没想到，我来到厦门，半天时间就找到了儿子，多亏了厦门这么多好心人啊。”王玉琴觉得，自己这么多天的辛苦和等待都值了。

在网吧附近的面馆里，晓路和王玉琴母子俩抱头痛哭。得知父亲已经去世时，晓路一个劲地抽着自己耳光，说自己是天下最不孝的儿子。在众人的劝慰下，得知妈妈骑车2000多公里来找他时，晓路终于同意，回郑州陪在妈妈身边。

5月13日，晓路回到郑州的家中，很快他就住进医院接受治疗。

一定好好过下去

如今的王玉琴虽然仍是一个人在家，但心情和以前大不一样。她说，能找回儿子首先要感谢骑友们。

在队伍中，王玉琴往往是最后面的一个。队员们轮流陪着她，从来没有嫌她拖后腿。去古田的途中，遇到一个12公里的上坡，那天早上队员们没吃饭，骑到坡顶都是筋疲力尽，王玉琴在坡下也没有一点儿力气了。正着急时，牛兴旺又带着队员下坡来接她。

“当队友接过我的车子，陪着我慢慢走时，我的眼泪又不争气地流下来了。”王玉琴说，如果没有骑友们的支持和帮助，她肯定连河南都骑不出去。

昨天下午，记者在医院见到了正在接受治疗的晓路，见到母亲带来的西瓜，晓路热情地分给护士和病友，还时不时和母亲说两句悄悄话。

分别时，高大的晓路将身材瘦小的母亲抱在怀里。他曾经对铁银生说，如果不是母亲来找他，他可能会老死在厦门。如今他说：“有爱的约束，我一定好好过，不会变成坏人。”

（2014年5月22日《东方今报》）

（四）法制类社会新闻

太原一市民招租引来劫匪 3名犯罪嫌疑人已被刑拘

新华网太原9月4日电（记者胡靖国） 太原一女房东在网上发布出租房屋的信息，等着租客来寻，不料却招来3名劫匪，遭捆绑殴打后被劫走4万余元现金。太原市公安局万柏林分局4日通报，目前3名犯罪嫌疑人已被抓捕归案。

8月5日22时许，公安万柏林分局接到报警，太原漪汾街附近一高档小区内，一名20多岁的女房东在与3名男子商谈租房事宜过程中，被对方持刀捆绑，并在遭殴打后被抢走了现金4万余元。

据房东的母亲回忆，家里这套房子想要出租，便让女儿在一家网站上发布了信息，很快就有人说要来看房子，不料来的却是劫匪。据房东回忆，事发时她被对方控制了3个多小时，劫匪一共3人，都是20多岁的男青年，在持刀将她控制后，又用胶带纸将她捆绑，并通过威胁、殴打等手段逼迫她说出了银行卡的密码，从卡中取走了4万余元。

很快，办案人员锁定27岁的男子王某有重大作案嫌疑。警方从太原出发，一路沿陕西、河南、湖北、湖南、江西等省市追到了海南的三亚，展开抓捕。8月25日，在广东茂名将3名犯罪嫌疑人抓获。

经审讯，除王某外，另两名嫌疑人都是陕西人，一人姓吴，29岁，一人姓张，25岁，两人和王某都是在陕西服刑时结识的“狱友”。今年7月，3人在西安市电子城附近撬盗车内财物，被西安警方发现后便逃至太原市伺机作案。8月5日，他们在网站上看到租房信息，遂以租房为名实施抢劫。目前，这3人因涉嫌抢劫已被刑事拘留，案件还在进一步调查中。

（2014年9月4日新华网）

二、科技新闻

（一）科技成果类报道

我国首颗中继卫星发射成功　将测控“神七”飞行

新华网西昌4月26日电（记者　孙彦新）中国首颗数据中继卫星“天链一号01星”25日23时35分在西昌卫星发射中心成功发射。中国航天器有了天上数据“中转站”。

25分钟后，西安卫星测控中心传来数据表明，卫星准确进入预定的地球同步转移轨道。

中国载人航天工程副总指挥张建启在发射现场向记者介绍说，“天链一号01星”将在神舟七号载人航天飞行中首次应用，届时，神舟飞船的测控覆盖率由原来的12%将大幅提高到60%左右。

中继卫星被称为“卫星的卫星”，可为卫星、飞船等航天器提供数据中继和测控服务，极大提高各类卫星使用效益和应急能力，能使资源卫星、环境卫星等数据实时下传，为应对重大自然灾害赢得更多预警时间。

“天链一号01星”由中国航天科技集团公司所属中国空间技术研究院为主研制，采用成熟的东方红三号通用平台并突破多项关键技术。它的发射成功，填补了中国卫星领域的又一空白。随着中国航天事业的发展，中继卫星将会得到更广泛的应用。

用于发射卫星的长征三号丙运载火箭，由中国航天科技集团公司所属中国运载火箭技术研究院研制，为新型三级液体推进剂火箭，捆绑有2个助推器，全长约55米，起飞质量约343吨。这是这型火箭的首次发射，也是长征系列运载火箭的第105次飞行。

这次发射是2008年中国首次航天发射。去年9月交付使用的远望五号航天远洋测量船是首次出海执行测控任务。西昌发射场新改进的低温燃料加注设备和2号工位远距离测控发射模式也是首次执行任务。这次发射成功，标志着新投入的一系列新型号新设备经受住考验，中国航天综合实力得到稳步提升。

（2008年4月26日 新华网）

（二）科技人物类报道

让“神七”航天服用上国产出仓面罩

——记省科技杰出贡献奖获得者申长雨

记者：尹江勇　实习生：孔得蕾

身为郑州大学校长、全国青联副主席申长雨教授拥有着广泛的社会知名度。出任校长6年来，郑州大学驶入了发展的快车道，被教育部誉为国内近年来“发展最快、融合最好的高校之一”。

与此同时，作为我国材料加工领域的学术带头人，申长雨在自己的专业领域内，同样做出了令人瞩目的成就。由他领导研发的“神七”宇航员出仓宇航服头盔面窗，解决了航天服国产化最关键的两大技术难题之一，打破了国际垄断，为宇航员舱外太空行走做出了贡献。申长雨也为此被省政府授予了我省科技最高奖——“河南省科技杰出贡献奖”。

模具在发达国家被称为工业之母，其技术水平是衡量一个国家工业制造水平的重要标志之一。20余年来，申长雨潜心这一领域的研究，在塑料成型加工、塑料模具优化设计与制造等方面，取得了显著成果，推动了模具及塑料成型加工从一项实用技术向一门多学科交叉的应用学科的转变，为我国模具工业的发展做出了突出贡献。

让我们把时光回溯至4年前……

2005年1月的一天，橡塑模具国家工程中心的科研人员突然接到一个来自解放军总装备部航天所的电话，讨论载人航天员出舱面窗研制事宜。

由申长雨主持建立的郑州大学橡塑模具国家工程研究中心，是塑料加工及塑料模具技术领域唯一的国家级研究机构，自1993年国家批准成立以来，分别承担和完成了国家自然科学基金重大项目、重点项目、国家攀登计划项目、“863”计划项目和国家“八五”攻关、“九五”攻关、“十五”攻关和国家“十一五”支撑计划等20余项国家级科研任务，自主开发出了具有我国自主知识产权的橡塑成型过程计算机模拟及模具优化设计集成系统，对我国模具工业的发展做出了开创性的贡献。

基于这样的实力和成绩，总装备部航天所在全国查访了许多科研单位后，经过认真对比，最终把目光锁定这里。很快，该项目由郑州大学橡塑模具国家工程研究中心和河南郑工橡塑模具国家工程研究中心有限公司联合承担，具体研发工作由郑州大学国家重点学科材料加工工程学科第一学术带头人申长雨主持。

经过两年多夜以继日的艰苦奋战，申长雨和他的团队利用模拟、成型工艺控制和模具优化设计技术，历经上百次反复实验，攻克了一道接一道的技术难关，终于提前半年使产品上交到总装备部，在航天城缝合、组装后，进行了全方位的试验，各项性能指标完全满足航天要求，部分指标优于美国和俄罗斯的同类产品。

2008年9月25日晚，在酒泉卫星发射中心，我国自行研制的神舟七号载人飞船成功发射。当在屏幕上看到航天员身穿我国自行研制的太空服成功实现太空行走的那一刻，申长雨的心情格外激动。

航天员出舱头盔面窗项目的顺利完成，不仅为国家节约了大量外汇，更重要的是，破解了许多技术性难题，为我国航天领域重要产品的国产化做出了突出贡献，具有重要的社会效益、经济效益和深远的历史影响，受到总装备部领导的高度赞扬，申长雨和他的科研团队也因此荣获“中国载人航天工程突出贡献奖”。

（2009年5月14日《河南日报》）

第九章
文化娱乐新闻、体育新闻的写作与范例

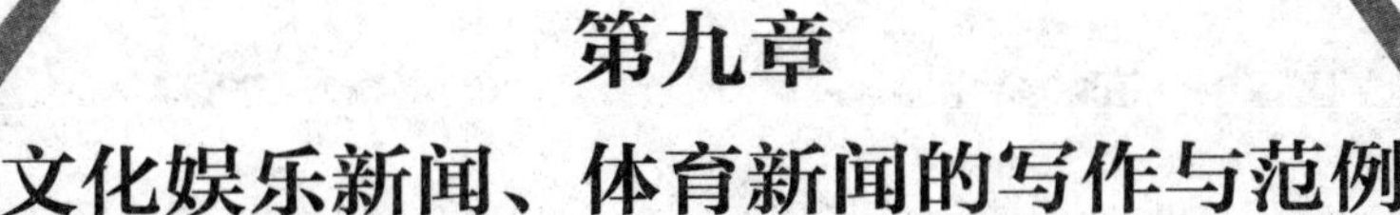

第一节 文化娱乐新闻的写作

一、文化娱乐新闻的含义

文化，从广义上来说，指人类在社会实践中所获得的物质、精神的生产能力与创造的物质、精神财富的总和；从狭义上来说，指精神生产能力和精神产品，包括一切社会意识形态，如自然科学、技术科学、社会意识形态等，有时又专指教育、科学、文学、艺术、卫生、体育等方面的知识与设施。娱乐则是指欢乐有趣的活动。所谓文艺新闻，主要指以文化艺术及娱乐活动为报道题材的新闻体裁。

三国时期的“竹林七贤”之一阮籍在《咏怀》一诗中，曾感叹：“娱乐未终极，白日忽蹉跎。”这说明古人已经把娱乐作为有意味或令人沉迷于其中的活动了。现在，娱乐新闻则是根据现代人的某种需要而产生的信息产品，是多角度、多方面对社会、生活中的人物和事件进行报道的一种文体。

尽管娱乐只是文化中的一小部分，但是它在当今的新闻传播方面几乎与文化并列。版面少的报纸，通常设一个文娱新闻版，也有设文体版的，把文化和体育的新闻放到一块；版面多的报纸可以把文化和娱乐分开，各设一到几个版块。

二、文化娱乐新闻的特点

文化娱乐新闻是媒体上一种重要的新闻体裁，它以轻松活泼的风格，给受众娱乐消遣并陶冶情操，它的娱乐性是区别其他类新闻的显著特点。具体来说，可以从以下几方面理解：

1．大众化与重要性的统一

文化娱乐新闻是以通俗文化（电视剧、电影、流行歌曲等）为主要报道对象，人们通过观看电视剧、电影，参加歌星演唱会、购买CD等，容易接触到报道内容。对这些文化的熟悉心理使人们乐意阅读文化娱乐新闻。此外，影星、歌星等明星人物是普通受众在现实生活中很少有机会接触到的。明星人物的神秘感又会引发受众的好奇心，于是便希望通过阅读娱乐新闻来满足自己的内心，这就是名人效应或新闻的重要性价值的体现。

2．趣味性与思想性的统一

娱乐新闻报道的事情多与明星相关，他们的言谈举止会增加新闻的趣味性。同时轻松活泼的风格也能使读者产生愉悦感和趣味感。另外，记者在写作娱乐新闻时，不能只考虑爆猛料、吸引人，还要使娱乐新闻在满足人们正常的娱乐消遣需求的同时，陶冶情操，有助于社会健康的审美情趣的形成。

3．可读性强

娱乐新闻多是有故事有情节的事件性动态新闻，它的通俗性与趣味性使得受众喜闻乐见。

三、文化娱乐新闻的写作要求

记者在写作文化娱乐新闻时，要注意以下几点要求：

1．增加文化娱乐新闻的厚度

现在的娱乐新闻往往只是单一的某一动态娱乐消息的再现，比如，要报道，只报道该电影开拍了，仅仅发一条短消息。实际上，受众希望了解更具体的相关内容。比如，除了告诉电影开拍了，也要告诉受众导演的创作意图，以及想通过这部电影表现什么，要达到一种怎样的效果等。

2．重视报道边缘（非主导）的娱乐人物（事件）

娱乐热点人物一般是各媒体娱乐新闻的重点，然而，如果所有的媒体都报道同一内容，就容易出现千篇一律、毫无新意的现象。想要写好娱乐新闻，写得与众不同，很重要的一点是报道娱乐热点的同时，重视对边缘娱乐人物（事件）的报道。比如，某位明星获得某项大奖，想当然会成为媒体报道的热点，获奖者通常会谈论他的成功，并说一些感谢的客套话，那么这条新闻的价值并不高。这个奖项的失败者更容易暴露真实的状况甚至一些内幕消息，如果从这个角度进行报道，文章就会与众不同，并且言之有物。

3．要客观地报道娱乐现象

从宏观方面来说，要改变娱乐新闻“报忧不抱喜”的状况。在某些娱乐记者眼中，似乎只有负面新闻才算得上娱乐新闻，我们不否认这些新闻对娱乐界会起到监督作用，比如，报道明星的吸毒、偷税漏税事件，就会使明星得到应有的惩罚，同时维护了法律的尊严，警人自省。但是，负面新闻报道过多，对娱乐界是不客观公正的，人们会对娱乐圈产生不好的印象，而且不利于娱乐事业的健康发展，因此应该从艺术欣赏的角度去报道娱乐现象，在符合受众需要的同时，也使娱乐界人士以平和的心态大胆从事娱乐活动。

从微观上说，要客观地报道娱乐人物或事件，不过分赞美，也不肆意贬低。比如，对某个电影过高地吹捧，会使受众的期望值大大提高，但是这种高期望得不到满足时，就会给人们造成强烈的心理落差，时间久了，就不会再去信任该媒体。

4．娱乐新闻要够感染力

好的娱乐新闻既要抛弃那种纯粹追求感官刺激的华而不实的做法，又要使作品感染读者，给读者留下深刻印象。娱乐新闻要有感染力，在写作时就要写出节奏感，因为节奏感强的新闻能把读者各部分感官充分调动起来，使他们和新闻报道的进展同步，从而更容易打动读者。

第二节 体育新闻的写作

一、体育新闻的含义

所谓体育新闻，是指以体育活动为报道内容的新闻体裁。

从古至今，人类天性就对竞赛感兴趣，因此，体育新闻作为新闻事业的重要组成部分，一直受到广大读者和观众的喜爱。近几年来，随着人们生活水平的日益提高，人们对业余文化体育生活的需求也越来越丰富，新闻媒体越来越多地承担了文化娱乐功能。体育新闻成为人们饭后津津乐道的重要谈资。

二、体育新闻的特点

体育新闻是以消息的形式，反映有关体育人物和事件的报道。无论在哪一个国家，体育新闻都是广受欢迎的，其主要特点如下：

1．强烈的时效性

体育新闻，尤其是赛事新闻，时效性特别强。一般而言，体育赛事的结果发生在何时何地都是事先预定的，人们在赛事开始以前就已经期待着结果的发生，并伴随着某种情感倾向。比赛一结束，新闻界必须马上向受众提供比赛的结果。因此，体育新闻具有很强的及时性，要求在最短的时间内把比赛结果报道出去。各新闻传播媒介和从事体育报道的记者都要争分夺秒地抢发体育新闻。

时效性之所以在体育报道中占如此重要的地位，与其竞争性是密不可分的。多家媒体对同一事件进行报道，谁的报道最迅速及时，谁就会在新闻竞争中争取到更多的受众。从这个意义上讲，体育新闻的时效性就是体育新闻的生命所在。

2. 激烈的竞争性

体育比赛本身是一项时间性、竞争性较强的活动。激烈的竞争使比赛过程和结果充满悬念和不确定性，也给予体育新闻以有声有色、激动人心的丰富内容。

激烈的竞争性还体现在各媒体对体育报道的竞争。为了争取更多的受众，各媒体纷纷争先恐后地报道体育，特别是报道体育竞赛。由于体育报道的“热门”通常是集中的、公开的、事先预知的。所以不能像其他新闻那样可以通过不同的角度创作出独家新闻，体育报道的竞争就显得更为突出和竞争。

3. 鲜明的专业性

体育新闻的报道内容涉及球类、田径、游泳、射击、举重、跳水、体操等数十个类别，每个比赛项目都有特定的技术要求和比赛规则，专业性比较强。外行或者一知半解的记者进行体育报道会困难重重，甚至一个专业的体育记者要报道好所有的比赛项目也是很难做到的。报道中如果出现任何一句外行话，都会使报道大为减色，也会使其形象在受众心中大打折扣。所以，要当好一名出色的体育新闻报道者，一定要熟悉体育专业知识，否则难以写出像样的体育报道来。

4. 报道的国际性

现代体育已经成为国与国之间加强联系的纽带。有“体育联合国之称”的奥林匹克运动会、各单项比赛的世界杯、中国球员加盟国外俱乐部，都充分体现了体育的国际性。所以，如果想成为一名合格的体育记者，一定要熟悉国际体育，了解各国体育运动的发展，关注国际体坛明星的成长，只有这样才能游刃有余驰骋在国际体育记者的队伍中。

5. 采访的相对固定性

其他新闻，如社会新闻，突发性强，并且采访中充满了不确定因素，需要采访什么人，甚至有时候采访的地点也要费几番周折。体育新闻则不同，体育比赛的时间、地点、比赛规则都是固定的，参赛人员的详细情况也是事先知道的。这就为体育新闻采访提供了明确的方向。采访的固定性也指采访周期的固定性，即对采访对象循环往复的采访，这不是简单的重复，因为每次比赛的结果和意义存在差别。

三、体育新闻的种类

1．比赛新闻

即反映体育竞技运动的情况，它主要报道赛事内容。

2．人物新闻

即反映人们普遍关注的体育人物的报道，比如对一些体育明星进行的报道等。

3．会议新闻

即有关体育方面的重要或有特点的会议的报道，比如为了举办某场运动会，所召开的筹划会议等。

4．综合新闻

即全貌性地综合反映某一时间或某一阶段、某一类别、某一范围的体育运动。

四、体育新闻的写作要求

1．把握情趣与理趣

体育新闻在写作上不要一味地程序化、模式化，要能够表现出体育新闻的情趣与理趣。体育新闻的情趣要求体育新闻记者要全身心地投入体育运动中去，体会到运动中特有的情趣，并用富有感情的文字表述出来。这是体育新闻能够动人的关键。同时，体育新闻的情趣还表现在语言幽默、富于人情味等方面。

体育新闻的理趣，也是新闻记者在写作时需要注意的。“理”是事物的内在联系、本质，它无法直接由感官来把握，而是需要透过现象，经过挖掘、分析、研究才能予以认识。因此有理趣的体育新闻多给人以思想的启迪。

2．学会预测与分析

众所周知，在通常情况下的各项体育运动赛事的时间、地点、参赛人员、比赛项目、比赛规则等都是事先知道的，而体育比赛的内容又总是周期性循环，这就使得新闻记者有足够的时间在赛前进行准备，根据历史与新近的状况，分析各队的实力，并对比赛结果进行分析、预测。尤其在某些重要比赛或重大的运动会之前，读者通常也会对赛事进行预测，因此记者科学、准确地预测报道往往令人拍案叫绝。

这类报道通常难度和风险较大，对读者的吸引力相应来说也比较大，对记者可谓是一种挑战。

3. 在深度上做文章

体育新闻在写作上追求的“制高点”是：能从深度上做文章，从分析体育比赛的现场入手，对比赛的各个方面进行分析，来揭示体育运动深层次的规律，从而使新闻能够得以深化。

五、做好体育新闻采写需注意的事项

体育新闻，是以消息的形式反映有关体育人物和事件的报道。现在，我国的体育事业空前繁荣，出现了全国性的体育热潮，“体育热”促进了体育新闻热。体育报道已经成为引起读者广泛兴趣的新闻品种。那么怎样才能更好地进行体育新闻的采访呢？体育新闻的特点决定了体育新闻采写上的特殊性，具体来说，体育新闻的采写要注意以下几点：

1. 短小精悍，以快取胜

体育新闻的竞争性和时效性决定体育新闻，尤其是竞技体育报道必须要快。要做到快，其报道的内容必须短小精悍。

2. 注意观察，钟情细节

新闻记者既要做一个新闻的采集者，更要做一个“新闻观察员”。焦点、热点集中，是体育新闻的特点之一。人们通常很容易通过各种途径了解到赛事的过程和结果，但是，体育新闻报道要做到不断掀起读者心中的浪潮，则需要采集者扩展思路，放开眼睛，寻找赛事过程中的细节。

3. 辩证分析，讲究平衡

在体育报道中，需要把握几个重要关系：天赋和努力、个人和集体、普通和特殊、成绩与成功。比如，个人的成功和集体的努力是分不开的，体育报道不能一味盯着成功和奖牌，要知道，在奖牌的背后还有许多默默做出贡献的无名英雄，他们同样值得我们去报道。

4．善用图片，真实再现

报纸在报道一篇新闻时，通常采用两种方式：文字报道和图片报道。图片新闻能引起人们视觉感应，形象、真实地再现激烈的赛场，因此，在体育报道中有着重要的作用。所以体育报道要善用图片新闻。

5．宏观把握，准确预测

预测性体育新闻是指对即将发生的体育赛事的过程，尤其是比赛结果的预测性报道。尤其在重大的赛事报道中更为常见。要对比赛的结果做出准确预测，需要新闻记者对参赛双方有足够的时间进行了解，了解参赛双方的实力状况，熟悉双方主要运动员的基本情况和过去的参赛成绩等。

第三节 文化娱乐新闻、体育新闻的写作范例

一、文化娱乐新闻

（一）个别采访式娱乐新闻

BIMC个别采访处孔正阳：为奥运服务让我很自豪

国际在线报道（记者 燕玺） 北京奥运会期间，2008北京国际新闻中心（BIMC）是专门为没有取得国际奥委会注册采访证的记者们提供服务的机构。奥运期间，BIMC的各项服务工作得到了境内外记者们的积极评价，特别是为那些并不熟悉中国情况的境外记者提供采访联络的BIMC个别采访处，更是得到了境外记者的高度赞赏。今天，就请跟随记者去认识一下BIMC个别采访处的联络负责人孔正阳女士，听一听她的奥运故事。

8月7日，十多名来自云南的姑娘正在BIMC新闻发布厅的舞台上表演着精彩的啦啦队舞蹈。台下十几家海外媒体记者的闪光灯频繁地闪烁着。演出结束后，姑娘们被外国记者们团团围住。而一旁，一位面露微笑的年轻女孩正忙碌着为记者们进行采访协调。她，就是这场啦啦队表演的协调人，BIMC个别采访处的负责人之一，孔正阳。

一个月前，大学毕业不久的孔正阳还是北京发行集团的一名普通员工。7月初，年轻的她被抽调到BIMC新闻信息服务部下属的个别采访处工作。能干的她很快被提拔为个别采访处联络负责人。

7月20日，孔正阳接到了一份来自德国、西班牙、美国的三家媒体的采访申请，他们希望采访奥运赛场上的啦啦队。联系采访的过程十分顺利。很快，她便带着几位外国记者赶赴河北一个奥运啦啦队的训练基地，成功地进行了采访。

这次的成功让更多的国外记者对奥运啦啦队的采访也感兴趣起来。刚从河北回来没两天，又有十多家国外媒体要求采访奥运啦啦队。但是，这一次联系采访却不那么简单了。

孔正阳说："因为他们啦啦队的工作繁忙，不太方便，我们在尽量不打扰他们工作的情况下，然后尽量沟通。因为，现在很多啦啦队已经进场馆了，基地管得也挺严了。"

孔正阳可以如实地把情况向境外媒体反映，抱歉地通知他们采访无法安排，但是她却不想这样做。她开始了新的努力。

无法到基地采访，是否可以把啦啦队请到BIMC来呢？经过多次联系和沟通后，一支将在奥运场馆巡回演出的云南啦啦队同意前来接受采访。功夫不负有心人，这场让国外媒体记者称赞不已的啦啦队表演和集体采访最终还是成功举行了。孔正阳看着境外记者忙碌的情景，脸上也露出了微笑。

其实，类似于这样的问题和困难在孔正阳和她30多名个别采访处同事们的工作中有着太多太多。而对于这些困难，孔正阳也早有心理准备，她说："之前做好了一切吃苦的准备，因为肯定会比较忙碌，包括个人时间等都做好了准备。来这以后，工作环境各方面都不错，可以让我们投入一切心思，全身心地为奥运服务。"

经过一段时间的工作，孔正阳也慢慢地总结出了一条工作经验。

孔正阳说："我们的工作还是落实得比较细，不能因为一点细节上的问题出问题导致整个采访活动不够完美。落实每张申请单都是有一个比较耐心的过程，只要耐心去沟通就没有问题。"

正是因为孔正阳和她的同事们细致、耐心的工作，个别采访处受理的采访申请落实率达到了90%以上。境外媒体记者们非常认可他们的工作。俄罗斯新闻社记者康斯坦丁·谢平就给予了孔正阳和BIMC个别采访处非常高的评价。

康斯坦丁·谢平说："这个女孩当然也包括整个新闻中心，为我们国外记者提供的服务水平非常高。毫无疑问他们付出了很大的努力，帮助我们获得需要的信息，同时在工作中我们和中方工作人员也建立了很好的关系，加深了相互理解。"

大家都在称赞孔正阳和个别采访处成绩斐然，但他们承受的压力却鲜为人知。DIMC新闻信息服务部负责人李越女士告诉记者："大家都抱着一个态度，就是工作比较繁重。工作量这么大确实是出乎预料的。早上工作人员8点来钟就进入办公室，中午几乎没有休息，下午一直连续工作，很多同志都是吃完晚饭接着又回来工作。"

尽管如此，孔正阳却并不觉得累。她觉得能为奥运服务是一件很光荣的事。只要看到境外记者满意的笑容，她就又充满了动力。

孔正阳说："我觉得还可以吧，因为我觉得主要是一种激情吧，现在每天都是开开心心地工作，忙得不亦乐乎。走到哪里，说实话，确实有一种自豪感。"

在我们结束采访的时候，孔正阳的电话又响了起来，一个有关奥运票务中心的采访申请正在等待着她去联络。

（2008年8月13日 国际在线）

（二）戏剧性娱乐

周杰伦北京演唱会爆满 演出投入突破1.6亿台币

搜狐娱乐讯（张宁）7月8日晚，周杰伦"地表最强"演唱会在北京举行，当天场内几乎座无虚席，全场爆满。此次巡回演唱会将在北京连开三场。

当晚，一开场就出现了一位身着太空服的人徐徐漫步升上空中，舞台上的巨型LED营造出外太空的景象，周杰伦穿着"太空战服"搭乘太空舱出现。不用任何虚拟实境的装备，也仿佛置身太空中。整场演唱会演出成本突破1.6亿台币，创周杰伦演唱会成本的最高。

整场演出分成多个部分，以不同的风格展现在歌迷眼前。有置身太空般的开场、进入海底世界的游历、钢琴演奏部分、复古爵士风部分、嘻哈说唱部分、老歌大合唱部分等。在复古爵式风部分，周杰伦与现场歌迷互动，大唱“印第安老斑鸠”。

据悉，演唱会上的不少内容都来自周杰伦本人的主意，如海底世界的画面中美人鱼在游、骨头座椅、开场的斜式升降等。此次周杰伦巡回演唱会将于7月8日至10日在北京连开三场。

（三）纪实性娱乐新闻

《马达加斯加2》：比《非诚勿扰》热闹

网易娱乐独家评论（丁安/文） 还记得《马达加斯加》第一部看的时候就特别热闹，何炅把嗓子都喊破了还真起到了效果。于是兴致勃勃地提前看片《马达加斯加2》，继续特热闹，我一直寄予的那四只酷酷的企鹅更加重了戏份，这次连山寨飞机都能造出来了。这一次讲述狮子认祖归宗后的故事，以及交代了它是如何从大草原跑到动物园成为“纽约之王”的。

话说狮子埃里克斯、斑马马蒂、长颈鹿梅尔曼、河马歌利亚准备从马达加斯加离开去环游世界，他们必然禁不住企鹅兄弟的忽悠上了老飞机，很快企鹅机长郑重地宣布：“我是机长，有一条好消息和坏消息，好消息是我们即将着陆，坏消息是我们将坠机着陆。”动物们就这样来到了非洲大草原，展开了全新的生活。这期间坠机“肇事者”的企鹅兄弟本事最大，还能把番茄酱涂在身上并打碎一个鸡蛋装死“碰瓷儿”，劫走了一个宇宙超级无敌强悍老太太的吉普车。

埃里克斯凭胎记找到了爸妈，但是一个头型十分像猫王的坏狮子却极力阻挠这个认祖归宗的行为，埃里克斯此时已经叫回儿时的名字阿拉及，为了成为真正的草原之王，它开始了为动物寻找水源的过程。在故事的叙述中，穿插的便是友情和爱情。狮子埃里克斯就曾经忽视了与斑马马蒂的友情，并表示马蒂与其他斑马毫无区别，伤了马蒂的心，但是当埃里克斯遇到困难的时候，他意识到了自己的错误，便回去找马蒂“表白”，不过方式极为搞笑，“你与其他斑马的区别就是他们是白底黑道的，你是黑底白道的。”长颈鹿梅尔曼一直就深爱着河马歌利亚，不过由于羞于表白，歌利亚一到非洲就认识了同为河马的男朋友。不过梅尔曼的醋也没白吃，最终歌利亚听到了梅尔曼临危前的表白并接受了他的爱，有情“动物”终成眷属，但是我非常想知道的是，长颈鹿和河马的后代将是什么样子，也许叫做“长颈马”？这个问题将像电影《功夫熊猫》里的阿宝的爸爸为什么是鹅一样成为我2008年的谜团。

应了配音何炅的话：“我们比《非诚勿扰》搞笑多了吧？”基本上流行语、方言全用上了，企鹅先生看到无数只猴子后惊讶地说：“好多好多的猴！”还有动物突然冒出来一句“你被恶搞了么？”最神奇的是竟然还不忘记影射“艳照门”，猴子威胁企鹅：“如果你不想把这些照片公布出去的话……就给我们放假……”只见照片上全是企鹅与那只洋葱一样的娃娃的亲密动作……

看完电影回家干活，朋友问：“你今天是去看‘马自达二’了么？”又说：“不对，你看的其实是‘马达加斯加六’。”我说：“真不好意思，其实我看的是‘马三’……”终于发现，原来这部电影从名字上就能这么热闹。

（2008年12月31日 网易娱乐）

二、体育新闻

（一）体育比赛新闻

女足亚洲杯：中国加时遭日本压哨绝杀1:2无缘决赛

新华网胡志明市5月22日体育专电（记者颜昊、闫建华） 两次角球盯人不紧，最后一分钟失球；中国女足在22日晚越南胡志明市举行的亚洲杯半决赛中，加时赛以1:2不敌世界冠军日本队止步于四强，中国队主帅表示满意队员表现，失球责任在自己。

中国队本场依然排出习惯的442阵型，人员方面与小组赛首发变化不大。门将为张越，后防线由刘姗姗、李佳悦、吴海燕、李冬娜组成，中场为许燕露、韩鹏、张睿、任桂辛，锋线上是李影与杨丽组合。日本队此役依旧打出小组赛对阵澳大利亚队时的阵容。

第51分钟，日本队开出角球，前点包抄的日本队泽穗希在无人盯防的情况下头球往后一蹭，张越反应不及，皮球入网。日本队1:0取得领先。随后，中日两队形成拉锯战，中国队对日本队后防线施加更大压力。第78分钟，许燕露传中，日本队球员在禁区内手球阻挡犯规，李冬娜骗过守门员，一脚推射打球门右下角入网。

中国队进球后，日本队马上进行调整，锋线吉良知夏换下中场进球功臣泽穗希，加强前场进攻能力。同时也对中场进行微调，木龙七濑换下中岛依美。中国队却在下半场最后十分钟成功压制住日本队反扑，将比赛带进加时赛。

加时赛补时阶段最后一分钟，门将张越在球门线上将日本队一脚势在必进的打门托出横梁。结果，日本队开出的角球发至后点，被包抄的日本队球员岩清水梓头球攻入大门，日本队绝杀中国队挺进决赛。

中国队主教练郝伟赛后对记者表示，今天队员们过程上做得很好，最后一分钟，在被罚下一个人的情况下角球盯人失误，造成被日本队淘汰的结果。

郝伟一脸沉重地说，“这场比赛队员完全按部就班地执行既定战术，发挥也很稳定，防守更积极，进攻上更有欲望去取胜，对队员的表现很满意，两个失球的主要责任在主教练自身。”

日本队主教练佐佐木则夫说，本来想90分钟内解决战斗，但中国队今天表现得很好，日本队有一些年轻球员，她们能够坚持到最后取得了胜利。

佐佐木则夫表示，今天中国队从力量上看不如以前，但由于许多队员能力取得很大进步，所以日本队直到下半场开始以后才取得第一个进球。他认为，是球员们的求胜欲望使得她们能在最后一分钟进球。

是役战胜中国队也算是日本队清除了通向冠军路上的一大障碍。日本队曾经四次打进女足亚洲杯决赛但从未捧杯，其中三次均败给中国队而屈居亚军。

（2014年5月23日 新华网）

（二）体育人物新闻

里约新人挑起强队大梁　宁泽涛马龙望里约绽放

7月18日，里约奥运会中国体育代表团在北京成立。这份包括了416名运动员的名单中，一些头顶光环的“新人”——宁泽涛、朱婷、王嘉男……备受瞩目。这是他们的第一次奥运之旅，却已经是各自项目的“顶梁柱”，而像马龙、苏炳添这样在伦敦奥运还曾是“绿叶”的选手，都已经是世界级名将。里约赛场，他们算是奥运“新人”，却并非“菜鸟”，等待他们的是绽放的那一刻。

看亮眼新星　初登奥运舞台

在中国代表团成立动员大会上，备受争议的宁泽涛是参会的300余名运动员中最受瞩目的，不断有人与他合影留念，风头不亚于当年的刘翔。

宁泽涛，算是里约奥运最亮眼的“新星”。在2014年仁川亚运会上横空出世，随后在2015年喀山世界游泳锦标赛男子100米自由泳比赛中问鼎，成为第一个获得这个项目冠军的亚洲选手。阳光帅气的相貌、健硕匀称的身形，令宁泽涛成为中国体坛当之无愧的偶像兼实力派“新星”。之前因商业纠纷险些无缘里约，相信，宁泽涛一定会珍惜他的这次奥运首秀。

中国女排的主攻手朱婷，在郎平执掌中国女排帅印之后的近两年间，异军突起。四年前的伦敦奥运会，不满18岁的朱婷还只能坐在电视前看着前辈们拼杀，现如今，朱婷已经是中国女排当仁不让的主将。2013年入选国家队，2014年获得世锦赛最佳扣球手称号，2015年，中国女排在郎平的带领下重夺世界杯冠军，而朱婷也成长为世界顶级巨星，获得世界杯MVP，朱婷伴随着新女排一同成长，算是里约奥运不折不扣的“新人”。

不满21岁的王嘉男，出生在沈阳，曾是2014年世界青年田径锦标赛男子跳远冠军得主，在去年的北京世锦赛上摘得铜牌，成为第一个登上世锦赛领奖台的中国跳远选手。在国际田联钻石联赛上海站比赛中，王嘉男跳出8米25获得第三名，风头已经盖过名将李金哲。而王嘉男最难能可贵的是，年龄小、胆子大、心态沉稳。

看伦敦绿叶 扮演里约红花

如若里约奥运男单项目成功登顶，马龙就将成为国际乒坛又一位男子“大满贯”选手。里约奥运，国乒“马队长”战绩非常平稳，如同当年的王励勤，只要出手必拿冠军。实际上，马龙并非真正意义的奥运“新人”，这是他第二次出征奥运，却是第一次承担重任。四年前的伦敦，在男单资格的竞争中，他输给了王皓和张继科。面对第一次承担男单与团体重任，“马队长”掷地有声道：目标就是帮助中国队夺取冠军！

苏炳添，这位在2015年北京世锦赛上风光无限的“亚洲飞人”，在四年前的伦敦奥运赛场，默默无闻地走上跑道，却历史性地成为中国田径挺进奥运男子百米半决赛的第一人。但当时，国人在田径赛场更为关注的还是摔倒的刘翔。里约奥运，情况大不相同，苏炳添头顶“亚洲飞人”光环，将为亚洲男子百米冲刺。去年的北京世锦赛上，由他领衔的男子接力队历史性地夺得亚军，里约赛场，将有更多的“历史性”等待着苏炳添书写。

看初生牛犊 挑起强队大梁

里约奥运大名单中，有几支运动队都是由新人“主宰”。在传统强队体操队的奥运名单中，除了张成龙之外，其他人都没有经历过奥运洗礼，而这支队伍仍然肩负着奥运夺金的重任，尤其是男团项目，更是中国队的争金重点。不到21岁的林超攀，在2013年的世界锦标赛中，与日本队名将内村航平并列双杠冠军，同时他也是2014年世锦赛男团冠军成员。

中国举重队的里约奥运阵容，是由两位奥运会冠军龙清泉和吕小军领衔的“力量之师”。此前呼声很高的69公斤级名将廖辉落选，由浙江小将石智勇挑起该级别大梁，这位与“前辈”同名同姓的小伙子，能否同样站在奥运最高领奖台上？令人期待。

举重女队选手则全部是“90后奥运菜鸟”，但她们都是今年奥运选拔赛的冠军得主。48公斤级的侯志慧、53公斤级的黎雅君、63公斤级的邓薇以及69公斤级的向艳梅，虽然年纪小，但都担负着向金牌发起冲击的重任。

在中国田径队出征里约的全部60人中，有37人将首次登上奥运舞台，其中不乏像20岁的短跑小将莫有雪这样的中国田径“希望之星”。莫有雪在北京世锦赛上担纲接力第一棒，帮助中国男队获得男子4×100米接力银牌。他在17岁的时候，还夺得过世界少年田径锦标赛男子百米的冠军。

里约奥运会上的新人们，大有初生牛犊不怕虎的精神，比起老一代运动员，“90后”甚至是“00后”的年轻一代，个性更加张扬，激情更易释放，在场上表现自我的欲望将有很大的提升。在里约，我们将看到他们尽情绽放。

（2016年7月20日《沈阳日报》）

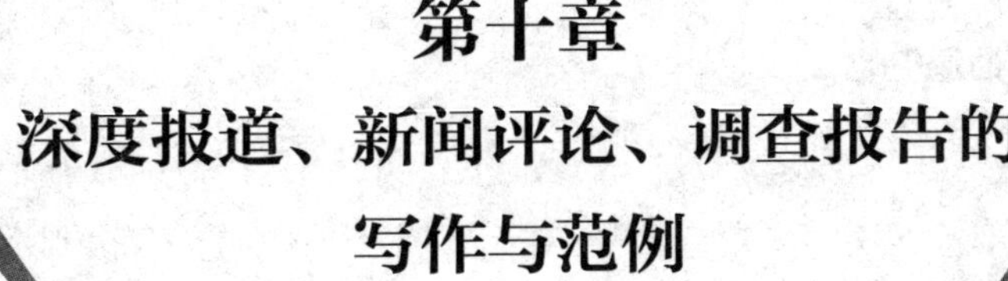

第十章 深度报道、新闻评论、调查报告的写作与范例

第一节　深度报道的写作

一、深度报道的含义

“深度报道”一词源于西方，于20世纪80年代中期在中国兴起。这个时期，正是中国社会发生历史性转折的时期。当一种新的社会机制取代一种旧的社会运行机制的时候，新旧势力的角逐、不同观念的交锋、各种矛盾的碰撞都显现了出来，一个需要对社会发生的种种前所未有的事件进行调查研究、分析预测、解释说明的时代到来了。大量深度报道作品在这时开始面世，其题材涉及政治、经济、科技、文化、教育、军事等各个领域。这些作品的共同特征是关注中国社会发展进程中存在的问题，深入剖析问题出现的缘由，解释问题对社会产生的影响，探索解决问题的途径。

20世纪90年代初期，中国报纸开始纷纷扩版。深度报道获得了更多的表现空间，作为一种全新的报道方式，深度报道从这个时候起大规模进入广播电视媒体。那么，深度报道是什么呢?

所谓深度报道，就是对主体新闻的时空维度进行深度扩展的报道，是完整反映重要新闻事件和社会问题，揭示其实质意义和发展趋势的一种高层次的报道方式。

与普通新闻相比，深度报道更加详尽、更有深度，它不仅要反映新闻的静态截面，而且要披露新闻的变化进程；不仅是观察一个新闻的内部关系，而且要揭示一个新闻的内部与外部的复杂关系。

二、深度报道的特点

1. 采写复杂

想要写出一篇成功的深度报道，记者往往需要花费更多的时间和精力进行采访调查，研究相关背景材料，同时，深度报道的采写要求记者必须具备强烈的正义感、责任心和勇敢的精神，足够的智慧和胆识，较高的文化素养。此外，记者还需要掌握大量的政治、经济、文化、社会、历史等科学知识，精通调查，善于研究。

2. 内容深刻

深度报道立足于宏观的社会层面，着眼于事物整体，把对事物的单一侧面描述转变为多侧面的描述，再加以立体化、多层次的剖析，多侧面、多角度地挖掘事实的真相，探寻与揭示事实的本质。

3. 形式多样

深度报道的表现形式比较丰富，可以借助于通讯、述评、专访、调查报告的形式，也可以融合以上各种形式于一体。从报道方式上来看，深度报道既有单篇报道形式，也可采用组合报道、系列报道、连续报道、追踪报道等形式。

三、深度报道的形式

深度报道从形式上来看，大致可以分为两类：

1. 独立文体的深度报道

独立文体的深度报道种类繁多，比较常见的有解释性报道、调查性报道、预测性报道、典型报道、精确报道等。

（1）解释性报道。解释性报道是运用背景材料来分析一个新闻事件发生的原因、意义、影响或预示其发展趋势的一种新闻报道。它的特点在于报道新闻事实的同时，说明新闻事实的来龙去脉，阐述事件发生的原因、结果以及相关事物之间的联系。

（2）调查性报道。调查性报道是针对某一新闻事实，通过展示调查过程，提供大量事实、数据和有关反映及评价的方法，来深入揭示其本质特征、发展规律的一种报道方式。

（3）预测性报道。预测性报道是对将会发生而未发生的事件所作的前瞻性报道，它着重对新闻事件的发展变化趋势或前景进行科学预测，而且这种预测要建立在深入的调查、分析的基础上，要有相当多的事实和数据做依据。预测性报道常用在经济新闻和国际新闻中。

（4）典型报道。典型报道也称经验消息，是对某一部门或单位的成功做法、典型经验等所做的比较全面、系统的报道的一种消息。其作用是通过典型指导一般，从而带动全局。

（5）精确报道。精确报道，是用精确的数据、概念来分析新闻事件，尽可能避免人为的、主观的错误，从而使新闻报道更加客观、公正，令人信服。

2. 组合文体的深度报道

组合文体深度报道的内容元素是根据内容的相近性组合在一起的，元素个体由于内容间互为补充，表现力又比较丰富，因此整体上比单一新闻更有深度。

常见的组合文体有三种形式：连续性报道、系列报道及组合报道，均为若干独立篇章的集合。

（1）连续报道。事物发展是呈阶段性的，由低到高的矛盾运动，一些新闻事件本质的暴露，常常有一个过程。连续报道就是对正在发生并持续发展的、某一重要的、令受众关注的新闻事件，在一段时间内进行连续及时的报道，完整反映新闻事实的发生、发展、结局及其影响。

（2）系列报道。系列报道是一种以延伸新闻领域、深入新闻事实内部、揭示新闻事实的含义为目的的一种深度报道形式。它是围绕同一新闻题材、新闻主题从不同层次、不同侧面、不同角度做多次、连续性的报道，各条报道之间没有外在的时态连续，但却有内在的必然联系。多个独立报道集合在同一主题思想下，以求对新闻事实做出比较系统、全面、深入的报道。

（3）组合报道。组合报道是指集中一组反映同一时间、不同地点的同类情况，或同一主题、不同门类的情况的稿件，从而形成较大的报道规模，使读者从有机整体中领悟到新闻现象背后的本质。组合报道法多用于报道面比较宽，报道对象比较多的报道。

四、深度报道的作用

深度报道主要有以下作用：

1．帮助受众及时、深刻、全面地了解生存环境的变化状况

新闻的社会职能的本质是帮助受众了解其生存环境的变化，从而为他们明智地选择自己的社会行为提供信息参考。重大新闻选题就是对社会环境与自然环境重大变化动向的报道。这样的报道能够及时、深刻、全面地披露与分析受众生存环境发生的变化，从而让受众深入了解自己的生存环境以做出最有利于自己利益的行为选择。

2．形成特殊传播效应，在媒体市场上拥有特殊竞争力

一个媒体往往通过重大的新闻报道展现自己的特别价值，以期在激烈的媒体竞争中拥有特殊的地位和独特的传播效应。另外，也只有在重大新闻报道中，一个新闻媒体才能更全面展示自己的实力，从而形成对读者的影响和召唤。

深度报道开辟了媒体重点报道的特色空间，能更为全面和深刻地揭示新闻的实质意义和发展趋势。

3．深刻地干预官方决策

由于重大新闻选题往往是对社会环境与自然环境重大变化动向的报道，因此必然对社会的各级领导者的决策产生直接的影响。领导者肩负社会发展进程的重大责任，需要及时、准确、深刻、全面地了解社会发展进程中存在的矛盾和问题，找到解决这些矛盾和问题的有效途径。因此，新闻工作者所做的重大新闻报道是社会领导层较为关注的。

4．训练出高素质的新闻从业人员

重大新闻选题本身的复杂性和它所担负的传播使命，使得实现重大新闻报道的专业难度大于常规性的新闻报道。因此，需要新闻工作者具有更广博的知识，更敏锐地观察能力，更高的专业水平，从而能够驾驭复杂的报道任务。高质量的新闻从业人员是在执行高难度的新闻报道任务中磨炼出来的，而深度报道是新闻报道中难度最大的领域。

五、深度报道的写作技巧

如何使深度报道更有深度？除了文章的立意、选材、挖掘和组织以外，技术性的写作方法也很重要，这里简单谈几点内容：

1. 聚焦一个观念

深度报道需要宏观的视角，但这并不意味着观念多就是“宏观”。如果分散为多个观念，就难以从深层次的角度来挖掘问题。因此，每篇文章最好聚焦在一个观点上，尽量从一个视角阐发问题，这样才有可能把问题说透。如果感到意犹未尽，可以组织连续报道、系列报道等。

2. 深化主题

许多被称为深度报道的文章，却总是缺乏深度，主要表现在主题的阐述过于肤浅，在表现形式上只是罗列了许多价值同等的素材，结果只能说明浅层次的道理，再想讲深一些，却没有相应的素材来支撑。因此，新闻工作者在写作前要尽可能多地寻找不同价值的素材，从中选出最适合主题的，并且按照递进式的逻辑结构在不同的深度采用不同的素材。

3. 导语要引人入胜

导语是文章之眼，一段精彩的导语，能迅速抓住读者的注意力。在实际写作中，导语必须要认真提炼，力求做到引人入胜。要做到这一点，可以采用白描手法，提供一段感人的情节或一个生动的故事，从具体引导出抽象，再从抽象转变为新的具体。此外，也可以从令人想象不到的数字、对比入手，随后讲述故事，再转入深层的报道。

4. 首尾要呼应

深度报道并不是为了单纯提供信息，而是要通过报道提供一种对事实的认识。认识是需要适当强化才可以留下印象的，因此，完整的深度报道，除了起始部分点明主题外，通常要以某种适当的结尾呼应前面的立论。

5. 形式要为主题服务

深度报道篇幅较长，利于作者发挥自己的写作才华。但是有的作者钟情于自我欣赏的文学化描写，将要表达的主题思想被曲折离奇[illegible]事本身所淹没，这也是现在深度报道的一个出现频率较高的弊病。因此，要强化形式为主体服务的意识，围绕主题组织素材，不要喧宾夺主，不要弱化文章阐述的主题思想。

六、深度报道写作需注意的事项

1. 能够付出较长的时间和采访成本

深度报道需要采访较多的人，这需要记者舍得花费更多的时间和精力，付出更多的心血和采访成本。比如，有的时候，记者花了很多时间跑到一个地方去调查，可是到达目的地后才发现不是自己要找的人。类似情况在深度报道的过程中很常见，这就要求记者不能怕做无用功。

2. 报道材料的来源要多

普通报道的写作可以是单一来源，深度报道的写作则必须依赖更多的消息来源。因此，记者一定要多方收集材料，建立丰富的资料库。

3. 采用故事化写作模式

在写作深度报道的时候，应当将可读性放在十分重要的位置，采用讲故事的方法，突出对细节、现场和事件发展进程的描述，借鉴文学写作技巧，虚实结合，摆脱传统的“事件过程+背景资料+专家分析”的报道模式。

4. 动笔之前务必理解要报道的事件或问题

记者首先要搞清楚所报道的事物，如果自己对要报道的事件还不能做到清楚明白，那么，显然也很难实现深度报道。

5. 报道不要过于单一

深度报道可以关注一些较为静态、长期性的话题，并用多种调查方式来采集信息。在继续关注弱势群体的同时，还要更多地关注市民阶层。此外，报道心态要沉稳、平和，要更多地分析社会心理和文化传统对人性的影响。

6. 始终坚守客观公正的原则

记者在了解事实真相后，可能会产生爱憎的情感，或者记者还会有急于表述自己对新闻见解的冲动，这时，记者需要提醒自己保持冷静。在撰写深度报道的过程中，要始终坚守客观公正的报道原则，要做到以公心对待每个所报道的人物，不要让情绪战胜了理智。

7. 没有得到的信息，可以做出说明

如果记者在经过努力后，还是有一些信息未能得到，不妨在报道中做出交代，这样能让读者更容易理解报道的内容。

8. 警惕报道过度与报道不足

报道不足会让报道缺乏充实感，会伤害稿件的深度。同时，也不要为了深度而刻意延长报道的篇幅，试图用长篇幅报道的形式来增加所谓的“深度”，这些都是不可取的。

第二节 新闻评论的写作

一、新闻评论的含义

新闻评论是对当前发生的、有价值的新闻事件或为人们普遍关注的问题发表意见、阐述观点、表明态度的一种时事论说性新闻文体。

评论要运用正确的观点、方法对现实社会的种种事物、现象、问题在评析议论的过程中，通过现象揭示本质，从而分清是非曲直，以其鲜明的意旨、明确的导向，提高人们的思想认识，指导人们的社会实践。

二、新闻评论的特点

1．新闻性

作为新闻文体，新闻评论需要依托新闻事实据实而论，告诉人们怎样看待这一事实。失去新闻事实，新闻评论也就失去了存在的前提。因而，新闻事实的一些基本内涵，比如真实、时效、新鲜等，在新闻评论上也是适用的。

2．论理性

评论文章的主要表达手段、主要内容在于议论说理。既然是评论，当然离不开观点与论证。就观点而言，必须做到既明确、又正确；就论证而言，即是摆事实、讲道理，以令人折服的逻辑推理来表明自己的观点。

3．灵活性

从篇幅上看，评论可长可短，既有千八百字的长短居中的篇幅，也有三五百字、两三百字的微型评论；从内容上看，评论文章涉及的范围，除去很专门的学术问题外，现实生活中的各种各样的问题，大到国家的前途、世界风云，小到一个人的言谈举止、街谈巷议，都可以抓住其中的是非曲直进行评论；从风格上看，评论以通俗晓畅见长，根据评论的具体内容，其风格既可以朴实无华，也可以幽默轻松。

三、新闻评论的分类

新闻评论的主体创作人员大致分为两类：一是编辑部人员或代表编辑部的人员（代表的都是编辑部的意见）；二是编辑部以外的记者或自由撰稿人（只代表署名者个人的一己之见，但不会脱离社会及编辑部对他的制约）。

目前，公认并普遍采用的新闻评论的分类方法是依据评论的外部形式，或者说是根据用途的不同来区分的。主要有社论、评论员文章（包括特约评论员文章、观察家评论）、短评（包括时评、快评）、编者按（包括编后）、专栏评论及杂谈等。

1. 社论

社论是代表编辑部就全局性或重大问题发表的指导性评论，是分量最重、最权威的言论。需要注意的是，社论要忌唱高调；勿居高临下；不要成为政策或文件的公告与解读。

2. 评论员文章

评论员文章属于一种中型评论，其重要性、郑重程度及规格仅次于社论。它通常不去全面论述重大问题、重大决策，而是选一个重要角度从侧面展开，对决策、问题作深层次分析。

评论员文章有署名、不署名和特约评论员之分。署名与不署名区别不大，可以归为一类。特约评论员文章多为“高层人士”“知名人士”亲自授意或执笔，其分量明显加重。

3. 短评

短评就是短小的评论，它的字数一般以五六百字为宜，其规格低于评论员文章，常由编辑人员执笔。

短评有如下几个特点：

（1）与新闻的关联度更强，多针对近日某一新闻事件或问题而评，有时甚至和当天的某条新闻配发。

（2）短评内容单一，且开门见山，不需要过强的理论性和过度的展开。

（3）短评在写法上不能太死板，可适当轻松一点，语言也不必太严肃。

正是基于这几点，短评是媒体比较爱用、也比较多见的一种言论形式。

4．编者按

编者按一般出于编辑之手，为其报道所加的评论、提示或补充说明的文字，简短扼要，一般不超过二三百字。编者按可分为评论性和说明性两种。

（1）评论性按语。这种编者按或提炼中心思想，以帮助人们理解；或作简短评论，以加深人们的认识；或表明编辑部态度，以唤起人们的注意。

（2）说明性按语。这种编者按是为了说明情况、交代背景、简介作者等，以加深人们对报道的认识。

编者按有如下几个特点：

（1）表明编辑部对此文的重视。

（2）只能是附属物，不能单独出现，必须依托某篇报道。

（3）位置很灵活。可加在副题处，可以在正文前，可以在文中某一处或某几处或者在文后（相当于编后语）。

5．专栏评论

专栏评论是一种形式灵活、个人署名、长短不一的，在各种专栏里发表、播出的评论。此类评论一般定期刊发，写法介于评论与杂文之间，稿件主要来自于个人投稿，一般不代表编辑部的意见。如“百家论坛”“今日谈”“今晚谈”以及“时评”“快评”等均属此类。

6．杂谈

有人也称之为“杂文”，杂文原本不属于新闻性评论文体，但在媒体上却并不鲜见，因此对于新闻学习者来说，也应有所了解。杂文的写作要做到以下两点：

（1）“辣味”十足。杂文笔法犀利，在针对某种社会问题时，要针砭时弊、一针见血。当然，有时也“道似有情却无情”，在揭露与抨击“假、恶、丑”中，虽然有明显的“辣味”与“尖刻”，但存留在作者内心深处的却是善意的微笑，或者说是“恨铁不成钢”。

（2）“杂”得有趣。“杂”可以指题材广泛，只要有益于社会、有益于民风，所有的“真、善、美”“假、恶、丑”都可以成为选题；“杂”也可以指知识丰富，天文地理、古今中外的知识，只要引得准，用得活，说得有理，听来增趣，都可以加工成文。“杂”还可以文无定法，可论理，可抒情，也可描写，但最终都要做到“形杂而神不杂”。

四、新闻评论的要素

任何一篇评论文章都离不开论点、论据、论证这三个要素。其中，论点、论据是两个基础要素，论证则是让这两个要素有机贯穿的一座桥梁，即运用各种逻辑关系和论证方式，来实现论据说明论点的过程。下面我们就分别简要地介绍一下这三个要素：

1．论点

论点是一篇评论文的主题和中心思想，是从论题中提炼、引发的观点，是评论者的主观意识与客观实际统一的产物。

论点又可以分为总论点和分论点两种。总论点即评论的总观点、中心思想，贯穿评论的始终，支配着评论的各个分论点以及选材、布局结构等。

分论点是由总论点派生出来的，用来说明、支撑总论点，是总论点的几个侧面或几个层次。二者之间是主从关系，即支配与被支配的关系。分论点之间，或者是并列关系，或者是递进关系。

在新闻评论写作中，对论点的要求是正确、新颖、有针对性。

2．论据

论据是指证明论点的依据，对论据的要求是真实、精当、充分。论据必须真实，若论据失实，那么论点就会不攻自破；论据还要求精当，主要是指与论点有紧密内在联系、能够以一当十的典型材料；论据必须充分，若论据不充分，以点代面，以偏概全，那么论点就难以成立；论据充分还要求论据和论点间要有必然的内在联系。

论据按其性质，分为理论性论据和事实性论据两类。

（1）理论性论据。理论性论据是指那些已经被实践证明，并被人们普遍接受了的正确思想、观点、公理、准则、经验等，包括哲学与社会科学方面的成果，如马列主义、毛泽东思想的基本原理；国家正确的决议、路线、方针、政策、政令、法令；自然科学方面某些为人们熟悉的公理、定律；前人的文化遗产以及格言、谚语、民谣等。

（2）事实性论据。事实性论据指的是能够证明观点的具体材料、具体事实。新闻评论中的事实性论据，从不同角度可以分为新闻事实与背景事实、当前事实与历史事实，以及典型事实与概括性事实等。

在实际新闻写作中，通常需要组合多种事实，证明其论点的正确或驳斥论敌观点的谬误。同时，要求事实性论据必须真实，否则论点就不能成立。

3．论证

所谓论证，就是运用论据证明论点的过程。论证的基本要求是必须合乎逻辑，中心不能乱，文章思路不能乱。

（1）论证的基本方式。论证从不同的角度来看，可以分为立论、驳论、直接论证及间接论证四种。一些小言论、编前、编后以及新闻评点虽然没有严密的论证过程，但都要求观点和材料统一，说理要合乎逻辑。

①立论，即自己提出一个观点，然后用充足的论据证明自己观点正确的论证方式。

②驳论，是指以有力的论据反驳论敌观点的错误，间接证明自己观点的正确。在实际写作中，立论和驳论两种方式常结合运用。

③直接论证，主要是用论据直接证真伪，也就是说直接证明自己观点的真理性、正确性，或者直接证明论敌观点的错误性、荒谬性。

④间接论证，就是通过否定论敌观点的正确性来证明自己观点的正确；或者通过证明自己观点的正确来证明论敌观点的错误性。

（2）论证的推理形式。论证的推理形式有两种：演绎推理和归纳推理。

①演绎推理。是从已知的公理、定理出发，推证尚待证明的论点，是由一

般到个别的推理方法。

演绎推理的理性论据，必须恰当地证明具体事物的本质、属性，必须对论证对象有理论的涵盖性；这些理性论据还必须是受众公认的真理，否则就会“言不及义”，证明不了观点。

②归纳推理。归纳推理就是将几个具体的事物归纳起来，抽象出其共同的本质、共同的属性，是从个别、具体到一般的论证方法。

运用归纳推理，必须选择与论点有内在联系的典型事实。即材料与观点间的内在联系是必然的、紧密的，而不是偶然的、松散的，是那些“举此一端，可概其余”的事实。

（3）论证的具体方法。论证的具体方法多种多样，常见的有以下几种：

①对比法，是将性质上相反的两个事物或一个事物在不同的条件下，对两个相反方面做比较，在比较中明理。对比论证侧重求异，理在异中。

②例证法，又叫实证法，即用事实说话，主要是依据具体事例，运用归纳推理证明论点的方法。

③釜底抽薪法，也叫反证法，就是揭示对方论据虚伪性的方法。论据虚伪，其论点就会不攻自破。对方论点站不住脚，也就可以间接证明自己论点的正确性。

④事例推演法，其本质是事实证明法，通常由点及面，即由点的事实推演到面的事实，从而把论点建立在更丰富的事实基础上，能加强论点的雄辩性，也能拓宽受众的视野。

⑤引证法，就是用已被证明的原理、准则，去证明待需证明的论点，这种论证方法属于演绎推理形式。

⑥归谬法，是指假定对方的论点是正确的，按照对方的逻辑方式推下去，得出一个荒谬的结论，从而证明对方论点的荒谬、自己论点的正确。

⑦类比法，将性质类似的事物放在一起进行比较，以显示其共同的本质。类比论证的参照物可以是事实，也可以是文学形象等。但这些参照物必须是受众熟悉的事或人物或性质，其中蕴含的哲理是受众公认的。

五、新闻评论的作用

1．竞争作用

作为舆论工具，媒体作用于社会主要靠新闻报道和新闻评论两种手段。在当前媒体间竞争加剧的情况下，仅仅开发新闻资源的报道功能是不够的，加上网络的出现，新闻报道资源的互通性进一步加强。新闻评论由于视角不同、看法不同，相比新闻报道要显得更有独创性。在现代社会，出于竞争的需要，新闻评论在许多媒体上的分量都有所增重。

2．深化作用

我们知道，新闻报道告诉人们发生了什么，而新闻评论则告诉人们怎样看待这一事实。从对新闻事实的认识上我们可以看到，新闻评论具有解释深化作用。二者结合派生的“深度报道”便是当前众多主流媒体青睐的一种报道形式。

3．旗帜作用

新闻评论是媒体的旗帜、灵魂和眼睛。每一家负责任的媒体，每一家进入主流行列的媒体，在重大新闻事件面前，绝不会保持沉默，他们会举起旗帜，表明态度。那些不说话或者不敢说话的媒体等于没有自己的一面旗帜，也失去了存在的价值。

4．导向作用

媒体是影响舆论、引导舆论的重要载体，而新闻评论又是媒体中宣传主张、表明态度的“第一发言人”，在关乎社会事物的是非、对错时，不管受众听与不听，新闻评论都会直言不讳或者委婉劝诫，其产生的灌输作用和导向作用都是客观存在的。

六、新闻评论的写作要点

1．观点要鲜明，见解要独特

新闻评论所持见解的正确性与独特性，要求新闻评论的观点必然是鲜明而正确的，鲜明的观点是新闻评论的灵魂。为此，新闻评论用来阐明观点的新闻事实和有关材料必须典型而有说服力。此外，鲜明的观点来自于论证的严密。新闻评论的理论评说要有一定的思辨深度，即能够揭示事物本质，这样才能保证新闻评论的思想性，也才能确保实现解疑释惑的目的。

2. 因事论理，理由事出

新闻评论的写作应该以事见理、事理融合，即强调面对事实、突出事实、用事实说话。

新闻评论以事见理的第一个原则是寻求细节性事实的佐证；第二个原则是寻求戏剧性事实的佐证。新闻评论的故事性论说与新闻事实的客观真实性并不矛盾，因为戏剧就发端于现实之中。新闻评论的观点甚至可以在戏剧化事件的冲突中得以揭示，为此，新闻评论的作者既要善于带着思考去观察事物，还要养成在新闻事实中发表观点的习惯，使观点和材料紧密结合，述评兼备。

3. 把“理”评出来

短评和专栏言论的论点要具体单一，篇幅也不宜过长，但是一定要把道理评出来。假如新闻评论说不出一点道理，无论长短，也不管论点怎样高明，都是不合格的评论。

4. 论点一定要具体单一

新闻评论和多数专栏言论属于跟踪现实生活中发生的具体事件、社会现象的说理型小评论文章，它们一般不正面接触大政方针、大是大非的问题。

5. 采用“短平快”的论述节奏

从总体上来说，新闻评论的篇幅一般比较短小，文字量也极为有限。因此，多采用简洁明快、直截了当的论述节奏。对于评论的事，要用尽可能简明的文字交代出来；评论的意见也宜开门见山、干脆地告诉读者，论证问题更要简明扼要，对于是非曲直的根据点到即可。

6. 语言要尽可能地形象生动

新闻评论在语言上首先要做到准确，除此以外，新闻评论的语言更要求基于准确性的形象性以及基于形象性的生动性。这就要求写作新闻评论的语言要力避老话套话，力求深入浅出，力求有文采，力争受读者喜看。

第三节 调查报告的写作

一、调查报告的含义

调查报告是以调查为手段，对生活中典型的问题、情况、事件进行深入调查，经过分析、综合，从而揭示其本质或客观规律的书面报道。

调查报告是调查与分析、实践与理论、客观与主观相结合的实用性文体，在社会生活、经济活动和人类的其他实践活动中具有十分重要的作用。

二、调查报告的特点

1．真实性

任何社会调查的目的都是为了了解客观实际，发现问题，解决问题，更好地掌握规律。调查报告是客观事实的报道，材料的真实和准确是首要的。调查报告采用的材料应是经过科学处理和认真核实鉴别的、具体的、有点有面的。同时，调查报告要以事论理，用事实揭示规律性的东西。

2．针对性

调查报告的针对性表现为：它所反映的内容必须是现实生活中人们普遍关心、迫切需要解决的问题。针对性越强，报告的分量就越重。

3．典型性

调查报告通过对大量事实的介绍、分析、综合，总结出具有方向性的普遍经验，推动实际工作的开展。它所选择的事实，必须具有典型性，因为典型事物最能反映一般事物的本质与规律，因此需要恰当地选择典型，探索事物的发展规律，寻求解决矛盾的办法。

4．社会性

调查报告站在时代的高度，从各个不同侧面客观地反映社会情况和问题，具有明显的社会功能。它所总结的典型经验和揭示的问题，对社会各方面具有指导意义和警诫作用。此外，调查报告作为一种社会舆论，能够比较客观地反映人民的愿望。

三、调查报告的分类

调查报告的分类有多种，按内容和功能主要可以分为以下几类：

1．历史情况的调查报告

这类调查报告，有的是为现实生活的建设与发展的需要借鉴历史的某些经验教训，以历史的经验教训为现实提供有价值的科学依据；有的是为了澄清历史是非，重新对某些重大的历史事件和问题进行调查；了解事情的真相，做出切实的结论。

2．反映问题的调查报告

这种调查报告针对社会生活中存在的某一问题展开调查，并揭示这一问题的种种现象和深层原因。这类报告有的是揭露生活中的阴暗面，有的是反映某个事件的真相，以期矫正视听。它的主要功能是揭露和批判。

这类调查报告反映社会问题，是为了引起人们对这个问题的重视，并采取切实有效的方法与步骤解决问题。

3．介绍典型经验的调查报告

这类调查报告是为了树立典型的榜样，指导并推动全局，集中总结并推广先进地区、先进单位、先进企业在思想政治、经济建设、科学教育等方面取得突出成绩的典型经验。这类调查一般要写出经验产生的特定背景与条件，分别列出主要经验以及取得的成效，进而分析出取得经验的原因和现存的问题。

4．社会情况的调查报告

这种调查报告，重在反映社会生活的各个方面、各条战线（政治、经济、军事、文化、教育、卫生、财贸）的基本情况。这类报告主要是送交领导者、决策机关，为制定工作方针、政策、措施提供依据。这类调查报告也是群众最为关心的一些问题。因此，各种新闻媒体都十分重视这一领域的报道，比如《中国青年报》《文汇报》等都曾开辟过公众调查专版，以报道社会情况。

5．研究性的调查报告

这类调查报告可以分为工作研究与理论研究两种情况。工作研究侧重于某项工作的具体了解和综合分析；理论研究侧重于问题产生的原因等方面的理论探讨。此外，学术研究、专业性调查报告则需要理论与实际相结合的研究与探讨。

四、调查报告的写作格式

一般来说，调查报告由标题、前言、主体、结尾四个部分组成。

1．标题

调研报告要用能揭示内容中心的标题，具体写法有以下几种:

（1）单标题。单标题就是按照“调查对象+调查课题+文体名称”的公式拟制标题，如《关于知识分子经济生活状况的调研报告》就是这样的标题。这种标题要素清楚，读者看到标题就知道写的是调查对象的哪些问题，文种也很明确。

（2）常规文章标题写法。常规文章标题写法方式灵活多样。可以用问题作标题，如“怎样预防常见疾病?”；可以显示作者自己的观点，如“没有什么能够取代努力”；可以直接叙述事实，如“几个孩子在河边玩耍不慎落水”；还可以用形象的画面暗示文章内容，如“航空母舰逐浪经济海洋”等。

（3）双标题。双标题由正副标题组成，其中正标题一般采用常规文章标题写法；副标题则采用单标题的公式化写法，由调查对象、调查课题和文体名称组成。如《高等发展重在学科建设——安徽大学学科建设实践思考》就是这样的标题。

2．前言

调查报告的前言一般要根据主体部分组织材料的结构顺序来安排，常用的有以下几种类型：

（1）提要式。即把调查对象最主要的情况进行概括后写在开头，使读者在开始就对它的基本情况有一个大致的了解。

（2）问题式。即在调查报告的开头提出问题，引起读者的关注，促使读者思考。可以在开头采用提问的方式将问题引出，也可以直接将问题摆出来。

（3）交代式。即在调查报告的开头简单地交代调查的目的、方法、时间、范围、背景等，使读者在开始就对调查的过程和基本情况有所了解。

3. 主体

调查报告主体部分的材料丰富、内容复杂，在写作中最主要的问题是结构的安排。调查报告的主要结构形态有三种：

（1）用观点串联材料。由几个从不同方面表现基本观点的层次组成主体，以基本观点为中心线索将它们贯穿在一起。

（2）以调查过程的不同阶段自然形成层次。这种结构形式适合于事件单一、过程性强的调查报告。它实际上是以时间为线索来谋篇布局的，类似于记叙文的时间顺序写法。

（3）以材料的性质归类分层。这种结构形式适合于课题相对单一，材料比较分散的调查报告。作者对材料经过分析、归纳之后，根据它们的不同性质，将其梳理成几种类型，然后将同一种类型的材料集中在一起进行表述，从而形成一个层次。

4. 结尾

作者的观点常在报告结尾部分显示，从而对主体部分的内容进行概括与深化，因此，调查报告的结尾也是比较重要的一个部分。常见的写法有以下几种：

（1）概括全文，明确主旨。即在报告结束的时候，将全文归结到一个思想的立足点上。

（2）针对问题，提出建议。在揭示有关问题后，对待解决的问题提出一些可行的建议。

（3）指出问题，启发思考。如果社会生活中一些存在的问题还没有引起人们的注意，或者由于各种因素的制约，作者暂时未能提出解决问题的办法，可以把问题提出来，引起有关方面的注意，或者能够启发人们对这一问题的思考，也是很有价值的。

五、调查报告的写作要求

在写作调查报告时，其基本要求是：

1．理顺思路，拟写提纲

写作提纲是调查报告构成的基本逻辑框架。在写作时，如果能够按照提纲，一个步骤一个步骤地操作下去，就不会出现跑题或失调现象。相反，如果没有提纲，很容易出现结构混乱、层次不清、详略失当、跑题等问题。

提纲有简略式和详列式两种类型。简略式，即简单地把各层次内容概括出来；详列式，即用完整的语言具体明确地把各层次内容概括出来。这两种类型在运用的时候一定要围绕主题，层次清晰。

2．精心鉴别，严选材料

调查报告以事实为基础，而事实是由具体材料构成的。在一些大规模的社会调查中，所获得的材料更是丰富而复杂。这就要求新闻工作者使用这些材料时，要进行核实、鉴别、分析和判断。在挑选材料时要做到去粗取精、去伪存真、由表及里、由此及彼，要挑选那些能更好、更充分地说明观点、表现主题的材料，使调查报告具有说服力。

3．调查全面，深入准确

调查报告是在社会调查活动中获得的第一手资料基础上进行的，第一手资料如果不完整、不全面系统，不准确可靠，就会使研究遭到损害或失败。因此，只有围绕调查的目的或意图全面进行调查研究，深入实际，准确揭示，才可能得出正确的结论。否则，调查报告就会成为无源之水、无本之木。

4．明确中心，提炼主题

明确中心，提炼主题是调查报告价值的关键。

因此，在写作调查报告之前，应该做到心中有数，比如，“为什么要调查”“调查的内容都包括哪些”“想要通过调查来解决什么问题”以及“用什么形式来报告调查结果比较好”，等等，只有明确了这些问题，才可以知道写作调查报告需要准备什么样的材料。然后，再根据这些素材资料，研究其内在联系，从中提炼出一个有价值的主题。

5. 行文客观，周密分析

行文客观，周密分析是写好调查报告的关键。只罗列了某种现象与事实，缺乏分析与归纳，没有形成观点的调查报告，会给人一种不知所云的感觉；如果只有撰写者的观点与看法，而没有用充足的材料予以阐述与论证，调查报告就会缺乏说服力。因此，行文时要注意运用简洁的语言进行表达，并用实例来解释说明；叙述调查事实时，要力求客观公正，应 以一种向读者报告的口气撰写，因为在阅读时，读者更关心事实，更关心报告的结果和发现。

撰写调查报告时，只有做到周密分析、客观行文，其主题与材料高度统一，材料才会充分显示其意义，主题才会有坚实的基础，结论才会有强大的说服力，整个调查报告才会显得周密完善，才能更好地揭示事物的本质和规律。

六、调查报告写作需注意的事项

1. 主题鲜明

要有一个鲜明的主题贯穿、统率全文。要明确调查目的，主题才不会跑偏。

2. 在写作中，要详细地占有材料

这就要求记者深入细致地调查研究，去收集查阅现有的文献资料、政策规定、研究成果。此外，还要深入基层，了解事情的全过程，直接掌握第一手材料。

3. 要了解读者需求

写调查报告的目的是为了影响读者，对其产生指导意义，因此必须明确要调查报告的阅读人群。这样才会有针对性，调查报告的写作才能更好地为读者服务。

4. 要找出规律性的东西

调查报告可以通过分析、研究，揭示事物内部的规律性，以指导当前的实际工作。因此要求新闻工作者在材料割舍上要做到去粗取精。去伪存真，要抓住事物的主要矛盾，分清现象和本质，找出规律性的东西，以便于得出正确的结论。

5. 要学会运用对比的方法突出主题

对比往往可以突出事物的特点，揭示事物的本质，从而达到突出主题的效果。

6. 要善于运用统计数据来说明主题

恰当地运用数据，往往可以增强调查报告的概括力和表现力，从而达到直接说明主题的效果。

第四节 深度报道、新闻评论、调查报告的写作范例

一、深度报道

（一）解释性报道

“血铅事件”敲响中国环保警钟

作者：Shai Oster

今年春天，医生们在治疗一位在严重的电击事故中受伤的五岁男童时，发现了另一个同样严重的问题：男童血液里的铅含量已达到相当危险的水平。

这个发现揭开了中国最为严重的铅中毒事件之一。在中国西部甘肃省群山环抱、与外界相对隔绝的新寺村，一家制造铅锭的工厂已在这里生产了10年。铅锭通常用于生产彩色电视显像管以及电缆，然后这些产品又被销往世界各地。

据《华尔街日报》报道，政府官员说，这家工厂排出的有毒气体含铅量是准许排铅量的800倍。

迄今为止这个村里所有接受检测的村民（包括来自三所学校的250名儿童）都被查出体内含铅量超标。据中国官方媒体新华社（Xinhua）报道，在这个1800人的村庄中有10名儿童仍在住院接受治疗，至少有4人的大脑受到了严重损害。

村民周翔（音）说，这个村子里面每个人都受到铅中毒的侵害，我孩子的手指都是青一块紫一块的。他的儿子每升血液中的含铅量为488微克，已在医院接受治疗。

世界卫生组织（World Health Organization）称，儿童血铅含量超过每升100微克（美国中常用的衡量标准是每分升10微克）就可能带来危害。众多研究表明，血铅含量略高于这个水平都会导致永久性的神经创伤和智商下降。

新寺村的家长们紧紧握着仔细折好的实验室检测结果，并指着304、488甚至是798这样的数字说，他们终于明白了孩子们为什么总说感到恶心、头疼和其他部位疼痛。他们说，孩子们的牙齿都是黑的，有的根本不长牙齿。家长和老师都反映孩子们有记忆力和注意力不好的问题。

这场灾难体现了在面对中国飞速经济发展所带来的环境损害时中国民众是多么的脆弱。这些损害最终将引发影响一代人的健康危机。政府官员表示，即使在上海以及广东省等中国相对富裕的城市和地区，环境不断恶化是导致畸形儿出生率上升的元凶之一。

污染控制措施的不足已使中国的土壤、水源以及空气受到了铅、汞及其他污染物的侵害，这种现状使数百万儿童血液中有毒金属的含量达到了极其危险的水平。更糟糕的是，曾经污染西方国家的众多制造业在中国找到了新的栖身之地，因为在这里环境法规的执行力度较松。

北京大学医学部（Peking University Health Science Center in Beijing）研究人员回顾了过去10年的数据在最近的一份报告中写道，约34%的中国儿童血铅含量超过WHO规定的最高限。新寺村等设有工厂的城镇情况更糟。而在美国，血铅含量超过WHO限制水平的儿童不足1%。

上海交通大学医学院（Shanghai Jiaotong University School of Medicine）附属新华医院（Xinhua Hospital）的儿童铅中毒专家颜崇怀说，含铅量高“在我的诊室内非常常见”。颜崇怀为来自全国各地的患者进行治疗。该院最近接收了来自福建省的两名儿童患者，由于接触被铅污染的滑石粉，两名儿童的血铅含量分别为700及500。

在中国，铅在制造业中仍然受到“重用”，因为它储备充足、价格低廉、可锻性强而且不容易被腐蚀。铅化合物通常被添加至塑料及乙烯基中以增强它们的抗高温性能。由于铅很重，它通常还被添加至价格低廉的金属制品中，以使后者显得更加坚实。

铅粉还会被添加至那些按重量出售的草本产品中，以增加它们的重量提高价值。如果铅处在稳定的溶液中，它可能不会产生危害。但是玩具及珠宝中所含的铅则特别危险，因为儿童可能吞下这些东西。

中国的铅问题重新引起了美国监管当局的关注。两年来，美国消费品安全委员会（Consumer Products Safety Commission）已经召回了大约20种含铅量过高的中国进口产品，其中包括海滨遮阳伞、便携式卡拉OK设备及做成动物形状的手电筒玩具等多种商品。

纽约Montefiore儿童医院（Children'sHospital at Montefiore）负责铅项目的约翰·罗森（JohnF.Rosen）说，鉴于经济全球化的特点，海外的制造过程可能对美国儿童的健康产生重大影响。

今年早些时候，明尼阿波利斯的一名4岁男孩吞下了作为锐步（Reebok）运动鞋赠品的金属饰物后，最终因铅中毒而死亡。这块金属赠品就产自中国，含铅量99%。

锐步（Reebok International Ltd.）的一位代表称，公司非常重视产品安全问题，出了这次事件后，公司立即在25个国家召回了50万件产品。此后，公司加强了对供应商的监督，增加了对产品中有害物质的检测。

中国的污染问题不禁让人想起十九世纪英国以及其他很多国家工业革命时期的情形。不过，在中国经济飞速发展的同时，政府官员已经深切地认识到包括铅在内的有毒物质的危害。

中国防范铅中毒的斗争尚处早期阶段，而美国早在30年前便开始展开此类行动。六七十年代，每年都有数百名美国儿童因严重的铅中毒入院治疗，主要与接触含铅涂料和汽油有关。由于当时医疗水平低下，这些患者中每4人就有1人死亡。诸多的死亡案例促使监管部门加强了立法，禁止在涂料、汽油以及其他很多工业产品中添加铅。七十年代，美国通过了一系列环境法案防止工业污染的蔓延，有关铅污染的防范便是其中之一。

辛辛那提儿童医院医疗中心（Cincinnati Children's Hospital Medical Center）教授布鲁斯·拉菲尔（Bruce Lanphear）表示，如今，中国也开始面临工业短期利润与人类和环境成本的长期负担之间的权衡。

在几十年的经济高速增长过程中，中国政府一度忽略了经济发展对环境造成的危害，不过眼下政府开始努力治理这一问题。中国政府已经采取了一系列措施限制铅污染，例如在九十年代末淘汰了含铅汽油，通过了更严格的有关工作环境的法令。不过，中央政府也发现他们的努力经常在地方政府受阻，因为本地经济增长成为衡量地方官员政绩及升迁的重要指标。

新寺村就很难成为治理环境的战场。从这里乘车到附近最大的城市西安市大约需要8个小时，这里仍然以农耕为主，居民住的还是带有木框窗户的尖顶泥土房屋。

10年前，徽县有色金属冶炼有限责任公司（Huixian Hongyu Nonferrous Smelting Co.Ltd.）在这里开设了一家铅矿石提纯加工的工厂，该公司当时由政府所有的甘肃洛坝有色金属集团公司（Gansu Luo Ba Nonferrous Group）所有。

政府官员表示，该工厂每年生产铅锭5000吨，排出了大量存在污染的工业废渣。据其母公司的网站显示，这些产品中有一部分被用在了出口美国和韩国的电视机屏幕或电缆上。

这家工厂坐落在一条小河边，与当地的小学近在咫尺。它的大烟囱成了这个村庄最醒目的标志。这里离任何铅矿都不近，也没有方便的交通。一位本地官员表示，工厂之所以建在新寺村而不是大城市，是因为在这里可以躲避监管审查。中国环境监管部门及一些环保主义者表示，重污染工业向农村转移的现象越来越普遍，那里的监管相对薄弱一些。

有迹象显示，该工厂针对自己的工人至少实施了一些最基本的安全检查，这里的很多工人来自外村。该公司经常要求工人验血，辞掉那些血液铅含量过高的人。42岁的新寺村居民周飞（音）就因为验血结果不合格而失去了这份工作。他的邻居说，他现在已经记不得日期了。当记者直接询问周飞时，他甚至想不起来什么时候在这家工厂工作过。

新寺村的很多居民说，他们并不知道这家工厂排放的铅粉尘会有这么严重的危害。“我们只是农民，”村民徐民正说，他两岁的儿子的血铅含量达到了每升263微克，7岁女儿的铅含量达到316微克。他指着工厂的大烟囱，看着这些烟尘随风掠过玉米地和晾晒的红辣椒说，“我们并不了解铅的危害，但是政府官员应该知道。我们没有任何办法处理这种问题。”

（2006年10月3日《华尔街日报》）

（二）调查性报道

漂亮的马

美联社记者：玛莎·门多萨

里诺，内华达州（美联社）一项投资数百万美元、旨在拯救野生马群的联邦计划却把成千上万的野马送进了屠宰场。在那里，它们被加工成了盘中美食。

在那些因此而获利的人中包括来自土地管理局的政府雇员，而该部门正是这个项目的管理机构。

以上是美联社对美国保护野生马群及野驴联邦计划的调查结果。自从25年前国会通过这项计划以来，已有十六万五千匹野马及野驴被圈养，总投资已达两亿五千万美元。

这项计划的目的是为了保护及有效地管理生活在公有土地上的野生动物资源。因为在那里，它们经常与牛群争夺食物。具体的实施办法是：首先将部分野马圈养起来，然后让公众领养。

然而，法律却不禁止马匹的所有者在领养之后将它们卖给屠宰场。将年迈或者残疾的马匹送入屠宰场是合理的。但是根据屠宰场工作人员的记录，几乎所有被送入屠宰场的原属土地管理局的马匹都还是壮年和健康的。

按照该计划的规定，任何人都能够以每匹125美元的价格在一年内最多领养4匹健康并被注射过疫苗的野马。如果领养者能在领养后的一年里给予马匹良好的照料，他们将获得对马匹的所有权并得到土地管理局颁发的一纸精美的标有固定识别号码的证书，这个号码将印在每匹马的身上。

“我们的工作是为了使人们能为自己的马匹而感到骄傲，”土地管理局的一位女发言人戴伯·哈林顿在俄克拉何马称，“这些颁发的证书可以装在相框里挂在墙上。”

利用这些固定的识别号码和电脑记录，美联社跟踪、调查了超过57匹来自土地管理局的野马。这些马匹从9月起便被卖往美国和加拿大的屠宰场，其中的80%都不足10岁，25%不足5岁。对于马来说，10岁并不老，许多20多岁的马仍然可以健步如飞。

位于俄勒冈州雷德蒙的西卡夫屠宰场场主帕斯卡·戴德从文件夹里拿出一

捆土地管理局颁发的证书。据他解释，这些证书来自屠宰场近期屠宰的马匹。马肉制成品已被运往比利时了。在不远处，一匹原属土地管理局的马正被挂在肉钩上，屠夫正在将瘦肉切割成可包装的碎块。

“星期五屠宰，星期一加工，星期四我们就将产品装车并空运到欧洲，”戴德说，“星期一在比利时出售，星期二被食用，星期三又归入了尘土。”

“真是可悲，”居住在犹他州蒙特塞罗的土地管理局前雇员派特·斯蒂勒说道，“你把野马圈养了起来，但对它们感兴趣的却是一帮唯利是图的家伙。”

当被问及美联社的有关调查时，土地管理局负责每年投资1600万美元保护野马及野驴计划的主管汤姆·伯格尼克承认，90%被圈养的马匹（每年有数千匹）遭到屠宰。

难道一项原本旨在拯救野马（美国国土的象征）的计划已演变为一套供应食用马肉的生产线？

“我们可以换一个角度来看这个问题，”伯格尼克说，“我们毕竟不能任由它们在野外生活，这些牲口必须离开那些牧场。”

美国怀俄明州前参议员克利福德·汉森当年是该计划的议案提出者。现在，他希望自己的名字能从这项法案中被永远删去。“这项法律是为了使人们认识到野马及野驴的重要性，结果却变成了对国家资金的浪费，”现已84岁的汉森说，“这是我听说过的最不可思议的事情。”

政府平均花费1100美元用来圈养、接种、标识并寻找买主来领养每匹马。领养者购买一匹健康的马需要125美元，如果是残疾的马匹则只需25美元甚至免费。拥有马匹之后一年，领养者便可自行将它们卖给屠宰场，每匹马可获得700美元。

在每匹马身上，政府花费了1100美元，而领养者可获利575美元。

卖主不愁没有需求，亚洲和欧洲对美国马肉一直有很大的需求。

现在，由于对疯牛病的恐惧，欧洲对马肉的需求有所上升。来自比利时的路克·冯·德米说，西卡夫屠宰场属于他的有100年历史的凡尔德马肉加工企业所有。

美国统计局的调查显示，1995年的马肉出口数量是4200万磅，平均价格为每磅62美分。1996年，这个价格升至80美分而且还在继续上涨。法国和比利时是马肉最大的买主，其他还有日本、瑞士、意大利、荷兰、墨西哥、加拿大、瑞典、新西兰、澳大利亚、俄罗斯、巴林、阿根廷以及中国。

由于法律并没有禁止被领养的马匹被送往屠宰场，于是，对于土地管理局官员领养并出售野马是否合法，在有关政府官员中出现了完全相反的观点。

美联社将电脑中的马匹领养记录与土地管理局的雇员名单进行比对，结果发现200多名管理局的现雇员领养了600多匹野马。

面对美联社的询问，其中的一些雇员说自己并不知道这些牲口的去向，有些人承认其中的一些马匹被卖给了屠宰场。

在怀俄明州的罗克斯普林斯，维克多·麦克达蒙负责管理土地管理局的畜牧场，他的下属负责在怀俄明州的露天牧场圈养野马并进行标识和安排领养。他们拥有的野马数量大约有上万匹。

根据土地管理局数据库记录的显示，麦克达蒙领养了16匹马，他的现任妻子领养了9匹，他的孩子领养了至少6匹，他的情人领养了4匹，他的前妻领养了1匹。他在畜牧场的同事以及他们的家人一共领养了54匹。

他们领养马匹的价格是有折扣的，有的甚至是免费的。当一匹马受伤、年老或者不可能被领养时，它就会被折价出售。作为这里的负责人，麦克达蒙有权决定一匹马是否可以折价出售。

一匹据称将要“折价出售”的野马甚至曾为麦克达蒙在去年的全国马匹展示会上赢得了一等奖。但麦克达蒙称这匹马之所以被折价是因为它后来伤了一条腿。

在一个寒冷的日子里，马匹的水槽中弥漫着蒸汽。麦克达蒙正和他的经理们坐在被白雪覆盖的管理局办公室里。他说，他不能对自己领养的所有马匹负责。

“我不做跟踪调查。”他说。

他的妻子卡萝·麦克达蒙，一位酒店服务员说，她不知道大部分以自己名义领养马匹的去向。“我只是填表，维克（维克多·麦克达蒙）将它们带走。”她说。

一些马匹落到了德尼斯·吉夫德手中，他是怀俄明州洛弗尔的一个农场主和牛仔竞技承包人。由于非法圈养野马，他被禁止领养野马。根据法庭记录，他还被指控在没有州政府许可的情况下出售牲口。

他承认自己曾试图将麦克达蒙的野马驯养成竞技牲口而且他确定其中的一些遭到了屠宰。

“它们总要在某个地方死去。”吉夫德说。

一些麦克达蒙的同事知道所有领养马匹的去向。例如，吉姆·威廉姆斯便租借土地来饲养自己与朋友从亚利桑那州领养的野马。他在拍卖中出售多余的马匹，这些马匹将被用做运输工具。他每年靠马驹能赚几千元钱。

“我当然想赚钱，”威廉姆斯边说边踩着他那粘着泥土的靴子。

“这有什么错吗？这是合法的，不是吗？”他问道。

根据联邦法律，美国政府官员不允许假公济私。美国政府道德规范办公室称，这意味着土地管理局的雇员不得参与任何牵涉个人经济利益的属土地管理局管理的项目。

然而，内政部华盛顿特区道德规范办公室的官员盖博·鲍勒却称，对于管理局的雇员来说，领养、饲养野马直至获得所有权并出售获利是完全合理的。

事实上，1995年11月的一份土地管理局内部备忘录写道：“鼓励雇员个人领养并驯养野马。”

“领养马匹时，他们的身份不是政府官员，”鲍勒说，“而是普通公民。”

“对于是否违法的问题，有关法律在这方面的规定显得含糊不清。”土地管理局女发言人哈林顿在俄克拉何马宣称。

于是，管理局的官员们可以继续领养野马。

来自俄勒冈州贝克城的管理局农场管理专家迈克尔·伍兹和他的妻子从1992年起领养并出售了4匹野马。其中，一匹头部有一块星形标记的黑色母马于1992年在东俄勒冈的高地平原被围捕时还是一匹马驹。根据美联社在加拿大阿尔伯达的麦克劳德堡的卡尔加利博瑞出口有限公司的屠宰场发现的标识牌，这匹马在1996年被屠宰。

伍兹称，去年这匹母马伤了腿并无法工作，所以他将其出售。

"我向你保证我并不想把它卖到屠宰场，"他说，"但当时唯一感兴趣的买主就是那些向屠宰场卖马的人。"

伍兹不愿说明自己花费了125美元领养的马匹的出售价格。

联邦政府正在重新审议土地管理局的这项计划，其间将进行两次审查并向国会提交两份报告，审议预计在1997年完成。

"我欢迎审查，"正在内华达州里诺市改装一座仓库的伯格尼克说道，"这将会起到一定的作用。"

伯格尼克说，他希望报告和审查能帮助他了解这15600匹野马及野驴的去向，这些动物曾被土地管理局认为属于在西部的10个州游荡的"过剩资源"。

上述数量的野马不包括几年前因受到批评而关闭的俄克拉何马一养殖场里被屠宰的1100多匹野马，也不包括在各地的领养安置中心里等待领养的数千匹野马。

从1992年起，土地管理局未能依照法律规定，每两年向国会提交有关野生马群及野驴保护计划的实施报告。自从克林顿总统执政以来，政府关于野生马群及野驴的咨询委员会就不曾召开过会议。土地管理局官员解释说，这是由于没有足够的工作人员。"我们在工作，因为我们关心这些动物，"伯格尼克说，"它们是美国的珍宝，我们要保护它们。当然，我们还有很多事需要做。"

二、新闻评论

（一）社论

一个中国原则是实现统一的基础和前提

去年1月30日，中共中央总书记、国家主席江泽民发表了《为促进祖国统一大业的完成而继续奋斗》的重要讲话，就现阶段发展两岸关系、推动祖国和平统一进程提出了八项主张。一年来台湾局势和两岸关系发展的情况表明，江泽民主席的这一讲话，具有重大的现实意义和深远的历史意义。

江主席重要讲话的核心是"坚持一个中国的原则，是实现和平统一的基础和前提。中国的主权和领土决不容许分割"。这个讲话完全是从维护海峡两岸中国人民的根本利益出发的，既考虑到全中国人民长远的根本利益，也照顾和维护了台湾同胞的切身利益；既体现了实现祖国统一不可动摇的明确原则和坚定信念，也有切实可行的具体建议和措施。因此，受到包括台湾同胞在内的海内外中国人民的高度重视和坚决拥护。一切支持和拥护中国统一的有识之士都热切期待以江主席的八项主张为基础，努力开创两岸关系的新局面。

是否坚持一个中国的原则，是我们同台湾当局在统一问题上斗争的焦点。事实证明，正是在这个根本原则问题上，台湾当局完全是背道而驰的。就在江主席讲话发表之后，李登辉不但不作应有的回应，反而跑到外国，充当外国反华势力的一张牌，大肆进行制造“两个中国”或“一中一台”的活动，破坏了两岸关系的发展，直接损害了海峡两岸人民的根本利益，特别是台湾同胞的切身利益。这些倒行逆施理所当然地遭到中国人民的坚决反对。现在，人们已经清楚地看到，去年两岸关系出现的紧张局面，是由台湾当局一手造成的。

在这个重要讲话发表一周年之际，李鹏总理重申了中国共产党和中国政府对祖国和平统一的一贯的原则立场，这表明了我们党和政府对解决台湾问题的高度重视和真诚愿望。

李鹏总理在讲话中强调：“世界上只有一个中国，台湾是中国不可分割的一部分。无论台湾领导人产生方式如何改变，都改变不了台湾是中国领土一部分的事实，都改变不了台湾领导人只是中国一个地区领导人的事实。”这是中国共产党和中国政府的原则立场和郑重宣示，具有重要的现实针对性。虽然李登辉力图为其分裂祖国的图谋披上了一件“民主”的，但其实质仍是企图把台湾分裂出去成为一个独立于中国之外的“政治实体”，在国际上制造“两个中国”“一中一台”。台湾作为中国一部分的地位从未改变，也绝不容许改变。任何改变这种事实的图谋都是徒劳的，中国政府和中国人民绝对不会答应。

祖国和平统一的历史进程不可抗拒，两岸关系不断向前发展是大势所趋，民心所向。尽管出现台湾当局的严重干扰，在过去的一年中，两岸民间交流交往和经济合作仍然得到较大发展。事实有力地说明，两岸关系的发展符合全中国人民包括台湾人民的根本利益。两岸人民都是中国人，同根同源，休戚与共，任何人想为一己之私而敢冒分裂祖国之大不韪，是同两岸人民的共同利益相违背的，是注定要失败的。

1996年是我国实施第9个国民经济与社会发展五年计划的第一年，经济在持续高速增长的基础上，今年将继续稳定地向前发展。把我们自己的事情办好，也就是为完成祖国统一大业打下了坚实基础。1997年和1999年，中国政府将先后恢复对香港、澳门行使主权，解决台湾问题、完成中国统一大业的历史使命将更加突出地摆在全体中国人民面前。我们将继续坚持"和平统一、一国两制"的基本方针，继续促进两岸的经济交流和合作，促进早日实现两岸直接"三通"，促进两岸人员往来与各项交流，进一步为祖国和平统一创造条件。同时，我们决不承诺放弃使用武力，这绝不是针对台湾人民的，而是针对外国势力干涉中国统一和那些搞"台湾独立"的势力的。统一不会一蹴可就，但也不能无限期拖延，更不能容许少数人从事分裂祖国的活动，不能容许制造"台湾独立"。台湾当局必须立即停止在国际上制造"两个中国""一中一台"的活动，不仅在口头上，更重要的是在行动上回到一个中国原则的立场上来，这样，两岸关系才能正常发展。

目前，海峡两岸中国人都面临当今世界的严峻挑战和历史机遇，应当不失时机地共同携手，振兴中华，建设一个统一和富强的中国，为人类的和平与进步事业做出更大贡献。

（1996年1月31日《中国青年报》）

（二）评论员文章

把社会稳定和长治久安作为新疆工作的着眼点和着力点
——论学习贯彻习近平同志新疆考察重要讲话精神

问民生，话团结，谈稳定，论发展……习近平总书记在新疆考察期间的重要讲话，从战略和全局高度谋划新疆未来，内涵丰富、思想深刻、高屋建瓴，是对我们党治疆理念的又一次丰富升华，引发了广大干部群众的强烈共鸣。新形势下做好新疆工作，就要认真学习贯彻讲话精神，把新疆建设好、发展好、稳定好。

"新疆社会稳定和长治久安，关系全国改革发展稳定大局，关系祖国统

一、民族团结、国家安全，关系中华民族伟大复兴”“以社会稳定和长治久安为工作的着眼点和着力点，统筹推进各方面工作，为抓住和用好历史机遇、实现新疆跨越式发展创造良好条件”。习近平总书记的重要讲话，阐明了新疆稳定的巨大现实意义和长远战略意义，道出了新疆各族人民的根本利益和共同心声，也指出了做好新疆工作的基本要求和重要抓手。

稳定是人们安居乐业的基础，是社会文明进步的前提。回顾新疆60多年的发展历程，什么时候社会稳定，经济就健康发展，各族人民的生活就安定祥和；什么时候社会稳定受到破坏，经济就停滞倒退，各族人民的安全、幸福就会失去保障。实践充分证明，稳定是最大的民生，稳定是新疆发展繁荣的生命线。

中央新疆工作座谈会以来，新疆经济不断发展、民生持续改善，城乡居民收入增幅双双位居全国前列。这一切，得益于各民族团结一致的共同努力，得益于新疆稳定的发展环境和国家经济的快速发展。今天的新疆，正处于跨越发展的关键阶段。越是在这个时候，越需要稳定的社会环境，这样发展才能乘势而上；反之，如果社会动乱动荡，生命财产安全都难以保证，又谈何跨越发展？正因如此，今天的新疆，人心思稳、人心思安，这是大势所趋，也是各族群众的所盼所望。

必须看到，目前各种不稳定因素依然存在，维护新疆大局稳定的任务依然艰巨。近期发生的暴力恐怖袭击案件再次表明，新疆的反分裂、反恐怖斗争仍然是长期的、复杂的，有时甚至是十分激烈的。境内外分裂分子“唯恐不乱”的丧心病狂更加说明，只有稳定，才能粉碎破坏民族团结、破坏祖国统一的图谋；只有稳定，才能给民族分裂分子以最有力的还击；只有稳定，才能维护新疆经济发展、安定团结的大好局面和来之不易的幸福生活，保证国家和社会的长治久安。我们要把思想统一到中央对形势的分析判断上来，统一到中央的方针政策和工作部署上来，紧紧依靠各族人民群众，始终保持严打高压态势，铸就横向到边、纵向到底的安全之盾，齐心协力打好维护新疆稳定这场硬仗，通过维护稳定营造良好发展环境，促进新疆更好更快发展。

“利莫大于治，害莫大于乱。”自古边疆稳，则内地安；边疆乱，则国难安。求稳定、盼太平、谋发展，这是新疆2200万各族群众的根本利益所在，也是全国13亿人民的共同意志所在。以社会稳定和长治久安为工作的着眼点和着力点，勇于担当、敢于亮剑，我们就能挫败一切分裂破坏的图谋，浇筑边疆安全的铜墙铁壁，筑牢幸福大厦的坚实地基，把新疆来之不易的改革发展成果维护好，把新疆各族群众的切身利益保护好，实现新疆的大跨越、大发展、大繁荣。

（2014年5月5日《人民日报》）

（三）编者按

财富结构快速调整中的中国经济

作者：谷重庆

预测未来经常是一件很危险的事情，但有时候还是值得一试。

对于中国经济的发展来说，最近三十年的历史似乎类似于一个丑小鸭的故事，从弱小自卑、不为人知到高速发展、引人注目。在关于中国经济的预测上，曾经有无数人折戟，而且其中大多数都是看衰的。

当然，我们无意因之而自满，也无须每日惴惴不安。我们需要的是理性和冷静。在中国经济连续多年增长10%的佳绩背后，内外失衡逐步扩大，通货膨胀和资产泡沫日益引人注目。同时，在国内产出连续增长的背景下，中国人的财富结构也在发生着深刻的变化。过去中国人财富很少，20世纪80、90年代财富的主要形式是货币和储蓄。近年来，房产以及股票等证券所占之比重明显扩大。从微观上，如何理财成为一门显学。从宏观上，这种现象和宏观经济之间的互动关系将可能对中国经济长远的发展造成结构性的影响。

目前，中国经济依然运行在快车道上，但风险存在于何处？到底有多大？这不是可以拍脑袋拍出来的。于是，近年来各个机构都在一定的方法论指导下进行了测算和预测，“中国人民大学经济研究所中国宏观经济分析与预测课题组”就是其中之一。近日，该课题组发布题为《宏观经济分析与预测：2007～2008——财富结构快速调整中的中国宏观经济》的报告，报告经过测算认为，中国2007年全年GDP增长将达11.44%，投资增长速度为25.6%，社会消费增长16.2%，出口增长25.6%，进口增长21%，贸易顺差将达2598亿美元，狭义货币供应将达20.7%，M2增长17.4%，CPI将达4.5%。

2008年经济将在2007年基础上小幅回落，GDP增长速度将达10.5%，投资增长速度为24.1%，社会消费增长17.1%，出口增长23%，进口增长21.2%，狭义货币供应将达18.5%，M2增长16.8%，CPI将达3.7%。

简而言之，2008年中国宏观经济高速增长的态势仍将延续。

（2007年11月24日 21世纪经济报道）

（四）专栏评论

法国媒体：演出如诗如画，这是最美的奥运开幕式

中新社 巴黎2008年8月8日电“这是最美的奥运会开幕式！”巴黎时间8日14时起，法国国家电视台直播了北京奥运会开幕式，该台评论员在进行解说时做出了上面的评述。

法国国家电视台的评论员说，这个精彩绝伦的开幕式是中国人精心准备了超过三年时间的结果，这个“鸟巢”虽然是由外国人设计的，但开幕式演出百分之百是中国味的。他赞叹中国历史的悠久古老、中国文化的博大精深。

法国的评论员说，北京奥运会是全体中国人的节日，全球五分之一的人口都在作为主人欢庆这个时刻；今天的开幕式也的确让我们想到了本届奥运会的口号“同一个世界，同一个梦想”，这个巨大的球体象征着我们的整个世界。

他评价演出是“精彩绝伦”“如诗如画”“令人叹为观止”，他在解说时对法国观众说：“大家睁大眼睛，好好享受吧。”

除电视媒体，法国的《费加罗报》《世界报》和《队报》等主流纸质媒体也迅速在其网站上对北京奥运会开幕式进行了报道。

法新社评论说，北京奥运会揭开了序幕，开幕典礼十分壮观，烟花照亮了整个北京夜空。“从古老的朝代到现代大国，北京奥运会开幕式描绘了丰富多彩的中国历史。”

法国媒体在直播北京奥运会开幕式前，还播出了对法国总统萨科齐的专访。萨科齐说，中国是联合国常任理事国，世界的稳定需要中国。如果法国总

统不参加北京奥运会开幕式，法国将陷入孤立。

今天，法国许多普通民众也都守在电视机旁，观看实况转播。《巴黎竞赛杂志》原编辑博斯克先生在看完北京奥运会开幕式演出后对本社记者说，我真幸运看到这样的演出，演出非常成功，令人震撼，它完美无瑕地展示了当代中国人民的形象和世界人民的愿望。

三、调查报告

（一）专案调查报告

中石化涉违规操作——香港的士死火事件调查结果出炉

今年1月初，大量香港的士因在香港中石化油站加入石油气后发生死火，为此而专门成立的专案小组昨天交出调查报告，指中石化在运作过程中，曾8次未按规定程序让石油气沉降足够时间。但专案小组提出，没有证据显示是这些操作上的问题直接导致的士死火。

有8次沉降不足4小时

今年1月初，香港媒体陆续报道，超过2000辆的士在中石化（香港）油站加气站加入石油气后，接连出现死火情况。

为此专门成立的专案小组随即组织专家对4个方向、16项工作范围进行了调查，52页的调查报告昨日出炉，专案小组主席陈帆总结调查报告时说，不能排除的士死火事件是由多个原因造成的。

其中，最引人注目的调查结果便是中石化曾8次未让石油气沉降足够时间。据解释，中石化的气库工作程序规定，在每一次接收完石油气之后，要让石油气在气库气缸正常沉降8个小时，然后清除缸底的积聚物和水分，才可以卸下石油气至缸车，即使在供应紧张的情况下，最少也要有4个小时的沉降时间。

香港机电署署长陈鸿祥指出，在调查过程中，发现在去年12月10日至今年1月3日这段重点调查时间期间，中石化有8次未按照气库工作程序进行沉降运作，沉降时间不足4个小时。专案小组认为，这可能会影响石油气的品质。

报告说法现场遭质疑

虽然发现了8次沉降时间不足4个小时，但专案小组的调查报告仍强调，没有证据确定这8次操作直接引起死火事件，但这一说法遭到了现场媒体的普遍质疑。

陈帆解释，中石化并非没有进行沉降程序，而是沉降的时间没有满足内部程序的规定，“这个程序做得不好是否代表一定会有沉降物或水分进入供应链里呢？没有科学根据或事实可以证明得了。”

陈帆同时指出，调查一开始，机电工程署就从不同的石油气气库和加油站抽取了14个样本，同时也从一辆报称出现严重死火问题的石油气的士中抽取样本，送至德国化验，化验结果显示对车辆性能没有影响。

中石化回应：操作不会影响石油气质量

报告出炉后，中石化方面马上回应，相信石油气质量没有受到影响。中石化香港油站有限公司董事总经理冯炼华表示，1月2日，公司在青衣气库、元朗、马鞍山及大埔抽取4个样本进行测试，确定石油气内不含水分，抽验结果合格，他质疑调查报告的结论没有事实或科学依据。

（2010年3月17日《南方都市报》）

（二）市场调查报告

抓住机会迎接挑战

长城高级润滑油公司市场情况的调查

长城高级润滑油公司为了紧紧抓住面临的发展机会，不断迎接严峻的市场挑战，进行了一次广泛而深入的市场调查。

通过市场调查，长城公司得出了关于整体市场情况、用户情况、经销商情况以及内部工作的全面认识和判断。

1.整体市场

调研结果表明，高档润滑油市场存在着较大的市场机会，这是因为：汽车和其他使用润滑油的器械、设备等每年都有较大的增长，不断有新的竞争者加入市场，低档润滑油的市场份额由于国家有关政策与用户的认识而逐渐下降。与此同时，高档润滑油的市场竞争越来越激烈，表现在：外国品牌大举进入，国内企业数量在增加；但许多品牌的市场份额在逐年下降，各企业在市场营销方面的投入都在迅速增加。对于高档润滑油的消费者来说，品牌的作用正在加强，外国品牌奉行的都是全国性的市场开拓策略，国内的许多地方品牌也在向其他地区渗透。通过调研，长城公司发现了一个重要事实，即销售渠道管理是影响大部分品牌市场表现的重要因素，这是因为：市场销售表现呈上升趋势的都是销售渠道管理较好的品牌，而销售渠道管理混乱的企业，营销业绩的下滑比较大；渠道因素和渠道力量对最终用户的品牌选择发挥着越来越大的作用。

通过调研，长城公司也对市场形势做出了基本判断：无论是从整体市场还是从局部市场上看，长城公司都面临着危机，虽然这种局面可能是由不同的原因引起的，但根源都可以归到长城公司自身工作的不足上。

2.用户情况

从用户调查的分析中，得出了如下结论：消费需求发生了变化，用户更加重视润滑油的质量，更加重视润滑油的品牌形象，用户希望对产品有更多的了解；长城牌润滑油在中低档车用户中占有较大的市场份额，在高档车市场占有的份额较大，但在这两种市场中的份额都有下降趋势；长城牌润滑油的市场地位与用户对长城牌润滑油的认知是一致的；在不同地区的市场，长城润滑油的市场地位差别较大，在用户重视的产品属性上，长城牌润滑油既有优势有优劣势。但如果这些劣势得不到扭转，则长城牌润滑油的市场份额将呈持续下降趋势。

基本结论是，长城公司需要从多方面改进自己的市场营销工作：产品质量、包装、宣传、服务、渠道设计、渠道管理、价格政策等；长城牌润滑油有很好的用户基础，如果工作做到位，则未来的发展仍是乐观的；但另一方面，如果不能认识到问题的严重性，或是不能及时采取措施，则下滑的势头很可能会加快。

3.经销商情况

根据调研结果，长城公司得出下述结论：长城产品的销售面领先于竞争对手；长城公司的渠道政策存在着较多的问题，如价格体系，对经销商的管理等；对于长城牌润滑油的市场业绩，最终用户“拉”的力量要大于经销商“推”的力量，因此应加强对经销商的工作；代理制和特许专卖的方式对经销商的吸引力很大，应加强在此方面的试点及推广工作；长城牌润滑油仍有一定的市场潜力；广大零售商被长城公司的销售工作所忽视，今后应加强对零售商的工作，激发他们的积极性。

（三）综合调查报告

调查显示：东风雪铁龙C5市场前景令人期待

10月底，被誉为“有史以来最令雪铁龙骄傲的产品”东风雪铁龙C5将正式发布。这款融汇了雪铁龙90年技术和9代高级轿车底蕴的集大成者，将成为提升东风雪铁龙品牌形象的重要战略车型。作为东风雪铁龙未来的旗舰产品，广大网友如何看待这款车未来的市场前景呢？在国庆长假期间，腾讯汽车在全国范围内对网友进行了调查。结果显示，超过七成的消费者对这款新车的市场前景持乐观的态度，尤其对2.3L排量车型产生浓厚兴趣。

在调查中，有超过七成的调查参与者（72.8%）表示看好东风雪铁龙C5的市场前景。其中，有41%的调查参与者表示“非常看好”，有21.4%的调查参与者表示“前景一般”，仅有5.7%的调查参与者对这款车的市场前景表示“不好说”。

即将发布的东风雪铁龙C5共有2.0L、2.3L和3.0L三种排量的车型，究竟哪种排量更吸引消费者？结果显示，作为雪铁龙全新首发的2.3L排量成为调查参与者最感兴趣的车型，共有56.5%的调查参与者选择了2.3L排量。据了解，2.3L排量发动机是雪铁龙最新研发的新一代发动机，将在国产C5上进行首次适配，并会适配在C5的全球车型中。另有34.2%和7%的调查参与者分别表示对2.0L和3.0L排量车型感兴趣。

此外，腾讯汽车还针对C5未来的目标人群定位进行了调查。结果有超过五成的调查参与者（51.2%）认为C5的目标人群定位在“30～35岁的新锐成功人士”；有24.4%的调查参与者认为C5的目标人群将是“35～40岁的社会中坚”。而这两个年龄层次都是国内主流中高级轿车市场的核心消费人群。

问卷最后还对东风雪铁龙C5的产品卖点进行了调查。结果显示，有32.5%的调查参与者表示最欣赏C5的“大气动感的设计”，有23.8%的调查参与者对C5的“卓越领先的性能”给予了认可，有20.4%的调查参与者认为“全球标准的高品质”是吸引他们的关键，另有12.3%和11%的消费者对C5的“纯正的欧洲血统”和“值得信赖的安全”表示欣赏。

作为一款原汁原味引进的欧系车，东风雪铁龙C5集合了大气、优雅、动感的造型设计，卓越领先的整车性能，值得信赖的安全性能等优势，一经推出便在欧洲、亚洲取得了巨大成功，销量在法国位居第一、整个欧洲名列前茅，并斩获十余项重量级国际汽车大奖。在JD. POWER欧洲中高级车质量调查中，荣登中高级车榜首。10月28日，这款承载雪铁龙品牌荣耀、肩负东风雪铁龙品牌提升重任的产品将正式发布，预计售价在20万～30万元。它是否会成为东风雪铁龙回归中高级车市的王牌车型？是否会一如广大调查参与者所期望、取得优异的市场表现？答案还是等待市场为我们揭晓。

（2009年10月13日 腾讯汽车）

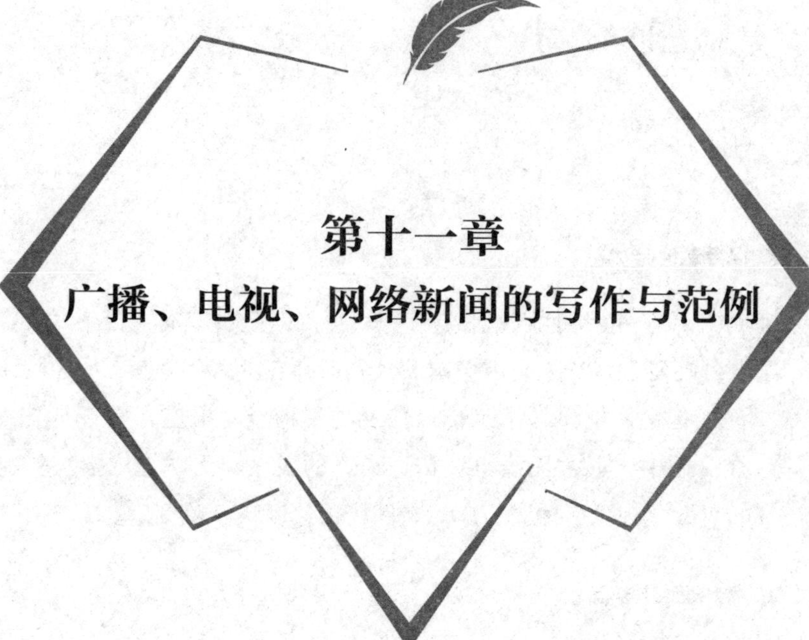

第十一章
广播、电视、网络新闻的写作与范例

第一节 广播新闻的写作

一、广播新闻的含义

1920年11月2日，世界上第一家电台——美国匹兹堡广播电台正式开播。中国的第一家电台始建于1923年，由美国商人奥斯邦在上海创办。

广播新闻，是运用电讯技术来传播信息的一种新闻报道，声音是其传播的唯一手段。在广播中，通过无线电波传送声音的叫做“无线电广播”；通过导线传送声音的叫做“有线广播”。广播新闻传播速度快、范围广。

二、广播新闻的特点

1．广播新闻的优势

（1）传播速度快。广播电台利用电波传递声音，每秒钟行程可达30万公里，受众几乎在广播播出的同时就能听到声音。

（2）覆盖范围大，传播范围广。凭借现代声波传输技术，广播覆盖区域非常广阔，全球都可以接听。

（3）传真性强。特别是录音访问，受众可以听到原汁原味的声音。

2．广播新闻的不足

（1）不易保存。在没有录音设备的情况下，广播新闻信息是转瞬即逝的，它在传播流程中发送的同时也就消失了。

（2）选择性差。受众打开报纸可以自由选择阅读内容，而广播只能顺着往下听，不能提前和错后。

（3）不够专注。很多人是在走路时或者干家务活时听广播，容易受到干扰。

三、广播新闻的种类

广播新闻有广义和狭义之分。广义的广播新闻指广播消息、广播通讯、广播特写、广播专访、广播新闻评论等所有新闻性稿件，狭义的广播新闻专指广播消息。

广播新闻从报道手法上看，可分为口播新闻和录音新闻，大致可以分为两种：

1．口播新闻

口播新闻是最常见的一种广播新闻，是由播音员或者记者根据文字稿件用口头语言进行播报的新闻。中央人民广播电台和地方广播电台的“新闻联播”节目的许多内容都采用这种方式。

2．录音新闻

录音新闻是最能发挥广播技术特点的新闻报道。比较常见的有以下五种方式：

（1）实况报道。由现场的背景音响、播音员的解说、现场记者的叙述或对当事人的访谈等部分组成，使听众能产生身临其境的感觉。

（2）录音通讯。它是报道性和描述性相结合的广播新闻形式。

（3）录音特写。它是用突出、集中的手法，“聚焦”式地报道某一特定的新闻事件或新闻人物的广播新闻。

（4）录音访问。通过记者与新闻当事人问答、交谈的方式，反映人们所关心的事件，记者通常以第一人称的称谓出现。

（5）录音报道。利用记者在现场采访中录下的音响、谈话等实况，结合记者的介绍、评述，进行组织、剪辑、合成的新闻报道。

四、广播新闻写作需注意的事项

由于传播媒介的不同，广播与报纸的报道在手段和方式上存在着很大的差别，但在其稿件的写作上，广播新闻的写作与报刊新闻的写作并没有原则上的区别，只是在方法上需要注意以下几点：

1. 篇幅力求简短

广播新闻的每条消息一般不超过一分钟，字数为200字左右。广播新闻之所以短，一是鉴于声音过耳即逝的特点，如果废话和空话太多既会冲淡中心内容，也容易忘记；二是进行新闻广播时，只能按顺序收听，不能中途进行选择，而多数听众都希望在有限的时间内听到更多的信息。因此，篇幅短小便成为广播新闻的一大特征。

2. 结构力求单一

由于广播新闻的易逝性，要想保证听众一次能够对新闻信息的理解准确无误，为报道建造起简明的结构就显得尤为重要。要做到这一点，在叙述方式上，通常多采用顺序法且尽可能线索单一，一事一报。

3. 语言通俗易懂

广播是一种作用于听觉的媒体，广播语言要通俗易懂、朴实无华，做到念起来顺口、听起来省力，从而增强新闻的可听性。因此，在写广播新闻稿时，少用不好懂的字、词、句，还要避免同音歧义和同义反复。

4. 语态力求自然

广播新闻是一种谈话体，因此语态要自然、亲切，才能让人感到亲切。比如，在开始播音之前，常常会加入几句“提醒语”：“亲爱的听众，您好，我是主持人×××，今天的午间新闻由我来向大家播报……”“早间新闻开始广播了……”这样在吸引听众注意力的同时，也相对自然地拉近了与听众的距离。

5. 重点内容可适当重复

广播新闻，对内容进行适当重复是允许和必要的。因为重复的目的是为了强调某一信息，从而加深记忆，以克服声音稍纵即逝的缺点。这种重复包括三种情况：一是整个广播节目的重复。为了适合各方面听众不同时间的需要，广播新闻可以在不同的时间段进行重复播放；二是部分内容的重复。在广播新闻时，播音员应该将每一件事都要讲完整，以前用过的某些材料，如果需要，重复使用一下也是有益的。需要注意的是，重复使用的时候，可以一次比一次简略。三是部分词语的重复。比如，一些重要的人名、地点、某个不易听懂的专有名词等，可以在广播中多出现几次，以便让大家听得清、记得住。

第二节 电视新闻的写作

一、电视新闻的含义

电视新闻，是运用现代电子技术，通过电视屏幕，将画面、语言、声音合而为一，形象地向观众传递新闻信息的一种手段。

电视新闻是以电视屏幕的图像、音响、画内或画外的解说为方式传播的新闻报道，是视觉与听觉结合的新闻载体。尽管在诸种传播媒体中，它比较年轻，但它依靠微波输送、卫星传播等高科技手段迅速崛起，成为当代社会最活跃、影响最大的新闻载体。

二、电视新闻的特点

电视新闻与报纸、广播及其他新闻媒介相比，具有以下特点：

1．形象生动

电视新闻具有动态的图像，使得新闻能以直观具体的形式呈现给受众，从而使电视新闻更加形象化。

2．传送及时

电视新闻可以直播，这使得它传播信息及时、快捷，可以将受众和新闻事件之间的时间差降到最低。

3．真实可信

电视新闻中，播音员或记者通常是面对受众进行报道，增强了受众对新闻获知的直观性，这也使得电视新闻在传播中更加真实可信。

4. 深入家庭

伴随着电视的普及，电视新闻深入千家万户，使得电视成为人们了解新闻的一个重要媒介，丰富了电视的功能，简化了人们了解新闻的途径，为人们的生活提供了便利。

三、电视新闻的种类

根据电视新闻的语言、画面、时效、深度等综合因素，可以将电视新闻分为五类：

1. 现场报道

现场报道是通过直播或者转播的方式，将“此时此地”发生的新闻事件报道出去，这是电视新闻常用的新闻传播方式，尤其是对于重大的事件进行报道时，多采用这种方式进行报道。

2. 录像新闻

录像新闻将事件发生的真实画面和声音、新闻主持人的画外解说、事件当事人的现身言谈等融为一体，录制在录像带里，然后展现在电视屏幕上。录像新闻是目前电视里运用最多的一种新闻传播方式。其特点是现场感和时效性都比较强。制作这种新闻，前期需要有文字记者和摄像记者，后期制作和播出需要编辑和新闻节目主持人。

3. 电视专题

电视专题是专门就某一特定新闻事件或新闻人物展开报道，它也是电视新闻常用的体裁。其特点是比较详尽、生动，篇幅也比较长。专题报道综合运用调度画外音、记者自述、当事人访谈、动静态画面等各种手段，为更好地展现新闻主题服务。

4. 图片新闻

图片新闻是画外音与图片结合起来报道新闻的一种方式。由于各种原因，电视台可能一时得不到新闻事件所需要的动态画面和音响，因此用几张有关图片加以解释说明。这种情况一般出现在突发事件，以及电视设备难以到位的偏远地区的新闻报道上。

5．电视述评

电视述评是一种既报道新闻事实，又对事实进行分析和评论的电视新闻，其性质与报刊述评相近。它是在一件新闻事实完全或者基本水落石出后，进行夹叙夹议式深度报道的电视新闻品种。电视述评中，叙述事实是为后面评论服务的。因此，电视述评有很强的舆论导向性、教育性和启发性。

四、画面和解说词

1．画面与解说词的基本组合方式

声音（这里主要指解说词，也包括同期声各种音响及讲话）和画面是电视新闻的两个重要因素，共同承担着电视传播的职责。二者之间既可以互为补充，又可互为促进。它们的基本结合方式有三种：声画合一、声画分立，以及二者的混合运用。

（1）声画合一。声画合一就是声音和画面传播的具体内容完全对应吻合，这里有两种情况：

第一种情况是画面中出现的人或物就是声音的发音体。也就是说观众既能从屏幕上看到发音体（人或物）本身，又能听到其发出的声音。例如，电视节目中的人物讲话、环境声响、电视实况转播、新闻同期声播音等，都属于声画合一。

第二种情况是声音（主要指解说词）是在具体说明画面中的内容。在新闻报道、纪录片、科教片中应用较多。画面上出现什么内容，解说词就会随之对其进行具体介绍。

（2）声画分立。声画分立是指声音和画面的内容不一致。声音既不是源自画面中的人或物，也不是简单地重复、说明画面，而是在各自独立表达不同的内容，同时又能有机结合起来，达到单靠声音或是单靠画面都难以独立、准确、全面、深刻表达的整体效果。

声画分立主要有两种形式：声画对位和声画对立。

声画对位，是指声音和画面既各自独立，又相互配合，在看似不同步的背后，实际是在互补，是一种更高层次的融合，这样在增大了电视报道的容量的同时，也深化了其内涵。

声画对立，是指声音和画面不但各自独立，且相互对立，通过声音与画面的对立、冲撞，在强大的反差中，产生特定的含义。这种用法在电视剧中较为常见。

（3）声画合一和声画分立的混合运用。除了上述两种基本的声画组合方式，为了增强表现力，二者混合运用的情况也时常出现。

2. 画面与解说词的组合类型

依据记者掌握的素材情况，画面和解说词的组合类型主要有以下三类。

（1）图像型。画面是新闻的主导部分，解说只是画面的补充。如突发性新闻、现场感极强的新闻、重大活动实况报道、风景名胜等以实物为主的报道。

（2）解说型。着重用解说词表达主题，是以解说词为主，以画面为辅的新闻报道。如一些指导性报道、会议报道、经验性报道等。

（3）图像解说型。图像和解说并重，互为补充。如新闻事件的后续报道、科技成果报道以及带评论的批评性与表扬性报道等。

五、电视新闻的写作要求

电视新闻的写作，除了要做到“反应迅速、简洁明快、真实可靠、准确无误、寓理于事、叙述为主”的基本要求以外，还要注意以下四点：

（1）最新消息的开头、结尾、过渡常常是独白式的，对于人名、数据、结果等要素必须处理得体，文字要精确，表达的内容要清晰，文与图要保持一致。

（2）撰写电视新闻纪录片的解说词，文字要简练、深刻，但一定要能阐明画面含义，丰富画面内容，交代清楚新闻的中心思想，并烘托出新闻气氛。

（3）要认真采访，做好选题，注意文字与画面的关系。在对画面进行精选后，出现在画面上的信息应该是对新闻内容的高度浓缩与概括，因此，新闻解说词通常要比画面上的语言更加丰富、具体，而不应该让解说词与画面上的语言机械地重复。

（4）要从新的角度进行深入挖掘，既要将新闻稿写得快，又要写得有一定深度。

第三节 网络新闻的写作

一、网络新闻的含义

网络新闻，是指综合运用文字、图片、声音、图像、动画等手段，借助网络技术和网络平台对最新发生、发现或正在发生的事实进行的报道。网络新闻具有交互性的显著特点，其信息量大，传播速度更加快捷。

二、网络新闻的特点

1. 传播空间的无限性

（1）不受地域限制的全球化。传统媒体的传播常受限于当地，不同地域传播范围之间的媒体很少存在竞争。与传统媒介相比，网络媒体几乎不受时空的限制，全球互联的电子网络有多大，网络媒体的传播空间就有多大，它完全打破了地域疆界，受众遍及全世界。比如任何一家市县新闻报上网后，都会拥有很多关心该市县的省外、国外读者。

（2）不受“容积”限制的广容性。就传统媒体而言，报纸有时候苦于版面有限，广播、电视受限于时段固定，所以不得不对许多材料忍痛割爱，而网络媒体则可以采用超链接的方式将无限丰富的材料立体式地发布。网络媒体的如此“海量”是任何传统媒体难以比拟的。

2. 传播方式的多样性

（1）多媒体传播。网络传媒的传播手段具有多媒体化的特点，它能集报纸、广播、电视于一体，实现文字、图片、声音、图像等报道手段的有机结合。

（2）交互性传播。由于网络的普及，各种网络沟通工具（如即时聊天软件、博客、微博、微信等）也在大面积推广，实现了传播者和受众之间的双向互动传播。受众随时可以同媒介工作者、媒介机构以及其他受众在网上直接进行文字或者音频与视频的对话，形同于面对面的传播。这种完全开放的网络传播，不仅做到了媒体与网民之间的沟通，还实现了受众对受众的传播，可以说网络媒体是大众共同发言的媒体。

（3）小众化传播。小众化传播是指网络媒体能够以个性化的点播服务代替以往传统媒体的新闻批量生产。网络媒体可以把新闻内容直接投入网民的电子邮箱，新闻直送的网络报纸是网民根据自己需要的内容而选定的，是专为网民细分化和个性化的需求特别定做的。这种个性化的新闻服务是传统媒体所不具备的。

3．传播时间的自由性

（1）随时发布新闻的实时性。报纸的传播，很大程度上受出版与发行时间的制约，比如，日报通常以“天”为单位。相比报刊而言，广播与电视尽管在时效上更快些，但仍然受到播出时段、播出顺序的制约。

与报纸、广播、电视这三种传统传播媒介相比，网络媒体可以轻易做到随时发布，并及时滚动式发布各自新闻信息，尤其在报道突发性事件时，网络媒体的快捷优势更是无与伦比。同时网络媒体的新闻来源广泛，每个人上网后都可以找到发布自己信息的空间。也就是说网民人人可以发布新闻。

（2）随时阅读新闻的易检性。易检性指的是网络媒体具有过刊查询和资料检索功能。收听广播的听众和看电视的观众，如果错过了收听和观看时间，除非重播，才能听到或者看到同样的内容；报纸的读者，想要查看以前的报道也是一件费时费力的事情。网络媒体则突破了时间限制，网民可以根据自己的需要，在网上随时按日期查看自己所需要的信息。

三、网络新闻的种类

网络新闻分原创新闻和复制新闻两种。

1．原创新闻

原创新闻是网络新闻写作研究的对象，其含义包括以下几方面：

（1）独家的、网络记者自己采访写作的第一手新闻报道；

（2）对新闻资源进行重组、重新编辑改写后形成的新闻报道；

（3）利用网络传播的特殊优势，制作出适合网络信息传播规律，但与传统媒体在报道方式、报道形式上有差别的新闻报道。

在对原创新闻的描述中，含有内容和形式两层意思：

（1）原创新闻的内容。网络媒体是以“内容为主”的，在网络新闻的内容中，是否具有以及具有多少富于冲击力和渗透力的原创内容至关重要。一个媒体网站要想占据网络新闻的制高点，必须在拥有了一定规模的信息量后，不断推出自己的原创新闻，才能形成有特色的风格，进而赢得受众的注意。

（2）原创新闻的形式。网络新闻写作与传统新闻写作相比，更强调即时滚动式写作，它是一种超文本写作，又是一种互动式写作。由于写作方式的变化，网络原创新闻应该在表现新闻的手段、方法、形式上与传统新闻有所不同，或者是一种新的结构，或者是一种新的文体。

2．复制新闻

复制新闻是指从传统媒体上复制来的新闻。各个新闻网站把传统媒体的新闻搬到网络上，然后大家再彼此搬来搬去。

复制新闻奉行的是“拿来主义”，它涉及更多的是网络编辑技巧，具体如下：

（1）挑选具有新闻价值的稿件。

（2）从报纸中寻找新闻。

（3）把新闻中的长段截开，划分为几段，其余部分不作改动。

（4）改写标题。改写后的标题多为实题，包含新闻的若干个基本要素。

（5）搜索本条新闻的相关链接，搜索出相关的新闻，在发送该条新闻的同时，也完成了对它自身的“合并同类项”的归类。

复制新闻只是网络媒体初创时的一种形态，是网络新闻中的一部分内容。所以复制新闻的比例不宜占得过多，否则就会影响到网站的生存。因此，新闻工作者还是要更多地写作原创新闻，不断丰富网络新闻的数量和质量。

四、网络新闻的写作方法

1. 互动式写作

互动式写作，即改变传统写作对受众灌输式的信息单向传播，转化为新闻工作者与受众之间的平等式双向传播。

目前我国的新闻网站在互动式写作方面已经有了一系列实践，比如，在网站的分类聊天室、谈话区，一些网站开设了专家即时应答热线、热点在线调查以及网络媒体中谈话主持人的登场等。

在互动式写作中，记者要始终保持与读者的交流，要有强烈的信息服务意识，比如，可以在页面上做一些发送反馈的按钮或公告牌，以方便受众能随时联系到新闻工作者；新闻工作者还要学会按照读者的具体需要，或者说按照读者的“定制”来撰写新闻，满足受众对某一领域的求知需要。从这个意义上说，互动式写作要求记者当好新闻信息的“导航员”。运用互动式写作，可以深入到具体的受众群体中，并作为他们的信息代理人，帮他们梳理、搜寻信息，为他们提供有价值的新闻，并和他们讨论与交流。

2. 即时滚动式写作

由于受截稿时间及版面的限制，传统的纸质媒体的新闻写作是一次性完成的，其新闻报道写作的文体是独立成篇的，即便连续报道，也是以“日”为单位，一天一更新。网络媒体由于自身具备的特点，则不受这种限制，它可以实现对新闻的即时滚动播出，也就是说网络媒体没有“截稿时间”。网络新闻的写作也就变成了一个开放式的动态过程。

这种写作方式，在体育赛事和一些重大突发事件的追踪报道中较为常见。

让我们来看新浪网对2014年3月8日“马航MH370失联航班”滚动播出的新闻。

马来西亚航空称与1架载239人飞机失去联系（3月8日8:33）

外媒称马来西亚航空失联飞机原定飞往北京（3月8日8:39）

马来西亚航空失去联系飞机航班号为MH370（3月8日8:44）

马航失去联系飞机原定今晨6时30分抵达北京（3月8日8:45）

马航载239人飞北京航班失联　机型为波音777（3月8日8:49）

马来西亚航空失去联系飞机上有160名中国人（3月8日8:51）

马来西亚失联飞机载有227名乘客　包括两名婴儿（3月8日9:01）

马航失联客机未与我国管制部门建立联络（3月8日9:05）

马航失联客机凌晨起飞　2点40分失去联系（3月8日9:10）

视频：马航称与一载有239人飞往北京的飞机失联（3月8日9:11）

马航失联客机航线示意图公布（图）（3月8日9:17）

马航称政府已经启动搜救组定位该客机（3月8日9:18）

马航已经与搜救部门取得联络以锁定航班位置（3月8日9:20）

马来西亚航空启动救援和联络机制寻找失联客机（3月8日9:21）

失联飞机所在航空公司公布公众联系电话（3月8日9:21）

新闻背景：马航失联航班资料图（3月8日9:27）

民航总局：马航提供数字称机上有158名中国人（3月8日9:29）

首都机场启动应急预案　家属尚无情绪失控（3月8日9:33）

……

事情进展的每一个环节都跟进得很快，报道也很及时。由此可见，滚动式写作要求记者会追踪报道，并善于跟进，进行连续性的现在时写作，同时交叉使用快讯与详细报道、述评等文体。

3．超文本写作

所谓的超文本，一方面是指信息以多媒体形式存在；另一方面是指通过超链接可以使信息之间产生联系。

（1）运用多媒体技术进行网络新闻写作。多媒体和超文本技术，集文字与声音、图画、照片、影像以及三维动画等为一身，记者在网络新闻写作中，在文字报道的同时，如果需要运用声音文本、图画文本、动画文本或影视文本，则可以随时进行变换。这样就打破了传统新闻写作只能用一维的线形文字来陈述、只能按先后顺序来排列、只能用无声的文字来复述的弊端的局限，从而实现了有声有色、声情并茂、图文兼具、全方位地报道新闻事件。

（2）通过超链接使与新闻相关的信息之间产生联系。运用这种超文本写作的要领主要有以下几方面：

①对新闻素材划分层次。在进行网络新闻写作素材划分时，可以将新闻素材划分为若干层次，第一层是最关键的新闻事实，也称为“骨干层次”；而相关的新闻事实，如背景、细节以及新闻事实的详细展开等作为第二层、第三层或者第四层，也称为“枝叶层次”。每一层的有关细节均用超链接的方式给出，读者可以根据自己的兴趣选择点击进入相关方面的细节阅读。

②要着力写好骨干层次。网络新闻的骨干层次写得越好，就越能吸引受众，同时也为枝叶层次的展开创造充分的条件，并使其舒展且繁茂。

③在骨干新闻中凡涉及枝叶部分的“关键词”，可以用超链接给出。通过超链接可以使新闻既向外延、平面地展开，又向内延、纵深地展开。读者可以根据自己的需要，决定对某一方面的内容进行阅读。

第四节 广播、电视、网络新闻的写作范例

一、广播新闻

（一）口播新闻

外来工社保套餐“宁波模式”广受追捧

本报讯（记者 崔小明　龚哲明） 外来务工人员社保套餐“宁波模式”在全国两会引起强烈反响。连日来，新华社、《人民日报》、中央电视台、中央人民广播电台等上百家媒体纷纷予以报道或转载。

3月5日，全国人大代表、市委副书记、市长毛光烈在中外记者采访会上回答有关记者提问时，详细介绍了这一社保套餐“宁波模式”。当毛光烈介绍到，员工不用出一分钱，企业每月只要为每个员工交178元，在宁波的外来务工人员就可以享受工伤、大病医疗、养老、失业、生育保险时，引起中外记者的热议。全国政协委员、利时集团董事长李立新利用提案和交流发言等机会，向全国两会推广宁波外来务工人员社保套餐模式。

（2008年3月8日 中国宁波网）

（二）录音广播新闻

让爱的阳光融化冰雪

中国国际广播电台，各位听众，现在请听本台驻耶路撒冷记者关娟娟、刘

素云采写的录音通讯：让爱的阳光融化冰雪。

（**音响1，纪念大会会场讲话声，掌声**）

9月14日下午，以色列北部一个阿拉伯村镇的会议大厅里座无虚席，这里正在举行一个隆重的纪念仪式，出席仪式的既有当地的巴勒斯坦人，也有从远处赶来的以色列人；既有普通百姓，也有政府官员；既有年逾七旬的老人，也有十来岁的小学生。一名无私的巴勒斯坦青年，一段充满人间挚爱的真实故事，使这些巴勒斯坦人和以色列人共聚一堂，纪念一位为抢救落水的以色列儿童而献身的巴勒斯坦青年。

位于以色列北部的太巴列湖清澈碧绿，景色秀美，但水底深处暗流湍急。8月5日，住在附近村庄的巴勒斯坦青年欧姆瑞·吉达和他的堂兄穆罕默德·吉达正在湖边闲逛。突然，欧姆瑞发现一个正在湖边玩耍的以色列小孩掉进湖里，他一边高喊着“有一个小孩落水了”，一边飞快地跳进湖水中，奋力向不远处的孩子游过去。

在接受记者采访时穆罕默德·吉达回忆说：

（**音响2，穆罕默德·吉达讲话出，阿拉伯语**）

“欧姆瑞紧紧抓住孩子后，迅速回转身向岸边游去，等候在岸边的人们立即把孩子接了过去。就在这时，一个大浪劈头盖脸地袭来，把筋疲力尽的欧姆瑞卷进湖水中。”

落水的以色列儿童得救了，但年仅24岁的欧姆瑞再也没有回来，留下了他23岁的怀有身孕的妻子凯菲亚和两个孩子。

人们对欧姆瑞奋不顾身救人的精神表示钦佩，同时也为他的妻儿今后的生活感到担忧。欧姆瑞的妻子凯菲亚只能天天祈祷：真主会帮助我们的，或许犹太人也会帮助我们。天遂人愿，凯菲亚的企盼没有落空。众多以色列人为欧姆瑞的爱心所打动，向凯菲亚和她的孩子们伸出了热情帮助之手。

8月18日，以色列最大的英文报纸《耶路撒冷邮报》以整版篇幅报道了这个催人泪下的故事，在以色列国内引起了强烈反响。这家报纸的发行人汤姆·罗斯先生对记者说：

（**音响3，罗斯讲话出，英语**）

“欧姆瑞没有任何豪言壮语，他只是芸芸众生中一个非常普通的人，但是，他为阿拉伯人和犹太人的和睦与友爱，为巴勒斯坦和以色列的和平事业献出了自己的生命。以色列人和巴勒斯坦人都生活在同一块土地上，虽然他们有着不同的宗教、文化和语言，但他们有着共同的人生价值观，那就是：相互尊重，友好相处。”

《耶路撒冷邮报》在报道欧姆瑞的故事后不久，设立了一项捐助基金，呼吁所有以色列人向欧姆瑞的妻子和孩子奉献爱心。这一倡议立即得到了广泛响应。两名以色列儿童在捐助信中写道：妈妈给我们讲述欧姆瑞的故事后，我们捐出了自己不多的零花钱，以此表达我们的心意。

到8月底，凯菲亚已收到5万以色列谢克尔（约合12000美元）的捐款。此外，以色列国家保险公司也决定每月向这个巴勒斯坦家庭提供2400谢克尔（约合600美元）的生活补贴。

在关爱这个可敬而又不幸的家庭的人当中，心情最不平静的当然是那名被救的6岁以色列儿童和他的母亲塔尼亚·莱芙托夫。莱芙托夫的心情尤为沉重：

（音响4，莱芙托夫讲话出，希伯来语）

“我的孩子得救了，欧姆瑞却献出了生命，我的心情是无法用语言来表达的。我们在家里一直摆放着欧姆瑞的照片，我们会永远与他的家人保持联系。”

这位母亲还说，她的孩子虽然只有6岁，但他对在太巴列湖所发生的一切记得十分清楚。这个孩子一直在不断地重复一句话：“欧姆瑞救了我！”

对丈夫的思念常常使欧姆瑞的妻子凯菲亚哽咽无语。她目前怀有8个月的身孕。说起即将出生的孩子，她说，这个孩子将是欧姆瑞生命的延续，她要给即将出生的孩子起名欧姆瑞，还要把刊登有欧姆瑞事迹和照片的报纸留下来，等孩子长大后给他们看。尽管孩子们现在还不懂事，只是一个劲地问爸爸上哪儿去了，但他们长大后会明白这一切的，他们会为自己的父亲感到骄傲。

当然，凯菲亚也为自己的丈夫感到骄傲。她说：

（音响5，凯菲亚讲话出，阿拉伯语）

“‘欧姆瑞’在阿拉伯语中的意思是‘我的生命’。欧姆瑞为了救孩子献出了生命，但他的生命会在这个以色列孩子身上延续下去。他的死会激励巴勒斯坦人和以色列化解冷漠、对立或仇恨，尽早实现民族和解。”

中国国际广播电台！刚才你听到的是本台驻耶路撒冷记者关娟娟、刘素云采写的录音通讯：让爱的阳光融化冰雪。谢谢收听，再见！

（2009年9月15日中国国际广播电台　记者关娟娟、刘素云）

二、电视新闻

（一）录像新闻

吴邦国会见加拿大不列颠哥伦比亚省省长

导语：当天下午，吴邦国在温哥华会见了加拿大不列颠哥伦比亚省省长坎贝尔。

解说：吴邦国说，不列颠哥伦比亚省是加拿大距离中国最近、同中国交往历史最久的省份。近年来，不列颠哥伦比亚省同中国的联系更加紧密，双方经贸合作发展迅速，地方交往蓬勃展开，人文交流十分活跃，在中加关系中发挥着日益重要的作用。他指出，不列颠哥伦比亚省资源丰富，科技发达，在林业、渔业、矿业等传统产业和信息、生物、医药、环保等高新技术产业具有优势。双方在这些领域的合作潜力巨大、前景广阔。希望不列颠哥伦比亚省充分发挥自身优势，进一步加强与中方在各领域的务实合作，为推动中加关系深入发展做出新的贡献。

解说：坎贝尔对吴邦国委员长在访问途中经停不列颠哥伦比亚省表示热烈欢迎，认为这对加强加中关系意义重大。他说，作为通向亚太地区的门户，不列颠哥伦比亚省愿在经贸、文化、科技等领域加强与中国的合作，从而成为连接加中两国乃至北美同中国友好合作的桥梁。

解说：吴邦国委员长是在前往古巴等国访问途中在温哥华做短暂停留的。全国人大常委会副委员长兼秘书长李建国等主要陪同人员同机抵达。抵达温哥华时，加拿大国际贸易部长戴伊等加方高级官员到机场迎接。中国驻加拿大大使兰立俊和中国驻加使领馆工作人员、中资机构、华人华侨和留学生代表也到机场迎接。

（2009年9月1日 CCTV新闻）

（二）现场报道

青海玉树：军地合力应对震后最大一次雨雪天气

导语：从昨晚开始，玉树地震灾区遭遇震后最大一次雨雪天气，救援部队官兵与当地各方力量紧急行动起来，采取措施确保灾区群众生产生活正常。

现场：本台记者王卫国：这里是玉树赛马场受灾群众安置点，因为降雨时间比较长，现在山上已经形成了一层积雪，安置区的河水也上涨了。

解说：在结古镇一些路段，积水无法排出，低洼地带帐篷被淹，消防官兵带着抽水机前来救援。在很多安置点，解放军和武警官兵挨家挨户排查，加固帐篷，安装防雨设施，挖掘排水沟。第二炮兵医疗队还为村民们送来了熬制好的驱寒姜汤和感冒药。

同期声：玉树州结古镇红卫村村民尼玛卓玛：今天天气特别冷，解放军送来了姜汤，我们心里特别暖和。

现场：本台记者王明生：这里是玉树民政宾馆，也是这次抗震救灾物资的存放点。为了避免雨水对物资的损坏，兰州军区邱少云生前所在部队通信连的官兵们正在对物资进行转运，以及防雨处理。

解说：青海省军区独立团组成地质勘测小分队，与当地村民配合，沿山脚和河流低洼地段展开全面排查，避免降雨可能带来的次生地质灾害。

（2010年5月9日 CCTV1）

三、网络新闻

中国中高考将增加中华优秀传统文化内容比重

新华网北京4月1日电（记者吴晶） 根据教育部网站1日公布的《完善中华优秀传统文化教育指导纲要》，今后中国将把中华优秀传统文化教育系统融入课程和教材体系，增加中华优秀传统文化内容在中考、高考升学考试中的比重。

指导纲要明确了开展中华优秀传统文化教育的具体方向，即开展以天下兴亡、匹夫有责为重点的家国情怀教育，开展以仁爱共济、立己达人为重点的社会关爱教育，开展以正心笃志、崇德弘毅为重点的人格修养教育，并分别针对小学阶段、初中阶段、高中阶段和大学阶段提出了具体的教学目标。要求“在中小学德育、语文、历史、艺术、体育等课程标准修订中，增加中华优秀传统文化内容比重。地理、数学、物理、化学、生物等课程，应结合教学环节渗透中华优秀传统文化相关内容”。

根据指导纲要要求，相关部门的联合工作机制以及中华优秀传统文化教育评价和督导机制也要相应建立。

据悉，这份指导纲要自去年6月开始起草，经过了调研、讨论、向有关部门征求意见等多个环节。

（2014年4月2日　新华网）

主要参考文献

1.刘海贵编.中国新闻采访写作学，第2版.上海：复旦大学出版社，2011

2.吴良勤，李展编.新闻写作，第2版.北京：中国人民大学出版社，2010

3.高钢编.新闻写作精要.北京：首都经济贸易大学出版社，2005

4.刘明华，徐泓，张征编.新闻写作教程.北京：中国人民大学出版社，2008

5.董广安编.现代新闻写作教程.郑州：郑州大学出版社，2010

6.王洪祥编.中国现代新闻史.北京：新华出版社，1997

7.刘冰编.新闻报道写作理论、方法与技术.广州：南方日报出版社，2011

8.范长江编.通讯与论文.北京：新华出版社，1981

9.徐宝璜编.新闻学.北京：中国人民大学出版社，1994

10.朱菁编.电视新闻学.杭州：杭州大学出版社，1999

11.刘家林编.中国新闻通史，修订版.武汉：武汉大学出版社，2005

12.胡文龙编.现代新闻评论学.成都：四川人民出版社，1997

13.白润生编.中国新闻通史纲要.北京：新华出版社，1998

14.方汉奇主编.邵飘萍选集.北京：中国人民大学出版社，1987

15.周胜林编.高级新闻写作.上海：复旦大学出版社，1993

16.文通主编.新编新闻传媒写作技巧与范文赏析.北京：中国纺织出版社，2009

后记《

从事新闻写作，是一个让人尊重、让人激动的职业。今天的中国和明天的中国都需要真正的职业新闻者。他们不仅需要了解新闻报道的理念原则，而且需要掌握新闻报道的具体方法。新闻写作向来被学术界视为新闻学领域的“术”。一条新闻的影响力，一名记者的影响力，一家媒体的影响力，往往由新闻学领域的“术”所决定。本书就是为了提高职业新闻者的专业技术而著的。

古人云：十年磨一剑。作为新闻专业的基础业务课，本书是在借鉴众多采写经验的基础上历时三年完成的，广大的新闻工作者以其辛勤的报道实践，为我们提供了研究的范例；本书也从各种版本的新闻学著作中汲取了丰富的营养。

书中引用了大量的例文，涉及的范围也很广泛。由于时间关系，所引例文没有能够一一征求原作者的同意，在此表示深深的歉意，希望能够得到谅解。

本书在写作过程中，得到了许多新闻学院、教研室的老师的支持，在此深表感谢！

新闻写作是一门基础学科，并且处于不断地发展变化中，学术研究永无止境，希望本书能为新闻学界填注新知识，给新闻专业的莘莘学子以及新闻爱好者提供新视角。